U0143031

哲學與教育哲學範疇

CHAPTER 1

✍ 課前預思活動

一、在進入本章內容閱讀之前，你對於哲學或教育哲學的既有認知
　　或想像是什麼？（寫出兩個關鍵詞彙）

_____

_____

_____

二、兩兩一組，相互分享你們的認知想像，並記錄夥伴的想法。

_____

_____

_____

三、請閱讀或聽講本章第一節和第二節後，回顧並描述你對於哲學
　　或教育哲學想像有哪些不同的想法或補充。

_____

_____

_____

_____

第一節　什麼是哲學

　　一般人一聽到「哲學」兩個字，總是皺起眉頭，不是一副茫然傻笑，要不就是擺出退避三舍的姿態。而學校「哲學」學科給人的印象也是一副虛無飄渺、抽象空洞、不切實際、深奧艱澀的感覺。在課堂上常問起學生對於上哲學課的感覺是什麼時，大多數的回應也是如此。

　　事實上，「哲學」並非那麼「拒人於千里之外」，甚至可說，它是起之於生活，用之於生活，可以很實際的。為何如此講？因為哲學就是一種探索或追問我們人類生命、生活的探索歷程和思考活動而已，只是一般人對於平日個人行為或生活事件早就習以為常，疏於察覺思索而已。

　　比如我們每天的三餐，通常就是按生物時鐘，就如日出而作、日落而息般的規律填飽肚子，滿足生理需求。但當我想到：我為什麼每天一定要吃三餐？每餐為什麼一定要在什麼時候用餐？該攝取什麼樣的食物好維持體力或補充營養？或我的食物攝取合適、均衡嗎？符合我的健康需求或工作需要嗎？用餐填飽肚子就好或還注重用餐氛圍感受呢？為什麼？當這一連串簡單的生活問題的為什麼、疑惑、好奇產生時，其實我們探討生命、生活本質的哲學思考已悄然產生了。簡單地說，哲學是一種探索宇宙、自然界、人類社會、個人生命、知識、道德價值、美學等個人生活相關的各類問題的探究、思考及反省活動。當我們對於生活周遭習焉不察的相關問題產生了好奇、驚奇（wonder）而提問思索時，我們已經進入了哲學探索的境界中。

　　早期的東方並無「哲學」的概念與字眼，相近詞彙像是「理學」、「玄學」、「禪學」、「道學」等概念即深具探討人生哲理或知識真理、道德倫常規範的內涵。而西方「哲學」（philosophy）一詞則來自古希臘字根 philein 和 sophia 結合而成。philein 是動詞，是愛和追求（to love）的意思，而 sophia 則是名詞，係指知識、智

慧（wisdom），在西方哲學的意涵中即揭示一個「熱愛知識」或「熱情追求知識或智慧」的意涵，也就是一種「愛智」（love of wisdom）的歷程與驅力。換言之，哲學就是一種樂於探索、追求人類內外在世界的各項知識真理、終極目的、價值道德、審美等根本問題的活動。

所以，在「愛智」的意涵中，哲學涵蓋了以下幾種活動性質（伍振鷟等，2015；葉學志，1993；簡成熙譯，2018）：

一、哲學是檢視（philosophy as examination）

係指在思想觀點提出之前，哲學家必先檢視證據。證據來自外在的客觀因素，也可能來自內在的主觀反省。因此，哲學的思考檢視即是在進行一個涉及內外在相關因素證據的「全方位」（comprehensive）審視。

二、哲學是思辨（philosophy as speculation）

哲學即是一個對宇宙萬物探求及愛好真理的系統性追求活動，它立基於秉持理性的思維，鼓勵人類對未確定的領域進行探索，亦即從事從已知到未知的理性思辨和統整，以獲取對萬事萬物的價值理解及知識真理。其優點是促成人類對事實和生活事物的洞識（insight），缺點則是思辨常流於主觀，無法客觀檢證和可能判斷失誤。

三、哲學是分析（philosophy as analysis）

人類語言的運用或命題的陳述，總有一些語焉不詳和混淆不清的地方。分析在哲學上即是著眼於對人類語言和命題的檢覆，指出其不合邏輯或含糊之處，意圖釐清和理解語言概念的真正意涵。就如「教育」一詞的意義是什麼？它本身即蘊含著多樣且復合的意涵，但總不能放任於「一人一義，十人十義」的各自解讀、詮釋，分析哲學的任

務即在針對此一概念進行分析、澄清，才不至於混淆誤解。

四、哲學是規範（philosophy as prescription）

　　視哲學爲規範的活動，乃認爲哲學是研究價值判斷和行爲規範原理原則的一門學問，在界定善惡、對錯、美醜是什麼的規準。簡言之，哲學被視爲是一種規範的活動，其主要任務在指出一條「什麼是最有價值的」、「什麼是應該做的」規約準則，作爲在價值、美學判斷上抉擇的依循。

五、哲學是綜合（philosophy as synthesis）

　　是一種促成人類人生觀、觀點視野兼容並蓄和協調一致的活動，搭設一個人類統整思想、設定志向和經驗詮釋的理性平臺，建構一個人類更寬廣和統合性的世界觀。

六、哲學是反省（philosophy as reflection）

　　哲學的反省功能涉及對不同哲學觀點和規準，做精確的反思及評鑑判斷。而這些判斷規準是隨著哲學流派間的觀點主張和情境脈絡而有所不同的。所以，哲學是促進不同流派觀點間的相互對話、反省和評鑑，讓其在不同脈絡中均能適得其所的發揮洞識功能及互補平衡。

七、哲學是科學的科學

　　隨著時代的發展和進步，各門各類的知識更形細化分工。當今科學重視理性實證原則，亦是從哲學中獨立而出的學科。由此，哲學是探討一切事物及學術的原理原則，可說是一切科學活動的理論基礎，哲學對於科學的研究具有指導、批判及規範的功能，使科學不致逾越理性認知和人類生命價值的意旨。就如火藥的發明及運用須從形上學

和倫理學層面探討其本質和價值，以確保其功能是在促進人類的生活進步和社會昌盛，而非危害人類生命或環境。

第二節　哲學探索的範疇

　　哲學產自人類對自己內在和外在環境的驚奇、好奇而起，舉凡對宇宙世界、生物生存、自然事物、人倫規範的好奇和探索，都是哲學探索的一環，也就是說，它是一個對自己生命生存及意義、對人與自然的關係、對人與社會的關聯的提問及探索。主要從三個哲學研究的主要層面去探討論述，分別是形上學（metaphysics）、認識論（epistemology）、價值論（axiology），哲學的內容通常圍繞在這三個範疇搭建而成，分述如下：

壹、形上學

　　形上學一詞西文為 Metaphysics，是由 meta 和 physics 兩字所合成。前者係指「之後」、「之外」、「之上」、「超出」或「後設」之義；後者則指「物理學」、「自然學」，兩字合成意指「編輯於物理學之後」或指「超出物理現象之外，無法理解或解釋的」，即稱形上學。而形上學中文名詞則取自古書《周易‧繫辭》：「形而上者謂之道，形而下者謂之器」，是探討終極實體本質的學問，亦即是一種探討宇宙萬事萬物本質和起源的學問，探究事物的第一原則（the first principles of things），它不是藉由感官經驗覺知而得，而是透過理性思維、邏輯推論演繹而出，是一種抽象觀念，探討事物的基本性質和問題。就如當我們在思考「幼童為什麼要念幼兒園？意義是什麼？目的功能何在？」或「我為什麼要從事幼兒教育？我的初心是什麼？幼兒教師的角色是什麼？」諸如此類對事物背後想法或理念的提問探究，都是屬於形上學探索的一部分。形上學的探索涵蓋四個方向：

一、宇宙論（cosmology）

對宇宙秩序、規律的探討，包含宇宙的形成起源、本質和發展的研究。亦即對宇宙天體運作的追尋及探求。就如一年有四季或每四年一閏的規律秩序，或如近年臺灣追花風潮中的一月追梅、二月賞櫻、三月尋黃花風鈴木、四月訪高山杜鵑⋯⋯般，年年循環，準時報到，這些都可說是與宇宙運行規律循環息息相關，都是宇宙論探討的一環。

二、神學（theology）

主要在探求上帝存在和認識的學說。它是一個涉獵宗教研究的領域，探討人類對上帝存在與否的爭辯，以及如何接近或認識上帝的相關研究。因而出現了諸多不同角度的神學論點，如無神論、有神論、多神論、泛神論、自然神論等。

三、人類學（anthropology）

是一門研究過去及當代人類社會的學科，是對人類身心靈關係和社會互動的探求。小從個體身體、心靈，繼而人與人的人際互動，或擴大到人類社會種族、文化秩序及規範實踐等問題，均是人類學研究的範疇。諸如人類起源與演化、人的身體結構特徵、心理特徵、個體差異或人類的行為特徵及行為動力來源，以及人類社會的文化形成和演變，這些從微觀到巨觀關注的問題，都是人類學探索的焦點。又如近年來臺灣社會關注的馬路人權問題，就是人類學中對社會秩序和自由人權探討的議題。

四、本體論（ontology）

是一門探討事物本然狀態和存在問題的學科。它是探討實體之最高性質的學說或科學，又稱為存有的科學（the science of being）。主要在探討存有和存在的問題，並涉及心物之間關係（但昭偉，2000；葉學志，1993）。所以它涵蓋對具體事物存在問題的探討，也對非具體事物的心靈的、精神層面意義價值的存有產生關注。就如當我們對人生存的意義價值何在？做某件事情的根本價值和意義是什麼？到底心靈重要或肉體重要或兩者皆重要？人與動物有何差別？等問題的思索，均屬之。

貳、知識論（epistemology）

知識論在探討與知識相關的理論，包含知識的來源、性質、範圍和真實性的檢證，以及獲取知識的方法。知識論因論點不同而常有爭執，大致可歸類為理性主義、經驗主義和折衷調和的實用主義及批評主義四個理論路線。就知識來源而言，究竟是來自天賦觀念？還是後天感官經驗？或是其他管道？知識的範圍是主觀獨斷的？懷疑反思的？感覺經驗的？常因不同學派立場不同而有所爭議。

一般而言，知識來源大致有理性、感覺、直觀、天啟和權威等幾種途徑。所以，知識的獲得可來自不同的途徑，且這些途徑有其交互作用和互補性。換句話說，知識的形成可能是來自單一管道，也可能是多重管道的匯合。

至於知識的取得，概要以三個取向闡述之：

一、先天賦予

以柏拉圖和笛卡兒為首的理性主義者，強調知識是來自與生俱來的天賦心靈能力的抽象推理思考。他們認為，知識是心靈的一種認知狀態，但只涉及普遍永恆的、必然的對象，即形式觀念。

二、後天經驗

以洛克和休謨爲代表的經驗主義者，強調知識是後天環境感官經驗的組織歸納而成。他們指出「經驗」是指對個別事物或屬性的認識或體驗，例如：指出球的顏色、大小、形狀、位置等，至於認識或知識，則是從現象中找出規則或本質，用少數的概念去把握繁雜的現象，目的在達到概念的認識（葉乃靜，2012）。

三、兼顧先天後天

杜威的實用主義和康德的批評主義則採取折衷的立場。前者認爲知識是由生物個體與外在環境持續交互作用後不斷重組、調適而成；後者則認爲知識是由先天直覺形成的知性概念和後天感官經驗形成的現象概念彙整而成。兩者皆認爲知識是先天內在條件和後天外在條件綜合而成，調和了理性主義和經驗主義各執一端的知識來源立場。

而對於如何確定知識的眞實性和有效性，則不同哲學流派又有不同驗證知識的原則和方法：

一、理性主義強調貫通原則（又稱一致說）

係指一個具有時空普遍性、早已存在的眞理知識可作爲知識判準的基礎。一個知識或命題與既成的知識或命題是一致的，且邏輯不相矛盾，即爲眞理。此種眞理知識性質重視其內在和邏輯的一致性，知識應是相互貫通、相容關係，是永恆不變的。如數學上的「5+4=9；9–4=5；9–5=4」可逆的內在一致性和邏輯穩定性；或「凡是生物必具有生命，人具生命，所以人是生物」的邏輯推演。

二、經驗主義採取符應原則

經驗論者檢證知識真假以符應事實為判斷基準，認為真理是客觀事實的真實反映，符合事實就是真理知識。所以，一個命題或知識的真假、對錯，端看其是否與事實相符。如狗是黑色的命題，只有在狗真正是黑色情況下方得成立，若遇狗是白色或其他顏色的，此一命題即為假命題。

三、實用主義主張實效原則

真理建立在對人類行動結果的有效性上，只要能提供人類有效解決問題的知識，即是有效的知識。因此，行動就是真理，強調問題解決的實效性。如開瓶的方法若用開瓶器或老虎鉗都能成功開瓶的話，此兩種方法都是真理知識。因此，實效論的真理知識是可能因不同情境而使用不同的方法有效解決問題，則此些方法都被承認為知識真理，因而其真理知識是具暫時性、變動性和情境性的性質。

參、價值論

價值論則是一個探討及判斷善惡、是非及美醜的理論，它涵蓋了倫理學（ethics）和美學（aesthetics）的研究。

倫理學是以人類道德行為為研究對象，是對人類社會是非、對錯、善惡行為的探討，思考如何提供人類道德行為規範及標準的價值判斷準則。他們常提問思考的諸如「何謂善？何謂惡？」、「什麼是良好的行為？」、「什麼是人們應該做的？」、「人與人或自然或社會應該維持什麼樣的關係？」、「人們如何對它所見、所聽、所聞下判斷？」等的問題。這些判斷準則也經常因流派主張不同而有不同的準則和結論。如有人主張善是以來自「內在動機」純正與否做判斷；有人則認為應該視「行為結果」如何而做判斷；也有人認為應兼顧動機和結果的融合，不一而足。

　　而美學則是對美醜與藝術的價值研究。涵蓋了美和藝術創作及欣賞的原理，它廣義來說關注的焦點是在理論層面，而非實際作品的評論與技術批判。美學的理論關聯著想像和創造表現，所以通常顯現出高度的主觀性和個人性。

　　審美活動早在古希臘時期即相當活絡，而一般重視文化藝術的學者視藝術創作成就爲文化發展的重要指標，但在強調功利和經濟發展的當今資本社會，則視藝術如同「烘不出麵包來」（bakes no bread）的創作，處於被輕忽和較低微的地位（林逢祺，1999；簡成熙譯，2018），這從長期以來學校教育中藝術領域學科處於輔科地位或節數安排經常處於劣勢可見一斑。

　　審美價值是一個整體哲學的反映，亦即一個人的審美觀與其形上學和知識論的觀點是相契應的。在回答「什麼是美？」的問題時，持理性主義知識論者強調的是其心靈上的想像和思考，而經驗主義者則重視眞實的感官反映和其事物的勻稱和協調，杜威的實用主義則美是一個個人與外在對象經驗及感受的歷程。就因每個人所持審美信念不同，對美學所持的立場也會有些差異和爭議。如：「藝術是個人創造想像的產品？或是模仿和再製？」、「美是從作品本身而來？或是由觀看者判定？」這些問題的答案將視各人所持的哲學觀點和角度而異。

☺第三節　哲學與教育哲學

壹、教育的意義

一、從字義上而言

　　在華人世界，「教育」二字首見於《孟子》〈盡心上〉：「得天下英才而教育之，三樂也！」爲君子三樂之一。許慎的《說文解字》中也解釋說：「教，上所施，下所效也；育，養子使作善也。」而《廣雅‧釋詁》中也指出：「教，效也；上施下效，亦即以先覺覺後

覺也。」「育，長也。」可見「教」字意涵著上對下或先覺對後知的傳授、引導、身教示範；「育」字意味著培養、養育、成善等多重意義。綜言之，「教育」係指以洞悉事理敏銳的「先覺」，傳授引導、循循善誘事理領悟較慢的「後覺」，以教化、擴充、培養其善良秉性，完成立己達人目的。

而西方教育一詞可遠溯希臘 παιδεύω（*Paideia*），意涵養育、照顧和教育兒童。英文的教育（education）一詞，則源自拉丁文 *educare* 和 *educere*。前者除了指心靈和精神意義下的陶冶外，也含透過營養使身體成長。至於 *educere* 則有自內而外引出、向前推動、向上提升等意義，是一種從現有狀態引導或開展新狀態的過程（程運、賈馥茗、楊深坑，2000）。

由此，東西方教育的意涵中均含有照顧、養育、傳授、教導、引導、善誘之意，至於教育目的東方強調開展、擴充人的善性，使之成為人格良善、立己達人的人；西方則著重心靈智慧的引出、啟發，開發人的天賦，使其知能不斷開展、提升。總之，教育即在施教者以合情理的方法與內容下，引導受教者進行相關而有效的學習活動，以促成積極正向、求真、求善、求美的價值活動。

二、從方法與功能上而言

本質上，教育是以人為中心，視人為一個可成長、發展，且逐步成熟的有機體。因此，教育的方法與功能上大致從三個面向來看：

(一) 由內而外的開展

有些哲學家視人為一個與生俱來即有天賦智慧的個體，且具有自我活動的主動性。因此，教育本質上的作用即在對個體內在既有的知能逐步引發、導出，以開展及擴充其潛能，促成個體從未成熟逐步邁向成熟的個體。如亞里斯多德、福祿貝爾等人所推崇的「教育開展說」，強調天賦潛能的開發和擴展。

(二) 由外而內的陶冶塑造

有些哲學家認為人出生就如一張白紙，無固定的心靈。基此，後天環境對於個體的成長即占有極重要的促進角色。因而強調外在環境的刺激和教育者的施為作用，視個體為初坯素材，必經後天環境的施教者鍛鍊、塑造和陶冶，方能獲得填充成長和成大器。此途徑深信外在力量的作用，個體成為被動接受者和被磨練者，經過努力訓練後將助益其成熟，為未來生活做預備。

(三) 內外兼顧的折衷調和

上述無論從內在引發或從外在塑造，僅關注到個體的某一面向。因此，有些哲學家即認為，個體的生長並非單純的由內誘發或由外訓練，他們認為，經驗知識是來自一個由個體與環境不斷適應與重組的過程，此過程含有外在刺激和內在心靈的運作，是相互交互作用且相輔相成的。杜威的「教育生長說」即強調教育是個體內外在持續交互作用和不斷調適的歷程。

由此可知，教育方法具有其多樣性，端看施教者哲學理念的選擇與決定，施教方向和做法則將有所不同。但不管何種教育方法意涵，其中勢必涵蓋著重個體發展、生長的「個人本位導向」和強調社會文化和集體意識形成的「社會本位導向」等教育功能意涵，畢竟一個完整且成熟教育，勢必兼顧個人發展和社會投入的整體發展。

貳、哲學與教育哲學的關係

本質上，教育哲學是以哲學的原理原則在教育實踐上的應用，以指引、分析、釐清和解決教育的問題和實踐。就如杜威所言：「哲學是教育的基本原理；教育是哲學的實驗室」般，兩者是一種「互動校正」的關係，亦即哲學理論為教育指引、澄清的依據，教育則是哲學理論的實踐和修正場域，兩者有機互動、互補校正、相輔相成。歐陽教（1999）也進一步為兩者關係下了注解：「沒有哲學的教育是盲的；沒有教育的哲學是空的。」

一、哲學是教育的基本原理

　　教育哲學是由哲學的視野來探究教育性質及教育問題，哲學之於教育，起了引向和分析、釐清的功能。簡言之，教育的一切行動均以哲學作爲實踐指引、批判的基礎。

(一) 哲學家之於教育

　　歷史上，大多哲學家都是影響深遠的教育家。諸如蘇格拉底的「知即德」論點闡述著他倫理學的主旨，認爲明智的人能明是非、辨善惡，表現良好的行爲善舉；而爲惡之人大多是因愚蒙無知，無法做出適當的善行，其「知德合一」的論點，提供了知識與道德相結合的教育基礎。又如，柏拉圖的大作《理想國》（*The Republic*）即是一部理想國的教育計畫；亞里斯多德建立科學的分類經驗和重視心智訓練，認爲智力優於勞力的思想；盧梭揭櫫教育是一種回歸自然、順應本性、順性發展的自然主義教育思想；康德重視品格陶冶、意志訓練的重要，以建立自由意志（自律）的德育思想；尼采的「超人說」，鼓勵洞察個體存在的意義和價值，並不斷自我超越，以達致自我實現；弗雷勒的「教師即文化工作者」，指陳教師應跳脫傳統受宰制的知識傳授角色，轉變爲文化反省、社會改造的批判、解放教育角色。以上諸多哲學家的哲學主張都密切反映出其明確的教育思想，也清晰指明和深深影響後世教育理論與發展的方向路線。

(二) 教育理論隨時代哲學思潮轉變而變遷

　　從教育實際上考察，不論教育理論和教育實踐與哲學均有其不可分割的關係。當哲學思想不同，教育理論或實踐無不隨之調整和轉向。就從西洋教育史來看，古希臘的博雅教育是當時崇尙理智和理想的哲學思想反映；16、17 世紀教育理論重視感覺經驗、實物和直觀教學及科學知識，是受當時實在主義和自然主義哲學思想的影響；18 世紀個人主義興起，啟發了教育轉爲重視個人的發展；19 世紀社會主義哲學則促成教育理論轉爲重視社會功能；20 世紀民主主義哲學

則對於現代全民普及教育和民主教育的提倡有極大的影響（葉學志，1991：14）。歷史告訴我們，教育理論或實踐常因時代哲學思想取向的不同，而有不同的教育方向和目標。

(三) 教育目的、內容和方法的確立有賴哲學的指引和批判、釐清

教育目的、內容、方法，甚至評量，均有賴於哲學的導引和釐清。就如形上學是對事物性質和根源的探究，不僅引發個體對事物學習的好奇和疑問，也啟發著教師對學生本質、潛能、個別差異的探尋，更關係著對教育本質和教育目的的釐清，不同的哲學信念引發不同的教育方向和發展。

另者，知識論和價值論的探討關係著教育內容和方法的選擇。不同哲學學派論及知識取得或道德價值基礎都有其不同的論點，意味著不同知識來源和倫理價值抉擇導致不同的課程選擇，以及教學方法與行動的選擇決定，就如前述自然主義、經驗主義、實用主義等學派的教育主張有不同，其教育內容和方法，甚至評量方式的選擇決定都將會有所不同。

二、教育是哲學的實驗室

依上述，哲學指引著教育目的、內容和方法的選擇和釐清。相對的，教育也提供了哲學理論在行動實踐上試煉場域，就如實用主義者詹姆斯所言「證據在布丁中」的隱喻一般，要知道布丁甜不甜、好不好吃，多說無益，實際嚐嚐、吃吃看就知道了。哲學常因不同學派的不同理論主張而導致目的、內容和方法的方向理念不同，到底適不適用？好不好用？做做看才知道。教育就是哲學的行動場域、實驗室，就如上述歐陽教所指稱「沒有哲學的教育是盲的；沒有教育的哲學是空的」一般，哲學唯有經過教育實際試煉才能驗證它的適切性、可行性，才不致淪為空泛，也才能因應不同外在情境條件而對哲學理論有所修正和調整，並藉由具體的教育作為實現哲學的價值，實現對個人人生和社會的理想境界。

✍ 課堂回顧與反思活動 1

一、你對於杜威所提「哲學是教育的基本原理；教育是哲學的實驗
　　室」之論述的看法及疑惑是？

_____

_____

_____

_____

二、每個人請以「筆下對談」方式，將上述看法或疑惑寫在便利貼
　　或小紙張上（一個看法或問題寫一張），在組內互傳分享，並
　　記錄整理相互間的想法或問題，並以圖示摘要表示之。

三、請將你的統整紀錄與同組同學做一分享及交流討論。

第四節　教育哲學探討的向度

依循哲學主要的探索課題，教育哲學亦依循此些範疇進行討論，分別從教育的形上、知識、價值三向度進行闡述。

壹、教育的形上向度

教育的形上向度主要是教育性質和目的之探討。比如：教育是什麼？為什麼要實施教育？教育的目的是什麼等根本問題的提問探索。

一、教育信念具隱而不顯的性質

教育形上的預設通常對教育的影響是潛隱而不明顯的，諸如教育目的或目標的設定和揭示。根據研究顯示，教育者或教師大部分都忽略教育目標或目的，這也是理論與實踐層次的差異所在（郭實渝，1999）。由此可知，教育形上信念是在抽象理念上的指引和規範，也因此常受到忽略，教育者或教師關心的大多都聚焦在班級經營、課程選擇及教學活動等技術執行層面。它一方面難以用具體的行動來顯露，另方面則可能教育者因忙於課堂活動或進度而疏於思考目標何在。然而，目的或目標命題不僅能指引課程教學活動進行，並能影響教學成果。教師若能對自己的教學目的或目標有更深度的哲學反省思考，則能掌握其教育活動的根本所在，成為更稱職的教師。

二、指引追求真善美的實現性質

教育本質上是一種使人求真、求善、求美的性質，也就是一種讓不好變好，好還要更好的期待，亦即是一種具消極防治負向成長，同時也具積極導向正向成長的教育功能，以完成人從自然人成長為文化人、社會人的漸進過程。而其教育活動的規準應是合價值性、合認知性、合自願性的。而其教育本質和目的均蘊含內在性和外在性、個性

17

發展和群性陶冶、實利性和非實利性、特定性和普遍性等價值性質。

　　就如「教育即開展」的本質論點即揭示，人類具天賦的生命潛能，教育者應營造適當的環境，讓其由內而外的開展，達致美好理想的目標。亞里斯多德即指出，人生的目的在追求幸福，教育者應根據個體內在潛能，循序的引導，讓學生從生理、理性、道德、精神或宗教等層面，透過自我活動性，自我探索、自我發現，將固有的潛能一步步的均衡開展。這也是福氏提倡「學校是花圃，學生為幼苗，老師為園丁」之「園丁論」的精神。

　　而杜威的「教育即生長」觀點亦指出，生長是個體由未成熟狀態到成熟狀態的實現。生活提供了生長場域空間，並在個體持續與外在環境不斷的交互作用中，改造了經驗，擴充了經驗，促進了生長，豐富了生活。生活、經驗和生長三者，可說是促進教育的三位一體循環迴路。

　　當然教育除個人本位發展的取向外，社會本位發展的取向亦是相當重要。涂爾幹（E. Durkeim）等人的「教育即社會化」論點，即在探討教育對於個人發展社會化的性質。他們認為本性是天賦的，而群性是後天環境教化而來。所以，教育的本質是一種「私我」逐漸發展為「群我」的歷程，教育意在培養個體社會意識，成為社會人和文化人。因而，教育是個人社會化的機制，就如細胞之於有機體（身體）一般，是相互依存的，是一個促成社會化的過程。

　　而史普朗格（E. Spranger）的「教育即文化」觀點，也從文化主義角度指出，教育是一種由愛所承載的意志，以成人成己的情操轉移到他人（學生）的身上，使其價值的容受力和構成力成就生命的整體。所以，他認為教育的本質在於文化的傳遞、繁衍和創新，以進行文化陶冶和培養文化創造者。他認為文化是一種資產財富，學習者應充分的認識文化財並內化，教育者應以無條件的「教育愛」（施予之愛和容受之愛），依據個人個性特質，因材施教，以涵養一個全人格的文化人。是以，他提出了六種不同的人格價值類型，每個人格類型有其趨向追尋的價值：理論型者，傾向追求「真」的價值；社會型

者，偏向追求「愛」的價值；藝術型者，喜好追求「美」的價值；宗教型者，重視追求「聖」的價值；政治型者，關注追求「權」的價值；經濟型者，偏重追求「利」的價值。

史普朗格認為，每個人都擁有以上六種人格價值類型，但並不意味著六個人格價值類型都相同程度的發展，而是有些可能較為發達，有些則否。因此，教育者在教育時即需注意因勢利導，根據不同類型特質加以循循善誘，協助學生主動追求其理想的價值類型。

貳、教育的知識向度

教育哲學知識向度所關注的是知識起源及如何獲取的探討，所以涵蓋知識的來源發展、內容和方法等層面。

一、知識起源的爭論

對於知識的起源最常見的爭議論點即論及知識是先於人類存在或知識是人類的產物？此形上學立場的爭執常牽涉到知識來源途徑的爭論，亦即到底知識是來自先天觀念（先驗）？或是來自後天經驗（後驗）？前者是理性主義者立場，著眼於心靈理性，認為知識理性是與生俱來的，知識有賴於抽象的概念的邏輯思考推演而得；後者則是經驗主義者觀點，強調依賴感覺，知識來自後天的感官經驗，理性則是經驗的產物（吳俊升，1993）。前者強調知識可透過邏輯推演而產生自知之明，認為人是認知思維的主體，認識世界端賴理性而非僅憑感覺經驗，感覺經驗僅是一種催化觸媒，重點在尋求理性普遍通則的掌握，重視理性的探索，追尋普遍永恆的真理；後者則主張人的心靈就如一張白紙，空無一物，人類知識從經驗而生，經驗之外無自知之明。其強調感官的認知，知識來自個人與外在世界的接觸，一切知識源於經驗。由此可見，兩者的知識起源立場壁壘分明，但也顯現其各有所偏和限制。

折衷調和論者則認為，知識是來自心靈和經驗兩者的調適折衷。

康德（I. Kant）即利用綜合（悟性的先驗之知）和分析（感性的後驗之知）的方法提出知識來源的整合論點（溫明麗，1999），認為前者是心靈的形式之知，後者則是經驗的材料之知，經驗材料經過心靈的反省、組織、推演，形成真正的知識；杜威（J. Dewey）的實驗主義也從生物學的視角切入，認為人如有機體（organism）具可塑性和成長性，知識是個體與環境之間持續交互作用後的結果，是悟性（心靈理性）和感性（感官經驗）的交互作用而來，且兩者是互補的。

二、知識與教育

上述揭顯，人是認知的主體，此理念也反映在教育的目的或歷程中，人為教育的主體，教育活動乃在營造及促成人與外在客觀世界不斷互動、調適的結果。上述理性主義和經驗主義對於知識論的立場雖然是針鋒相對的，但諸多哲學家即認為人既是認知的主體，也是教育的主體，對知識的學習及獲取不應獨斷偏廢任一來源途徑。Reid 即指出，教育目的在開拓人對人生與對客體世界的深度理解，亦即在增長人類的洞識能力；Kant 亦認為，經驗是理性啟蒙不可或缺的前提，無經驗的提供知識材料，理性將是空洞的；懷德海（A. N. Whitehead）也指稱內在觀念是重要的，但要達到內在心靈的陶塑，必須先透過經驗的學習；坤體良（M. F. Quintilian）更進一步指出，智慧一詞涵蓋了經驗與理性之知、智慧的啟發和心靈能力的發展，但並非一蹴可幾，常依賴語言與感官的接觸，再慢慢形成概念，教育的目的在培養人類的智慧和人文性，教育活動應涵蓋心靈運作知識（理性之知）和生活基本能力（經驗之知），需要兼顧感官的經驗之知和理性思維之知，以擴充心靈並運用於生活之中（溫明麗，1999）。由此可見，教育意圖促成個體生長、成熟，教育活動的運作及知識的學習，即需兼顧理性之知和經驗之知的調和。

另者，對於教育的方法，理性主義和經驗主義因觀點的差異，所主張的方法理念亦有所不同。以理性主義而言，強調心靈作用的理性

思考，一切作爲以促進內在理性運作爲主，強調邏輯推理和主動自律的精神。Kant 即談及，眞正的教育並非爲規範孩子，而在培養其在自由意志下能自主決定和服從理性指導的自律能力。相對的，經驗主義則強調外在環境刺激和生活經驗，咸認感官是知識的唯一門戶，重視直觀、感官訓練和實物教學，並著重外在制約的獎懲訓練，以促成學習及道德形成的他律精神。由此顯見兩者在知識來源及獲取方法上有其顯著不同，學習態度投入的主動性、被動性上也截然不同。

參、教育的價值向度

　　人對於外在事物或行爲所形成的主觀心理評定，諸如是非、善惡、美醜等都是一種價值判斷評定，是人對外在客觀環境所產生的主觀價值意識。在哲學範疇中，道德哲學、宗教哲學和藝術哲學（美學），統稱爲價值哲學。道德哲學和宗教哲學討論善惡問題，藝術哲學則探討美醜議題，善惡和美醜都算是「價值」（高廣孚，1989）。

　　而價值的分類簡略可分爲內在價值和外在價值。所謂內在價值（intrinsic value），又稱本質價值、自主價值，是依據它本身的內在性質來評斷它的價值或囿於判斷者內心的審視，不受外力限制，如知識、友誼、品性等；外在價值（extrinsic value）又稱工具價值，泛指具有功能性、工具性相關器物所帶來的價值判斷，如杯子可盛水、電燈可照明、電腦可製作和儲存資料、手機可傳遞和溝通訊息等。

　　至於教育哲學價值層面主要在探討道德教育與美學情感的部分。本文僅以道德教育爲主，闡述如下：

一、道德教育取向

　　在道德教育上，主要聚焦在關於道德的四個核心問題上的探討：「善惡依據什麼來做判定？」、「善是什麼？」、「善如何認知？」、「善如何獲得權威，使人實行？」（伍振鷟，1993；吳俊升，1993）對於這些重要問題，不同道德哲學學派則各有各的立場和

見解觀點，如傳統道德哲學中即有立場對立的兩個派別：主張善惡判斷來自外在制約驅使因素的主外派（又稱結果論）和主張來自內在動機驅使的主內派（又稱動機論）。至於杜威的道德哲學則調和前兩者學說觀點，以作為道德行為養成的融合觀點。分別敘述如下：

(一) 外在制約驅使取向（又稱效益論或結果論）

對於「善惡依據什麼來做判定？」結果論主張依行為的結果來做善惡判斷的依據；之於「善是什麼？」的問題，他們認為行為的結果若是快樂的即是善，若是苦的即是惡；而第三個問題「善如何認知？」則端視後天苦樂的經驗；至於「善如何獲得權威，使人實行？」則認為道德權威由外而生，強調外力的制裁，如團體或社會的獎賞或制裁，以建立道德的權威。

主張道德來自外力制裁的結果論，主要是建立於快樂主義和功利主義的哲學基礎上。在古希臘時期，快樂主義的始祖亞里斯提帕斯（Aristippus）即主張善惡乃依行為結果的苦樂而分，樂為善，苦為惡，離此無從分辨善惡，亦無善惡的標準。另一快樂主義者伊壁鳩魯（Epicurus）也以快樂為善，而善惡的區辨，全以個體經驗的苦樂為標準。快樂主義的苦樂經驗主要聚焦於個人經驗之上，即在強調個人的快樂為行為的目的，但如此的依據標準可能帶來與社會運作的矛盾和不相容。

近代的快樂主義則趨向功利立場，因而又稱功利主義（Utilitarianism）。彌爾（J. S. Mill）在其大作《功利主義》（Mill, 1998）中即明確揭示：「此種學說以追求功利和最大的幸福為道德基礎，主張行為是否為善惡，端視其增加幸福與否，或產生不幸的程度來衡量。幸福乃指快樂及無痛苦，不幸則指苦痛與不快樂。」

首先提倡功利主義的邊沁（J. Bentham）亦指出，行為的目的在求樂避苦。由此，每個人在行為發生或啟動之前，勢必會審慎仔細評估行為結果所帶來的苦樂後果。

綜合主外結果論的主張有四個主要特徵：1. 對於行為的善惡判

斷，重結果輕動機；2.主張快樂即是善，痛苦即是惡；3.主張善惡的辨認完全以過去苦樂的經驗為依據；4.憑藉外力的制裁力量以建立道德權威。

但此派理論被詬病為只知訓練外顯的行為，忽略內在的本質因素和心理驅使，缺乏形塑道德行為的內在動力；而在人格形成上，過度偏重苦樂和功利的計較，而缺乏義理的辨認，將有使道德價值表層化和空洞化的危機。

(二) 內在心理驅使取向（又稱動機論或義務論）

而動機論對於以上四個核心問題的主張，則與結果論處於對立立場。對於「善惡依據什麼來做判定？」動機論主張以行為的動機作為善惡判斷的依據；「善是什麼？」的問題，則重視服從規律和履行義務，除此之外便無所謂善；而「善如何認知？」則主張是非善惡的辨別應本於先天理性；至於「善如何獲得權威，使人實行？」則認為道德權威自內而生，強調透過理性的「無上命令」（categorical imperative）訓練意志，達致個體自由意志的境界，使人能自律的遵守社會規範及行善。

從上述可知，動機論是以人內在的行為動機作為善惡的判準，而不計較行為的結果如何，追求動機的純正。因此，動機論者以為判斷一個行為，發自善意（good will），即是善行，不在乎結果是否完美；所以，行為若是缺乏善意，但結果是好的，也不會被視為善行。

立基於內在心理驅使的動機論主要立論者為德國的康德（I. Kant），他認為人性有理、欲之分，若要使其人的欲望服從理性，必先使其服從規律。因而，他重視意志訓練，使兒童有自發為善的動力，因為他認為善存於意志，訓練意志比養成習慣更重要。康德認為善即是明白義理而非盲從的服從規律，在道德訓練上，兒童應只因義務心的驅使而做，不應夾雜其他任何動機（伍振鷟，1993）。

(三) 調和內外學派的杜威道德學說

對於道德學說，杜威以化解二元對立的一貫立場，調和主外的功利主義和主內的康德學說。他認為一個整全的道德行為，應該兼重內外各種要素。行為啟動以前必有動機或欲望，行為完成之後也應有實際結果（不管是善果或惡果）（吳俊升，1993）。

對於「善惡依據什麼來做判定？」杜威主張道德行為的判斷應綜合內在動機和外在的行動表現結果；對於「善是什麼？」的問題，他不接受康德的服從規律即是善，而主張以幸福為善，但幸福追求的不是快感的獲得而在欲望的滿足，欲望的滿足強調自我擴展和生長，而非膚淺的快感；而第三個問題「善如何認知？」他以實用主義的觀點作為善的認知依據，認為善的認知並非單一標準的，而是隨情境不同而改變，每種情境都蘊含一個特有的善，唯有憑試驗才能實現；至於「善如何獲得權威？」則認為融合內在的義（康德學說）和外在的利（功利主義），藉由個體逐漸自我擴展和生長，讓自我與義合而為一，建立以義為利的情操，使現實我和理想我合為一體（吳俊升，1993：150-156；Dewey & Tufts, 1908: 243-244）。

杜威認為道德的發展與認知的發展息息相關並具階段性，它以認知發展的觀點將道德發展分成三個階段（Kohlberg, 1964: 383-431）：

1. 道德前期或成規前期（pre-moral or pre-conventional level）

此期的兒童行為大多受到生理和社會欲望、衝動所牽引，亦即其行為動機大多來自生理和社會衝動因素。

2. 道德成規期（conventional level）

在此期的兒童行為則大都能接受團體的規範，表現出服從且少有異議和批評。

3. 自律期（autonomus level）

此期的兒童對於道德行為的選擇和判斷已較能獨立思維，對於個人行為的善惡全由自己的思考和判斷來做決定，不再完全受制於團體的規範和標準。

　　綜合上述，杜威的道德學說反對康德學說的訓練意志和功利主義過度強調行動結果的偏重，而認為應調和內外兩者，培養有行動力的品格。他的三階段論揭顯了道德發展的進程，第一階段顯現道德行為主要受控於生理衝動為主，此階段顯示無法根據理性進行內在的思考和判斷或接受外在的規範和束縛的「無律階段」；第二階段則因有外在規範制裁而遵守團體規則，以表現合宜道德行為的「他律階段」；第三階段進入自主自發階段，降低或排除外在規範制約的影響，依據自己的思想來做道德行為的獨立選擇、判斷而做決定的「自律階段」。由此可知，道德的發展亦是從一個原始性、生理性的行為逐漸邁向理性自發行為發展的生成過程。

二、道德認知發展階段

　　近代的道德學說則多從道德認知與發展層面來探究道德教育的問題。如皮亞傑（J. Piaget）、柯柏格（L. Kohlberg）等人。

　　皮亞傑以「發展認識論」（genetic epistemology）的觀點為基礎，探討兒童道德的形成依據兒童對道德問題的「認知」與「思考」逐步趨向更成熟的道德發展，而此一發展是具有階段性的。

　　皮亞傑認為兒童的道德發展具有三階段：無律、他律、自律（伍振鷟，1993；高廣孚，1989）。

(一) 無律期（stage of anomy）

　　約在出生到 5 歲以前，為「自我中心時期」，只有個人，人我不分，沒有物權和集體意識，主要以生理感官的動物性滿足為喜惡的判斷基準，無道德意識可言。

(二) 他律期（stage of heteromy）

　　約 5 歲到 9 歲以前，為「道德現實時期」，一切善惡的判斷主要是根據行動後果是否對自己有利。在此階段信服權威，對於師長或外

在的相關規定或約束，信守不渝，有違規定即願受罰，可說是對外在規範和制裁絕對聽命行事的階段。

(三) 自律期（stage of autonomy）

約在 9 歲以後，為「自我規範時期」，此期道德意識較為成熟，自我中心逐漸消退，並可以理智進行道德判斷，因而可以植基於「相互尊重」作為彼此間道德建立的態度，對於外界的各種規範已能重新評估並作合理修訂，有選擇的接受而不盲從，朝向「自為立法、自為執行、自為反省」的成熟階段。

而柯柏格則繼杜威和皮亞傑之後提出「道德認知發展論」，將道德發展分成三期六階段（單文經譯，1986）：

(一) 道德成規前期

此期兒童大約在國小低中年級階段，對社會文化規則和是非觀念的解釋較未成熟，自我中心觀念強，主要根據行為實質後果和快樂主義的結果，以及對於提出規則的人的權威性，道德發展多處於他律意識階段。此期細分成二個階段：

1. 避罰與服從階段

此階段兒童對善惡的判斷大多根據行為的結果，樂善苦惡，所以行為表現著眼避免懲罰且盲從權威，認為有權力的人的所有舉動都是對的。

2. 相對功利階段

此階段兒童行為目的多以物質交換觀點做衡量，重視個人主義和工具性，凡能滿足個人利益和需求的即為善。人際關係間強調彼此公平、互施小惠，注重報償相等平衡。

(二) 道德成規期

在此期，個人主義逐漸減弱，團體意識逐漸發展，認識到團體規範的重要性，並接受及遵守此種團體規範，忠於團體，但對於此種社會規範的認知仍受制社會傳統制約，多以理性推理做判斷基準。此期為他律和自律形成前的橋接階段，亦細分成二個階段。

1. 人際和諧階段

又稱為「乖男巧女」導向，以能取悅他人或受人讚賞、認可為重點，極力順從傳統習俗和成規，聽從父母、師長指示教導，附和眾人意見。此階段道德判斷開始兼顧行為的動機。

2. 法律與秩序階段

又稱為「服從權威」導向，特別尊重權威，遵從法治，嚴守社會秩序及規定。所以此階段兒童特別服從權威和恪守法令，但卻不知變通。

(三) 道德成規後期

又稱「道德原則期」，已能根據合理的道德原則，以道德原則的普效性為準，就事論事，不盲從附和，以達到道德行為自律的階段。亦細分為二個階段：

1. 社會法規階段

此期以能尊重基本人權，重視社會共同建構和批判的標準，有強烈的義務感和責任心，強調程序性的規則，並持相對的價值觀念，尊重法規但不囿於法規，必要時主張修訂規則，使其更臻合理。

2. 道德普遍原則階段

根據普遍性的道德原則，如寬恕待人、重視平等、維護正義等，並運用邏輯思考和良心自律，建立內化及適切的道德原則，對於善惡的判斷和行為取捨，均植基於合理的道德標準之上。

三、道德教育實施原則與懲罰原理

道德教育目的在培養個人自律的道德判斷能力和行為習慣，尤其在多元異質的當今社會，如何協助兒童建立個體獨立自主且合宜的道德判斷能力，將是教育重要的責任。

歐陽教（1995）將道德教育的教學活動歸類為三種類型，作為兒童從他律到自律階段逐漸形成一個穩定的道德價值判斷能力和行為表現的依循：

(一) 道德規範指導

此類型主要適用於無律和他律時期的兒童，提供一個足以做行為判斷依循的規範，並輔之身教示範引導，循序漸進引導自我判斷的能力建立。

(二) 道德認知教學

適用於較高年齡的兒童。此時兒童漸入自律道德判斷，道德意識也較強，漸漸學會道德行為的獨立判斷。循此，教師宜採取更開明、合理解釋及討論的方式，也可採取啟發或探索體驗方式，強化其道德判斷的認知能力及對合宜道德規範的信服。

(三) 道德實踐教學

此類型在強調道德行為實踐的教學，師長除以身教示範帶領之外，應鼓勵及指引兒童知行合一，即知即行、知而能行，落實道德實踐。而在實踐情境中，如何在面對兩難問題時，善用批判思考與質疑討論將是必要的作為。

由上述道德教育類型的描述可知，無論是道德規範、或是認知、或是實踐，均是道德教育養成必經過程，而其實施原則衡諸人性和道德整全發展，亦宜注意以下幾個原則：1. 兼顧人格整全發展，涵蓋認

知、態度、表現全人格養成的整體性原則；2. 顧及由外鑠到內發，他律到自律發展階段，循序漸進的程序原則；3. 不採絕對道德標準而採同理、寬恕，使其自然領悟向善的恕道原則；4. 以人為出發點，不預存成見，公平、對等的公平原則；5. 不以懲罰逼迫，使其擁有自主判斷的自由原則；6. 能自發自律，主動表現合宜行為的實踐原則。

　　而在道德教育培養過程中，理想上雖偏重在導引學生表現出義務心的道德自律，但仍離不開外在的制裁規範。畢竟，教育過程中仍免不了人性趨利避害的天性。因此，道德行為塑造過程中略施合宜適當的懲罰成了難以避免的作為，歐陽教（1995）即列舉四項懲罰原理以資參考。

(一) 報應性懲罰（retributive theory of punishment）

　　這是根據因果報應的原理而行的一種懲罰。對於犯錯或違規者施以報復，使其身心感受到折磨和痛苦，如「殺人償命」即是此種原理的典型反應。但其有違改過遷善的教育本質，在教育上並無太大的教育意義和價值。

(二) 懲戒性懲罰（detterrent theory of punishment）

　　此原理與報應性原理類似，均強調讓犯過者嚐嚐苦頭，但其動機和目的均有相當程度的不同。其手段雖是讓人不舒服，但動機和目的是在讓犯過者改過遷善，是具教育意義和價值的。懲戒手段是為了「殺雞儆猴」、「以儆效尤」，除讓犯過者改過、不重犯，也讓其他人能以此為戒，不致重蹈覆轍。而這種懲罰原理猶如增強理論（rein-forcement theory）的施予式懲罰策略，利用外在制裁帶來的痛苦以改善不良行為的重複。

(三) 感化性懲罰（reformative theory of punishment）

　　感化性原理則對於犯過者更秉持改過向善的教育本質，著重在對犯過者的感化向善為主。經常苦口婆心、動之以情的說理、說教；或

以暫時限制其自由或剝奪權力方式，以令其改過遷善，待行為改正後再恢復其自由權力。前者大致持人性偏善的觀點，樂觀期待能藉由說教而改過；後者則運用行為主義增強理論中的剝奪式懲罰限制其自由權力，以令其改善。

(四) 恕道性懲罰（punishment by reciprocity）

恕道性懲罰則基於存在主義觀點的懲罰原理，其原理是基於公平對待的原則來做懲罰處理。亦即對犯錯者保持一種「公平」、「同理」、「差異」的寬恕精神，以「愛」為出發點，將犯錯者視為「人」而非「物」，不預存成見的來理解其犯錯的動機與背景，並不持家庭背景、性別、族群等偏見，公平及差異的對待，讓學生知錯，且能在寬恕中改過向善。

✍ 課堂回顧與反思活動 2

一、對於史普朗格所提出的「六種人格價值類型」觀點，自我評估一下，你較偏向何種價值類型？又給你什麼啟發？

_____

_____

_____

_____

_____

_____

_____

二、請分析比較上述有關價值論之不同流派的論點主張，並試著以個人看法予以評論比較之。

觀念論與教育

CHAPTER 2

本章大要

　　觀念論是傳統哲學流派之一，屬早期哲學思想。主要著重內在心靈實體的起源、特性和功能的探討，強調內在心靈理性思考是此流派核心主張學說。從早期柏拉圖等人哲思到宗教觀念論，以至於現代觀念論（理性主義），形成一股理性思辨的哲學浪潮。

　　本章將分三部分介紹觀念論的發展，首先是針對其強調超越感官的心靈優位和追求永恆真理的基本主張進行闡述；其次再針對哲學發展淵源進行探討，分別從柏拉圖揭櫫的理型世界的普遍真理、奧古斯丁所主張存在神的世界的亙古真理、笛卡兒的自我認知主體及心物二元觀點的揭顯、康德的批判哲學和自由意志觀點，以及黑格爾的絕對精神論點進行論述。第三部分並以觀念論相關主張論點為基礎，提出教育目的、課程、教學和教師角色等層面的啟發。最後進行評述之。

§課堂故事§

　　這一天，筱珍老師正上著「認識動物」的主題，老師讓幼兒輪流模仿動物模樣或走路、叫聲，看誰最快指出動物的圖卡和回答出動物的名稱。當小壯模仿獅子吼出氣壯山河和張牙舞爪的模樣時。

小安：「我知道，他模仿的是獅子。」

老師：「你怎麼知道他模仿的是獅子？」

小安：「因爲他的叫聲，吼……。」

老師：「叫聲是吼……就是獅子嗎？還有哪些動物也可能是這樣吼聲？」

小芬：「老師，我知道，因爲他走路的樣子。」

老師：「走路的樣子，怎麼走？要不要表演一次……。」
　　　「那老虎不也是這樣走嗎？」

小康：「還有從牠的外表，獅子的外表和老虎不一樣！」

老師：「牠的外表？有什麼不一樣的特徵嗎？」

小康：「獅子的毛是土黃色的。老虎是比較深的黃色，而且有黑色的條紋，獅子沒有，不一樣！」

老師：「喔！小康說得很清楚，我們可以從動物的外表特徵來分辨動物。當然我們也可以從小安用吼聲和小芬用走路的模樣來辨別，全部加進來考慮，這樣才能更準確的判斷到底是什麼動物。大家請給三個小朋友都拍拍手，他們都幫我們認清獅子的各種特徵喔！」

☺第一節　基本主張

　　觀念論（idea-ism）又稱理想主義（Idealism）是一個古老的哲學學派，可遠溯自柏拉圖（Plato, 427-347 B.C.）的思想。它重視本體論相關問題的哲學探討（Winch & Gingell, 2008: 97），是一個看重心靈（mental）先於物質（physical）的哲學學派。也就是觀念論者主張真實的實體（reality，又譯實在）是存在心靈之中，而非外在的物質感官世界。因此，心靈是唯一實體，外在物質僅是內在心靈的投射或影子，強調心靈的功能。是以，心靈是世界上唯一真實存在的實體，物質世界僅是由心靈投射衍生而出的摹本；觀念論者認為人類世界所見所聞的感官事物，如手機、桌子、書本、電腦、汽車等物件，均是因為心靈中早已存在這些觀念，而後才外化成物質世界各式各樣的模樣，此即為所有感官事物僅是心靈摹本的說法。因此，觀念論不以感官所見事物形成知識，而是以觀念推理作為知識建構的原則。質言之，事物被我們所知不是它的外相，而是它的內蘊本質（essence），根據它的內蘊本質方能對事物下定義，形成觀念（李石岑，1986：70）。

　　然而，近代觀念論者（如笛卡兒、黑格爾等）對此基本立場進行修正，認為世界中存在心靈和物質的獨立實體，但兩個實體仍持獨立而分離且無交互作用的論點。是以，觀念論基本上仍持心靈優位的觀點，並重視心靈思辨的理性作用，以追尋絕對的心靈、永恆的真理，對知識的定義持具備普遍客觀性、穩定必然性和永恆無限性的觀點。因此，主張知識是來自人類與生俱來天賦的、絕對的、永恆的真理。但人類雖具有先天知識，但並非全知者，觀念論者相信宇宙中唯一全知者就是萬能全知的「上帝」，因而在觀念論者的眼中，「上帝」是人類天賦知識的施予者及終極追尋的對象，人類終極的目的即在追求接近上帝的絕對真理。

　　觀念論在形上學和知識論上揭示了心靈實體的追求，真理是超越

感官，存在心靈實體中的，強調了知識性質的先驗性和絕對性。因而，它在教育上的意涵極具潛能開發及自我實現的教育意義。觀念論者主張知識是天賦的、與生俱來的，必須仰賴發掘開展（unfold），使其心靈能力能予以盡情開展，因而後天的教育（尤其是學校和教師、父母的角色）應以思考啟發者、開發引導者身分，予以適當誘導啟發，引出人類原先具有的相關能力，使其盡情發展揮灑，以促成個體的自我實現，達致完善之人的理想境界。

第二節　哲學發展與思想要旨

　　觀念論是傳統古典哲學一支，遠自古希臘柏拉圖就已提出觀念論的思想，因而柏拉圖被認為是此一哲學學派的創立者。柏拉圖認為人應該窮畢生之力追求真理，因為真理是完美且永恆不變的，是無法從持續變動的物質世界中尋得的，唯有數學才具有證明永恆真理的可能性，強調的是理性觀念的追尋。而依其歷史發展脈絡，大致可分成三派：柏拉圖式的觀念論、宗教的觀念論和現代的觀念論，分別介紹如下（Barbara J. Thayer-Bacon, 2006; Ozmon & Craver, 2008；詹棟樑，2010）：

壹、柏拉圖式的觀念論

　　柏拉圖視知識為一種理念，超乎我們真實世界的經驗，他認為在我們出生之前，靈魂即存有諸多知識，寄身在我們的身體之中，他一生關注在心靈中的永恆不變真理的追尋。其哲學思想有以下幾個重點：

一、理型世界的知識才是普遍、永恆的知識

　　柏拉圖提出了「理型」（idea，或譯觀念）的概念，他的哲學思想主要關注在這個範疇上。柏拉圖認為人類世界除「感性之域」外，

尚有一個「智性之域」，他稱為「理型世界」（world of idea，或稱觀念世界）（孫有蓉譯，2017）。亦即除了感官知覺的世界之外，還有一個理智知識的世界。理智是透過理性探討追尋而得的知識，才可稱作知識，而其知識包括了數學知識與理性知識。

因而，他將人類世界分成觀念世界（或稱精神世界）和物質世界，兩者是彼此分離的。因為觀念世界是良善的最高點，所有正確知識的源頭，是永恆不變的觀念，所處的世界之一切的真、善、美、忠貞、正義、幸福等美德，它們均存在於觀念之中，不是存於個殊、具體的物質事物上，它們是抽象性、普遍性的；而物質世界則是感官材料的變動世界，亦即前述所言的個殊、具體的事物現象，是暫時性的、變易性的，不是真實的世界，所有人類世界的抽象、普遍、完善的真善美德是不存在這個物質感官世界中的。是以，物質世界的變動知識是不應被信任。在柏拉圖的眼中，「理型」是以非物質的形式存在，和物質性的事物是截然對立的。

二、真知與意見

柏拉圖便以「真知」（episteme）和「意見」（doxa）來指稱不同的知識性質。在他的《對話錄》中反覆提及上述的「理型」才是真知的對象。在柏拉圖眼中，真知是一種純粹而不受世俗變化異動的知識，是亙古不變的（孫有蓉譯，2017；溫明麗，1999）。而理型世界，正是一個非從感官所得的認識，是內在心靈運作而得的認識。他認為唯有從理性認識的知識，才是「真知」。相對的，感官知覺的認識僅是「意見」，意見不是知識，意見僅是一些經驗印象與價值信念，是個別的、變動的，而非普遍整體和永恆不變的。質言之，柏拉圖指出觀念世界所存在的永恆、普遍、抽象知識才是「真知」，才是值得追求和具有說服力，可以信任的；相對的，物質世界感官所見和經驗的變動、局部知識，就如瞎子摸象一般，一人一義、十人十義，眾說紛紜、莫衷一是，充其量僅是個殊的「意見」。

是以，柏拉圖認為人類的世界是觀念的世界，是一個不受時空限制的共相世界。柏拉圖的共相，是指稱一切存有的（being）本質，是抽象而先於經驗的觀念，不是物質世界這些感官可觸及的實物或經驗。所謂「共相」（form，或譯形式），就是物與物的共同特徵，具有普遍性的特性。就如上述課堂故事中，獅子和老虎都具有「生命性」、「生長性」等「共相」，而外形、毛色、叫聲等個殊差異即為牠們的「殊相」了。

三、強調理型世界的求知：追求真知是一種讓知識觀念具有完美及絕對的過程

柏拉圖不同意事物是認知的對象，因為事物是變動的，總是在一種生成（becoming）變動的情境中，不能作為真實知識的最終對象（徐宗林，1992）。柏拉圖提出「洞穴寓言」來說明智者求真知的歷程，這是《理想國》（*The Republic*）對話中的一段故事，由故事比喻求知及思想解放的必經過程。柏拉圖認為求真知的過程是一種由低層次感官認知到高層次理性認知、從不適當到適當、從變動暫時性到完美絕對性的系列轉換過程。寓言故事如下：

> 一個有向光的出口的地下洞穴，洞穴中關著一群從小身體就被鍊著且只能往前看著岩壁而無法回頭顧盼的囚犯。在他們的後上方不遠處則升起一堆火，陽光可透過洞口照進來，而火與囚犯之間隔有一道牆，牆後有人帶著各種東西經過，也有動物或其他物體過往。洞內被鍊住的囚犯，不能從正面看到過往的人或物，唯一能看到的只是從牆壁所看到的人或物的影子或聲音。終有一天，有一個人逃出了洞穴來到太陽底下的世界，他第一次看到了真實的事物，才察覺到他以前一直都被影像所欺騙，回到洞內告訴囚犯同伴外界真實世界的情況，指示他們逃出的道路。但是，他想說服他們是

有困難的，因為在別人眼中，洞裡的一切才是真實的，外面世界反而是虛幻的。對比之下，他彷彿比逃出去以前還要愚蠢。（修改自林永喜，2000）

此柏拉圖洞穴寓言，揭示了幾個哲學意涵：

(一) 洞穴隱喻如同一般人的所見、所聽、所接觸的物質世界，所見和所聽的僅是真實界的影子而已；而洞穴外的世界（陽光底下），代表的就是智者的理型世界，所顯現的才是永恆的理性真理。

(二) 洞穴世界只是個幻影、變動與暫時的，隱喻著大部分人就如多數仍不願離開洞穴的囚犯，一生大多停留在感官知覺狀態；而洞外世界則是完善永恆的，只有智者不斷求知方能成就。

(三) 人類容易受到物質世界的幻影與幻想所迷惑，甚至存在激情偏見，心智習性難改。當積習已久的觀念或習慣一旦遭逢新的或不同觀念挑戰時，不是自認目前的狀態是最安全舒適的，就是容易產生內在衝突並扭曲逃避，固執堅持己見，不願跳脫原有生活思維模式或觀念，甚至當智者提出新發現時反而被視為異類，慘遭排斥或迫害。

(四) 寓言啟示人們若能逐漸拋棄在物質世界裡所感知的幻影、激情與偏見，而能從陽光照耀的觀念世界裡努力的探究、瞭解各項事物，並持續、逐步追尋精進，跳脫物質世界的狹隘和善變的限制，便可進入智慧的實在世界，達致永恆而絕對的真知境界，可進入到柏拉圖所認為的至真、至善與至美的理型世界。

是故，柏拉圖的洞外世界就代表著理型世界，是存在穩定、永恆與絕對知識真理的真實世界，值得人們用一生心力去追求，就如逃出洞穴的人一樣，使自己有機會成為一個擁有真理的智者，當然這個過程是需要持續付出心力追求及堅持的；而洞內世界則是代表物質世界，是一個暫時、局部、流變，甚至虛幻的感官世界，它在柏拉圖的眼中，並不是一個真實的世界，僅是一個幻影罷了。總之，柏拉圖洞穴寓言即在鼓勵世人應跳脫感官變幻的物質現象，努力追求理型世界中的永恆真知，成為一個智者。

貳、宗教的觀念論（詹棟樑，1999；Ozmon & Craver, 2008）

宗教觀念論主要以奧古斯丁（A. Augustine, 354-430 A.D.）為代表人物，他是羅馬天主教會的奠基者，受到柏拉圖觀念論的影響甚鉅。其主要論點有：

一、亙古永恆的真理存在神的世界

奧古斯丁認為神的世界是存在的，是永恆的；相對而言，人的生活世界僅是一個現實而幻覺的世界。他承襲了柏拉圖觀念世界與物質世界分界的觀點，認為神的世界是一個存有（being）的世界，是精神與良善的美德世界（類似柏拉圖的觀念世界）；而人的世界則是一個生成（becoming，或稱形成、變動）的世界，是陰暗、罪惡、無知及受苦的世界（類似柏拉圖的物質世界）。在奧古斯丁的觀點裡，這兩個世界並非分離隔絕的，甚至可藉由神的出現連結了這兩個世界。

他認為現實的生活世界的種種經驗或制度，均是邁向美好社會終極目標的過渡而已。因此，人們不該僅關注於眼前感覺世界的得失，而應寄望於來世的天國（Bowen,1981，引自詹棟樑，1999：38-39）。所以，人應該努力的從凡人的物質世界釋放，透過信仰與沉思關注上帝以超越這個現實的社會，進入到完善的上帝世界。由此可知，奧古斯丁的見解亦承接柏拉圖的觀念論，強調透過理性思辨獲得真理，他特別強調神聖理性（divine reason），認為人的理性是不及神聖理性的。

二、透過靈魂發現知識真理

奧古斯丁相信知識並非人們所創造，而是上帝所創造，因為神的觀念是超驗而純粹的，人們僅能透過接近上帝而發現。他認為人們的靈魂（soul）是最接近上帝的事物，我們必須透過靈魂來尋找真實的知識和永恆的真理，而探求的方法就如柏拉圖所用的辯證法，運用理

性的推理、思辨來取得真理知識。對宗教觀念論者來說，上帝是他們追尋的終極實在（reality），而靈魂則是人類通往終極實在的橋樑。他指出人類生存的物質世界和依賴感官獲得的知識是世俗的、變化的，充滿了謬誤，當接觸到太多的外在物質世界刺激時，甚至可能危及或汙染了靈魂。因而必須透過理性、信仰和直觀，人才得進入真實的觀念世界，追求永恆不變的真理。

三、真理包含認知和道德的結合

奧古斯丁的心靈觀點是傾向靈魂不滅論的觀點。他認為心靈是由知（knowing）、情（feeling）、意（willing）三者交互作用構成。所以，從人的心靈構成觀點而言，真理並不完全為認知思辨的真理（speculative truth），還有道德的真理存在（moral truth）（徐宗林，1992）。

他指出在真理的認知思辨上需具有必須為真的「必要性」、不隨情境條件變動的「不變性」和真理無限存在的「永恆性」等特性。而除了認知之外，心靈活動尚含有情意的活動運作。而心靈活動中的意志活動就是屬於人的道德活動。奧古斯丁認為，人不能僅是個認知者，單憑道德認知是無法將道德付諸行動而實踐的。必須成為一個能領受神的恩典的智慧者，所謂的智慧者即是一個有知的智者和有意志的公正者的結合，也就是知行合一的智者。

因此，他認為道德的活動是必須以智慧才能獲取幸福。他提出了至善（the supreme good）的觀點，他以為神是至善的，是最完美無瑕的，是一切善的來源。故在道德實踐上，行動必須符合神的要求（徐宗林，1992）。

所以，人是心靈與身體相互結合的存在物，不可能有無心靈的身體，也不可能有無身體的心靈，如此均不可能構成一個整體的人。

✍ 課堂回顧與反思活動 1

　　關於柏拉圖和宗教觀念論的主張：

一、最認同的是：

_____

_____

_____

_____

_____

二、最不認同或感困惑的是：

_____

_____

_____

_____

_____

參、現代的觀念論

每一個學派理論發展均有其脈絡和承繼。觀念主義的發展自柏拉圖以降，在 17、18 世紀受啟蒙運動的鼓舞，理性思辨的風氣更形系統化和主觀主義。這時期出現多位重量級的代表人物，分別介紹如下：

一、笛卡兒（René Descartes, 1596-1650）

法國哲學家笛卡兒的哲學思想大多偏向理性主義（觀念論），但對實在論（經驗主義）亦有諸多貢獻。如柏拉圖的觀念主義主張心靈先於物質的唯心觀點，然笛卡兒則提出心物二元的立場，認為心靈與物質是兩個獨立的實體，修正了古典觀念論中的「物質事物僅是心靈觀念的摹本或映象而已」的主張。哲學觀點也深深影響黑格爾等人，被稱為「現代哲學之父」。其重要思想觀點如下：

(一) 我思故我在：論證自我的存在，以揭示認知思維的主體

笛卡兒最重要的作品是《方法論》（*Discourse on Method*）和《沉思錄》（*Meditations on First Philosophy*，又譯第一哲學沉思）兩本著作，而要探討他的哲學必先從他《方法論》中所提出的「懷疑」（doubts）開始。笛卡兒在自述中就指出，他以往信以為真的信念，其後常常被推翻或修正，這讓他感到困窘及不安。他也指出，人們經常受到感官的矇騙，因為感官所見、所聽經常是不完全、不真實的，就如認為月亮比山小、認為感官知覺的知識是可能被懷疑的，我們並不能完全信任我們的感官。

因此，他認為「懷疑」是探尋、追求人類世界中準確無誤的知識真理的基點，包含懷疑自身的存在（林玉体，1995；Ozmon & Craver, 2008）。換句話說，任何的事物均可以加以懷疑，包含自身。舉例來說，每個人所說的話都可以加以懷疑它的真實性和正確性（包含自己所說的話）。笛卡兒就比喻說一籃蘋果，我們若擔心蘋果是否新

鮮無瑕，那我們該做的是亂槍打鳥似的隨機抓幾個作檢查？還是對整籃的蘋果一一的進行檢視，以確定其新鮮無瑕？答案肯定是後者。因此，對於世界中知識亦如檢視一個人的話或檢查蘋果一般，應對所有經驗事物一一進行全面的懷疑並進行檢視，以確保其無可置疑。

是以，笛卡兒提出了著名的第一原則——「我思，故我在」（Cogito, ergo sum）。他運用演繹分析的方法，嘗試針對所有事物進行懷疑，甚至對自身的存在（Ozmon & Craver, 2008）。所謂演繹分析即是將每一個觀念逐步分析，分析到最明確極致，不再被懷疑的單純概念為止。所有的事物都是可以逐一的懷疑分析，但唯獨對於自己正在懷疑或思考的這件事是例外。因為，當我們正在感知或思考的狀態時，意味著感知或思考的真實存在，而感知或思考的存在也推證了我們自己的存在（心靈的和身體的）。舉例來說，當你感覺疼痛或天冷時，代表你已意識到它們確切的存在，也真實的反映出你的存在。

所以，笛卡兒追求「人」成為一個「會思考的人」（a thinking being），鼓勵啟動懷疑，運用思考，人才能成為人，而非無法思考的低等生物或礦物。他進一步強調，人應該運用理性思考去尋覓世界上無可懷疑的知識和觀念。因為，他認為若能找到那些清楚且正確的觀念，就能以此為堅固的基礎，建立其他真實的觀念，形成正確可靠的絕對真理，而站不住腳的論點和知識也將隨之銷聲匿跡。

總之，笛卡兒認為人們可以懷疑任何事物，但對於自己正在感知或思考這件事是無法予以否認的。不僅由此論證了自我的存在，更進一步揭示了自身心靈就是思考的主體。

(二) 強調心物二元論的立場

在論證出自我的存在後，笛卡兒繼而以自我存在為基礎推演「上帝的存在」，認為上帝是世界存在的起源，是完美無缺的。其後更進一步論證外在客觀世界物體的存在，亦即在笛卡兒心中，這世界存在三種實體：上帝、心靈、物質。上帝是第一因（first cause），

造就了這個世界，而這個世界則由心靈和物質兩者所形成（林玉体，1995；陳迺臣，2001），這就是笛卡兒著名的「心物二元論」（dualism）的基礎。

上述所謂的「心靈」，包含我們的感覺、意識、欲望、想法、情感及信念等，是內在的思維實體，是精神的和無廣延的（unextented）；而「物質」則指外在於心靈世界，感官可捕捉的具體事物，如桌子、手機、汽車、山川、星辰、樹木、聲響等眼見耳聽所及的外在客觀實體，是物質的、廣延的（extented）。心靈的本質是純粹思維，具有直觀和判斷的能力；而物體的本質是廣延的，即是指物體占有一定空間。笛卡兒持心物二元論的立場，認為這兩者均是各自獨立但無相互作用的實體，雖然截然不同但卻同等重要且真實存在的。

笛卡兒的心物二元論指稱，人具有兩個存在的基本領域──心靈和物質（或精神與身體），在笛卡兒的眼中，精神與身體是獨立而分離的，兩者絕不相同也無法整合化約（高廣孚，1992）。而吳俊升（1993：45）也指出，理性主義者認為精神是實體的存在，不依賴於物質；而物質亦為實體的存在，不依賴於精神，兩者代表著截然不同的世界，是二元分立的。這樣的觀點事實上已與柏拉圖的主張命題有所差異。而笛卡兒的「二元分立說」也面臨諸多挑戰而修正，在其晚期提出「身心交感說」（psychophysical interactionism）指出身心具有交互作用狀態，修正了早期二元分立的說法。

二、康德（I. Kant, 1724-1804）

康德是德國偉大的哲學家，他的思想學說影響當代哲學思想甚鉅，如費希特（J. G. Fichte）、黑格爾（G. W. F. Hegel）等人均受其極大影響，在他的唯心論（德國觀念論的稱法）基礎上建立他們的重要思想體系。

(一) 批判哲學的知識論

康德將批判的精神和方法作爲他的哲學思想根基，建立影響深遠的批判哲學（critical philosophy）。他調和了笛卡兒、史賓諾沙（B. Spinoza）、萊布尼茲（G. W. Leibniz）等人所建立的主張追求普遍眞理與觀念的理性主義，以及洛克（J. Locke）、休謨（D. Hume）等人所建立的強調經驗立即感知的經驗主義之間的對立（徐宗林，1992；Ozmon & Craver, 2008）。

他的哲學觀雖然立基於理性的思想基礎上，但諸多的哲學觀點並無局限於單一的哲學派別上，尤其是在知識論上，他提出了一個有別於古典觀念論的相容性哲學觀點。此相容的哲學統合即被稱爲「哥白尼式的革命」（Copernican revolution）。他提出了純粹理性和實踐理性批判兩大理論，揉融兩大敵對陣營——理性主義（Rationalism）及經驗主義（Empiricism）的觀點，努力降低兩者差異及把兩者皆拉進了知識形成的架構體系裡，帶來新的知識建構秩序。

康德認爲知識的形成，缺少不了經驗的角色和地位，持此立場顯然與柏拉圖等諸多古典觀念論者立論不同。在康德的眼中，經驗在知識形成中的角色是一個資料提供者，亦即經驗並不等於知識，它僅是在形成知識的架構上或過程中所需的諸多內容的一部分。因爲康德認爲，知識是獨立於人類感官經驗之外的先驗（a priori，亦譯作先天）知識，它是形式思維而不需經過感官經驗所得。換言之，經驗只是知識組織的一項素材而非等同或全部。所以，知識形成並非全部來自經驗，僅是來源之一；另一方面，理性主義強調理性作用是形成知識的基礎架構，具有結構與組織的角色和功能（徐宗林，1992），此性質是感官經驗所欠缺的。

　　因此，康德認為知識是來自「悟性」（understanding）及「感性」（sensibility）的結合。「悟性」是一種純粹的思維，是一種理性思考的範疇，具自發性的（spontaneity），是指人運用先天的概念或範疇去批判、整理感性材料的能力；而「感性」則具接納性（receptivity），指的是透過經驗而形成感官直覺知識的先天認知能力。康德指出：若只有直觀，我們僅能取得雜亂無章的知識材料，無法建構統一的知識體系；相對的，若僅有思維，雖能建構出統一的知識形式，但卻缺乏任何的經驗內容。因此康德即宣稱：「不具內容的思維是空洞的，不具思維的內容是盲目的」，只有兩者結合起來時才能產生真實的知識（黃光國，2018）。

　　所以，知識的形成必須透過悟性和感性的通力合作，認知過程是由悟性主動創發開端，透過套用範疇以區分、整理感性所蒐集的龐雜材料，使其具有一定形式和歸類，進而將經驗轉化成為知識。換句話說，在感性階段僅是透過直觀經驗蒐集相關材料，這些材料是龐雜混亂的，直到悟性階段運用範疇將直觀經驗進行整理納入範疇中，才具有因果性和規律性的連結，進而形成具有普遍性（university）和必然性（necessity）的知識。這兩個基本原則就是康德對知識的定義的重要條件，認為兼具這兩個要件才能構成真正的知識和真理，而僅是感性的經驗認識是無法符合這兩個條件的要求的。

　　由此，康德認為理性主義者擅用分析性的思考；經驗主義者則運用綜合性的思考，因而他提出了一套歸納性且先驗性的邏輯判斷體系，稱為「先驗綜合（synthetic a priori）判斷」，建構了經驗主義與理性主義兩者統合的新知識體系。

　　除此之外，對於知識的建構，康德認為還須有主體意識的主動統一性。所謂主體意識的主動統一性，就是「先驗統覺」（transcendental apperception），是一種「自我意識」（Self-consciousness），是一切有關對象的認知的最高條件，也是所有對象之統一性的必要條件。由於具備「自我意識」的活動，才能把悟性範疇應用於感性材料，使感性和悟性得到統一，以建構必然的客觀知識（劉貴傑，2000）。

(二) 強調自然順性及成為求善的道德人的教育思想

康德重視道德教育，主張應注重文化陶冶品格、強調意志訓練，並以意志自律為道德教育的最終目的（徐宗林，1992；葉學志，1993）。而其教育思想受盧梭自然主義影響頗大，在他的哲學論述和《論教育》著作中即常提及「自然」的概念。他認為「自然」是教育一項不可或缺的要素，因此不論是強調個人的自然發展，或是人類的教育活動，均隱含有「自然」的觀點。康德常提到：

> 自然有智慧的賦予人一些鬆散的空間，不然，這些人的
> 惡性將更具破壞性。……兒童與成人藉由自然提供的遊戲，
> 激發個人的競爭並獲取技藝學習，使個人的精力不致於枯竭
> （Kant, 1963）。

由上述康德言論中即可發現，他的教育觀點受盧梭自然主義順性教育的影響甚大。康德認為人的早期教育應保持在消極的教育，順應兒童自然的發展，不須給予額外甚至過度的外在介入或限制，反其道為之，反而阻礙其發展。因此，教育活動最重要的就是如何在教育活動中自然的、恰如其分的提供環境、給予機會，讓兒童能盡情發展。

康德受盧梭自然主義影響除顯現在教育活動上，另一方面亦延伸至人性觀點上。但在此層面上，康德以「理性」觀點取代「自然」觀點，並透過實踐理性加以證成（朱啟華，1999）。他主張「人必須使其朝向善的方向發展」，認為教育的作用乃在促進人性的美化，教育的功能則顯現在「使人成為人」的功能上；換言之，教育的主要目標即在將人的動物性本能轉化成人性的彰顯。人性中動物性的原始欲求是須加以訓練、陶冶和節制的。因為他認定人的本性是善的，人的作惡是因為未對其本性加以控制使然（徐宗林，1992）。因此他主張教育應強調陶冶（discipline）、培育（culture）及辨別（discretion）等活動。陶冶的作用乃是要制止及約束人的動物性，以期在社會生活中沒有任性的行為發生。培育的意義是強調人在社會生活中需要一

49

定的知識及學問，以作為社會生活能力發展的依據；這些文化性的能力，諸如閱讀、寫作或藝術表達能力，均需藉由教育的活動而習得。辨別則是指個人經由教育的作用，而有判斷是非、明辨真偽的能力（徐宗林，2000）。

是故，康德特別強調「人的培育」，他認為教育是一種人類文化發展的結果，是人為的活動，所以他特別重視文化陶冶和教學活動的實施，透過教育淨化人性中所具有的動物性（非理性），教育的目的是在將一個自然人經由後天的教養而具備文化素養的道德人，提升人性及達致完美（perfection）和普遍的善（universal good）的境界。

(三) 重視道德的普遍性和自由意志訓練

康德哲學影響後世最大的是他的三大批判理論：《純粹理性批判》、《實踐理性批判》、《判斷力批判》等三大鉅著。《純粹理性批判》則是在探討認識的能力，亦即主張透過理性作用，目的在追求普遍性和必然性的永恆真理，強調一種「真」的世界的追尋；《實踐理性批判》是康德探討欲求能力的重要著作，其終極目標則在道德倫理的關懷，亦即在追尋一種「善」的世界；而《判斷力批判》則是對審美能力的探討，康德認為人具有共同審美的能力，並以理性反思為基礎，讓想像力與知性產生和諧統一，它不是認知的，而是對美的判斷，是一種對「美」的世界的追尋。

康德認為欲求最高級表達形式即是意志，因此其在《實踐理性批判》中主要是探討意志在道德實踐的作用。康德認為實踐理性的法則出自於人的理性，但因為人並不是、也不可能是完全理性的存在者，所以容易受到情感欲望的影響和干擾，亦即人不可能永遠的依據理性行動。這種在執行實踐理性可能產生偶然的被實行，而非必然會被貫徹的情形，因此實踐理性對人而言只是一種規範。因為意志不必然是理性的，康德認為必須透過命令法則促進意志的培養，而理性的要求便是一種命令（林火旺，2004）。康德提出了以下兩種命令形式：

　　第一種是定言令式（categorical imperative），是一種普遍有效及絕對必要的道德律則所組成的（Ozmon & Craver, 2008）。一般來講，定言令式對道德行為的要求或規範主要以格言或以「應該……」或「必須……」的句型來表述以促成行動，如：「機會是給準備好的人」、「人應該誠實重承諾」、「走路時必須遵守交通規則」、「小朋友午餐打菜時必須排隊」、「上課時應該專心聽講」……種種均屬之。它顯示出一種限制的、約束的、義務心、無條件的、自我要求的理性行為規範與展現。它顯示的特性是一種普遍性、放諸四海皆準的道德命令，所以它命令的對象必須是理性存在者，所規定的行為勢必對每一個人都產生限制與約束力。而當此種命令長期實踐內化後即形成理性的意志，接近康德道德實踐的自律原則，最終目的在養成自律的意志，因為他認為人自律的結果才能得到真正的自由。

　　第二種則是假言令式（hypothetical imperative），則是立基在主觀目的的條件上。亦即它是有目的性的、有條件性的命令規定，也就是說有前提性的。換言之，如果一個人想滿足某一特定目的，它就必須採取行動（林火旺，2004）。表達形式通常使用「假如我要 A，那我就必須做 B」的條件句，它表達了一種有限責任、有條件的、功利性的道德實踐。例如：「如果你想不被處罰，你就必須每天按時繳交作業」、「如果你想通過教師檢定，你就必須充分準備」、「如果你想有好人緣，你就必須學會幫助別人」等。由此可發現，假言令式具有條件性的工具價值，行為主要源自主觀目的的條件之上所採取的行動。這與邊沁（Bentham）與彌爾（Mill）等人主張的功利主義價值論有某種程度上的符應。而此種重視條件前提的命令在道德表現上，則接近康德道德實踐的他律原則。

　　由上述可知，康德認為人性的本質具有「自由」開發的可能，但人一出生都帶有野性（動物性）和蠻性（未開化），在邁向「自由」的進程中，必須經過「強制」的道德規範啟蒙及約束（李長偉，2019；林淩，2015；劉睿，2019）。康德就認為：「人才會及早習慣服從理性所提出的規定」，並指出：「能脫離感性衝動，而由理性

所表現的動機決定者，即爲自由意志（arbitrium liberum）」（朱啟華，2008；康永久，2009）。由此觀之，在康德的觀點中，必須運用上述具有普遍性、必然性及限制性的定言令式道德法則規範，進行意志訓練，對人的動物性進行否定式的強制及引導人朝向善的意志自律，使之將遵從法則的強制與培養自由的能力的有機統合，培養人的理性意志，從「強制」轉爲「自由」，而眞正的自由或自由意志的展現就是一種理性的思考和表現，其最終目的在促使成長爲自我立法、自由意志的主體，促成人人均可達致道德自律的境界，成爲自由意志的理性存在者，以成就人性的完滿和世界的至善。

三、黑格爾（G. W. F. Hegel, 1770-1831）

德國哲學家黑格爾是現代觀念論者最主要代表人物，近代諸多學派思想學說均受到其學說思想的影響，如：馬克思主義（Marxism）、存在主義（Existentialism）、實用主義（Pragmatism）均可在他們的主張觀點中發現黑格爾的思想軌跡。他的思想學說側重人類精神及心靈作用，以及理性作用的協調整合，強調絕對精神的實現才是一個理想的人類世界。而要達成這個理想境界，他認爲應具三個階段的進程，需從邏輯、自然及精神三個面向探討之。

(一) 絕對精神三段論

黑格爾的觀念論最明顯的特徵就是對終極絕對精神（final absolute spirit）的追尋。所謂絕對精神就是先於自然界和人類社會永恆存在著的實在，是宇宙萬物的內在本質和核心。在黑格爾的觀點裡，它是透過一個民族的歷史發展或最精美的藝術、宗教和哲學的作品展現出來的，但這些精美作品並非就是絕對精神，它們僅是絕對精神的顯示物而已（Ozmon & Craver, 2008）。也就是說，世界所有的一切事物，都是絕對精神的外在表徵。黑格爾認爲絕對精神才是眞實的實在，而且它是一個持續追尋的目標。因爲，他認爲在人類世界中存有

一個「世界之神」，祂是全知的，世界一切物質、知識、精神等東西從祂創造而出，亦又會返回祂處。在黑格爾眼中的「世界之神」具有神性，但並非一般基督教所提的上帝，他把「神」理解成一種「精神」。所以此處所指的神性，是可讓人類自我認識及理解，重視思辨理性的絕對精神。

由此可知，黑格爾的絕對精神並非一蹴可幾的目標，反而是一個自我認識及自我發展持續進化的動態發展歷程。所以他認為為達致絕對精神的目的，應從邏輯（logic）、自然（nature）及精神（spirit）三個階段逐步追求和完成（Ozmon & Craver, 2008: 24-25；徐宗林，1992：205；鄭重信，1974：24）：

1. 第一階段─邏輯

黑格爾認為只要精確運用理性邏輯系統，是可通達絕對精神。他指出，人的心靈是自由而自我意識的，具主動開展的潛能，在此階段是絕對精神是純粹抽象概念的階段。他以辯證法（正反合）的方式來做印證，此階段正是絕對精神純粹概念化（正題）的活動狀態，第二階段則從概念外化形成具體事物內容的自然界（反題），最後則是兩者緊密聯繫的綜合（合題）。

2. 第二階段─自然

是一種個別的、自然的、意識的發展，絕對精神以感覺的意識與自然界接觸，但卻無法真正認識外在自然世界和自身，此階段所擁有的直觀知識並未發展成熟及完全。亦即此階段絕對精神是以感官事物的形式呈現，也就是說自然是絕對精神外顯化的表象，絕對精神將受到自然界物質形式所限制。

3. 第三階段─精神

是觀念與自然的綜合。在此階段絕對精神經過層層運作，從概念形成及外化，其後又否定自然界的物質形式限制，回到其原貌（概念），重新整合前兩階段的運作，轉換融合回到精神的表現形式（合題），發展出更高層次的最新狀態，是其發展的最高階段。由此可知，絕對精神的形成是一個持續移轉及進化的動態過程。

絕對精神的發展階段正顯現出三種形式的表現，分別是主觀精神，強調個人自我意識覺知；其次是客觀精神，衡量社會制度、歷史文化、法律典章等，摒棄僅個人意識而完成更具理性客觀的社會意識；最後則是絕對精神，這是精神發展的最高階段，透過藝術、宗教、哲學促成自我的認識，並形成普遍絕對的真理。由此可見，絕對精神是一種主客的統一、身心的統合、物質精神的整合，是普遍且絕對的實在，也是一種自我認識的依據的基底。從此也展現出三位一體的狀態：一個實體（世界之神），三種形式（邏輯的主觀精神、自然的客觀精神、神性的絕對精神）。綜言之，絕對精神的發展是源自主觀精神，後走向客觀精神，並整合成絕對精神的過程。

而黑格爾絕對觀念論有別於其他觀念論者，不接受有任何先驗而終極的原則可用來建立哲學系統和完整的範疇論，而是認為只能在具體的哲學史發展中把握概念，然後整理出一個系統（劉創馥，2018）。

觀念論者極重視心靈的功能。以上依歷史發展演進敘述，觀念論各派或代表人物雖在思想細節上有所差異，但基本主張卻有其共通性。一是認為外在經驗並無法構成真實知識；二是各派大多主張知識的來源是依賴理性的先天範疇，而其性質是普遍的、永恆的和絕對的；三是各派主張心靈之於知識的形成是具自發主動攝取的，而非被動接受吸收的。

⚲ 課堂回顧與反思活動 2

　　請摘要及評論現代觀念論哲學家的主張觀點，並與小組同學分享交流。

哲學家	主要觀點	主張內涵	我的看法
笛卡兒	心物二元論		
康德	批判哲學 知識論		
	自由意志 訓練		
黑格爾	絕對精神		

☺第三節 哲學思想與教育意義

有什麼樣的哲學，就有什麼樣的社會；有什麼樣的社會，就有什麼樣的教育活動（溫明麗，2008：64）。因此，不同學派的哲學主張不同，對教育的意義和關注也將有所不同。觀念論關注於心靈實體的探討，以及亙古真理和理性作用的關照，相對於對教育活動的啟發亦有所偏向，以下則分別從教育目的、教育課程、教學方法、教師角色等方面進行闡述：

壹、教育目的

有怎樣的哲學主張，就有怎樣的教育目的。哲學往往是教育活動的參照和指引，其哲學觀點即為教育目的指明追求的方向和願景，觀念論重理性思考、德行的訓練和個體的自我實現，臚列以下追求目標（詹棟樑，2010；簡成熙譯，2018；Ozmon & Craver, 2008）：

一、強調理性思考，追求永恆真理

蘇格拉底曾言：「未經檢視明辨的人生，是不值得一過的」，意即人應重視及鼓勵自我質問探索，在經理性明辨後方能更清楚自己的生命價值和生活重點，追求終極的真理，進而選擇及確立人生方向和實踐人生，才不致渾渾噩噩一生。

觀念論追求的是永恆不變的真理，因此認為人類的物質世界是一個持續變動、虛幻且短暫的世界，無法追求絕對普遍而不變的知識，唯有觀念的世界才是真實的，在人類心靈中自存（天賦）的邏輯理性及抽象思考，方是永恆的普遍真理，在教育上極具理性真知追求的啟發意義。

因此，在教育目的上即鼓勵受教者應極力從事真實知識的努力追尋，重視理性的啟蒙與發展，這也是將人從未受教化前的動物性本性，轉化成受教化後的對理性人性持續不斷追求的過程。如此方能在

面對生活世界諸多的障礙和挑戰時，運用理性眞知克服障礙和解決問題。

二、探索個體潛能，達致人性自主

康德（Kant, 1803/1977，引自朱啟華，1999：7）在提到教育目的時，認爲：「在人性中有許多種子（keime）。我們的任務是，均衡地發展先天的才能（naturanlagen），並且由種子中開發人性（menschheit），以使人們達到他們的本分（bestimmung）。」

觀念論者主張人出生就已存有天賦的知識觀念。是以，教育的主要目的就是對人進行理性的啟蒙和開展，無論是心智理性、道德意志均是依賴啟迪的。所以，他提及教育即是一項養護（care maintenance）、訓練（discipline）和教導（instruction）的工作。養護目的在不讓幼者受到傷害，獲得心生理上的保護，得以順利成長，然後才能進一步施以訓練和教導，以去除動物原始性所帶來的欲求迷惑，把動物的本性轉化及提升爲人性（陳迺臣，2001：255）。

而柏拉圖則在《理想國》中提出了三性三德論，分析人的性靈（soul）爲三種要素，分別是理性、意性（情性）和欲性三性。指出理性是合理的、單純的睿智之德；意性是衝動的、非理性的但單純的，具有勇敢之德；欲性則是衝動的、非理性且多雜的，需要節制之德。所以在人性傾向上，「理性」是善，「欲性」是惡，「意性」近於善而遠於惡。因此，理性強者應發展其睿智，以造就統治管理之人；意性強者應發展其勇氣之德，以培養保家衛國軍士；欲性強者則發展其節制之德，以成爲農工（伍振鷟，2015：274）。

由此可知，觀念論的教育的目的是一種依據個體不同特質及潛能給予誘導及訓練的理念，並重視自我導向的自發性，即強調自個體潛能予以開發，將人從原有的動物性中提升爲理性和人性，成爲一個心智理性與道德品行均能自主獨立的個體。

三、重視人格發展，成為完善之人

G. R. Knight 指出，觀念論主張價值來自觀念世界。指出心靈世界可分成「大宇宙」（macrocosm）和「小宇宙」（microcosm），「大宇宙」就是一個絕對心靈的觀念世界；而「小宇宙」則是由感官經驗的世界所構成，是一種心靈的反映（簡成熙譯，2018：53）。

而奧古斯丁則將上帝列為最高智慧，人類對最高智慧（上帝）的追求即是最高的道德律則；而康德則從不同角度論之，上述康德在實踐理性批判中即指出，道德是理性自律的，而非上帝所規範，本身即是一種理性的定言令式（categorical inperative 或稱無上命令），此為道德律則的根源。而透過這種自由的自我立法的過程來規範及訓練自己的意志，最終能形成自由的意志和自律的進階。

由此可發現，觀念論者道德價值觀是理性的，認為人格應具理性色彩，道德人格的養成來自善良的意志。因此，教育目的即應在理性基礎之下啟發個體品格的發展，並進階培養，使其逐步具有觀念主義色彩和個人主義色彩，成就完善的個體。

四、建構個人主體，完成自我實現

觀念論強調人類心靈和精神的發展，因此特別注重個體自我的彰顯，義大利觀念論者 Giovanni Gentile 就指出，自我實現是教育的終極目標（引自 Ozmon & Craver, 2008: 30）。蘇格拉底也指出，一個真知者應從「知己無知」到「知汝自己」的自我探索和自我瞭解，如同孔子《論語》〈為政篇〉裡所言：「知之為知之，不知為不知，是知也」的意涵一樣，瞭解我們自己所知道的，也清楚自己的所不知道的，如此才能達到真知的境界，方能貫徹「知即德」的善行。這些觀點強調出「到心靈中尋找真理」的思維，也反映出個體是認知主體的展現。

上述笛卡兒的「我思故我在」的論點，即在強調個體的自我主體感知的凸顯，重視個人的發展與觀念的探索追尋。然而，縱使觀念論

者極重個人主體的彰顯，但也並未忽略另一自我實現途徑的連結——個人與社會整體之間的關係連結。

觀念論者認為部分對整體的關係或自我與社會的互賴共生關係是緊密結合的。柏拉圖就認為個人無法離開社會特定的地位角色而離群索居；黑格爾也指出，個人必須與整體有所聯繫，因為唯有如此，個人的重要性和價值方能被發現，也才能獲得自我的真實理解（Ozmon & Craver, 2008: 30-31）。從而建立個人的主體地位和個人與社會清晰連結及互動關係，進一步完成自我實現的終極目標。

總之，觀念論認為教育的本質乃在啟發學生的心智和開發內在的潛能，而在教育目的上，觀念論者重視認知主體的探尋、發現心靈智慧真理的探求，但並非僅強調個人孤立於世，而是涵蓋了個人與社會整體的連結。當自我意識更清晰，對真理的追尋越強烈，社會連結的意識亦隨之明確，越能發展人類的理性、直觀能力、智慧為教育目標，達致自我實現的理想境界，最終成為一個追求理性真理的完善文雅人。

貳、教育課程

觀念論者相信觀念才是學生學習最主要的重點。所以在課程上他們關注兩個面向：一是重視思考，二是學習內容。因此，他們的教育內容會以文字和思考的訓練為主。

一、強調思考的誘發

觀念論者認為教師應在課堂上多激發學生進行觀念的思考，因為一個人的心靈在被滋養和發展的過程中，觀念是最重要的，能指引或支使行動作為，可以改變生命。因此，這過程教師必須能針對有助於學生思考的教材、資料內容進行蒐集和審閱，因為這些能促進觀念思考的資料內容才是最有價值的。

因而，觀念論者認為要啟發思考最重要的就是要進行閱讀的訓

練。因為，他們認為圖書館是重要的閱讀教學中心，在圖書館中可以與古人互古不變的觀念有所交會，不僅學會閱讀識字，並可透過閱讀學到一些材料內容的觀念和道理；另外它也是學習及精練語言文字重要的途徑、方法，透過語言文字，觀念才能使不同的人的心靈中相互交流。

二、重視博雅課程

觀念論的學習課程重視理論而輕視實用技藝，因為知識是理性思考而來，並能啟迪心智，所以特別偏愛人文經典的學習；此種主張其實與孟子所言：「勞心者治人，勞力者治於人」的觀念類同，對日後的職業分工及社會價值觀影響甚鉅。

另觀念論者也相信，觀念是足以改變生活的。觀念論者認為藉由思考能力的發展，人類可以成為更理性和更有價值的人，所以他們鼓勵透過人文經典來教育大眾。因為他們發現現今學校教育忽視心智思考的教育，就算是運用經典內容進行教學也大多停留在記憶層面，反而忽略心智思考的創造層面。他們認為這些經典內容是可以傳遞觀念，足以滋潤心靈，豐富人的涵養，進而改變生活和社會進步（Ozmon & Craver, 2008: 35）。

所以，觀念論者重視理性發展、注重人文經典學習等博雅課程（liberal curriculum）的主張，無論是數學、古典文學或經典教材的研讀，都是觀念論教育課程所重視與喜愛的。如美國觀念論學者哈里斯（W. T. Harris）就提出五大經典課程：數學、物理學、生物學、文學與藝術、文法與歷史。而另一美國哲學家霍恩（H. Horne）也列出七個主要學科：數學、物理、生物學、心理學、文法、文學與歷史。從哈里斯和霍恩的列舉可以發現，他們並未僅重視人文經典而忽略了科學學科，他們都相信，如此可以提供一個讓受教育者更整體瞭解世界的範疇和途徑。因為這些學科知識是深具學習價值和重要性，且足以涵蓋人類教育內容的深度和廣度，使學生得以受到完整的教育和學習。

參、教學方法

　　觀念論認爲知識眞理來自觀念，所以求知之途即在運用心智（mind）去捕捉、探尋觀念與概念；而知識的定義則強調以「貫通論」爲方法的準則，他們認爲知識的體系是一種講求內在與邏輯一致性的觀念，亦即觀念必須是與宇宙本質相契合才是眞正的知識，它是獨立於經驗之上。取得的路徑則仰賴直觀（intuition）、天啟（revelation）和理性作用（rationalism）等方式（簡成熙譯，2018：52）。因而，學習在觀念論中是一個探索、發現、開發與擴展之旅，而教學即是一個啟發、示範、引導及思辨的過程。以下列舉若干觀念論者所提倡的教學方式：

一、辯證法（dialectic）

　　觀念論者認爲強調啟發思考和強化理性，辯證法是一種良好而適切的方法，透過正、反、合的程序，以釐清及洞見事物的本質與特性。觀念論者相信透過此種批判的思考方法，才能進行整體的方式和深度的關照看待、思考存在世界的各樣事物。如柏拉圖的《理想國》即是一個辯證思考的成果彙整，企圖將龐雜而混亂的學習整合成完整而清晰的意義整體。

二、產婆法

　　上述所提及觀念論者教育內容重視人文學科經典著作學習，以及批評現代教育僅重視記憶的學習，不重視思考和心靈的運用。因此，觀念論者在進行學科學習或經典著作學習時應注重研討的教學形式，提供大量問答討論的對話機會。因此，蘇格拉底的產婆法（又稱詰問法或啟發式教學法）則爲觀念論者所推薦。

　　產婆法是一種啟發式的引導技術，從剝洋蔥式的層層反問中讓對話者察覺自己觀點的矛盾，而不斷釐清進行反思與調整，將學生的理

61

性引導出來。也就是說教師可以利用一個觀念或概念，在此焦點上提出一連串的相關問題，激發學生思考以做理性的判斷。他從不急著給學生答案，持續運用反問和反駁方式，讓學生在過程中不知不覺的反思及修正自己原有的觀念。此過程教師即為接生婆，學生即是產婦，透過反問而導出學生心靈中原有的概念和理性知識。

三、示範仿效

觀念論者重視教師在學生學習中的角色，強調教師除言教之外，應兼重身教的示範功能。也就是說，教師除傳遞或啟發相關內容觀念之外，應注意身教的表率或操作的示範，因為學生即能透過觀察仿效，做直接或間接觀察學習。此種方法的功效在近代已獲得相關學者的印證，如班都拉（A. Bandra）所提的社會學習論即論證了觀察仿效的教育功能。

四、講述法

在觀念論者的眼中，講述法也是一項重要的教學方法。他們把講述法視為一種刺激思考的積極方法，而非僅是被動聽講的傳遞訊息知識的方法。從此觀點中可發現觀念論對於講述法的意義定位，在觀念論者眼中，講述法的目的是在協助學生領悟（understanding）觀念，促成學生對知識觀念的真正思考和理解。

肆、教師角色

觀念論者將學生視為認知潛能及道德成長無限性的個體。因此，如何引發學生這些潛能的開採及成長，教師則占有關鍵的角色，分述如下：

一、啟發與引導

　　觀念論重視心靈中天賦觀念的引出和開發，強調教育即接生的本質。因而，教師最重要的任務及角色即在引發學生潛能的外溢和發展，亦即一種從未成熟個體開展而出成為成熟個體的過程。

　　因此，學生基本上並未是個全然未知的個體，而是心靈中存有先天固有的知識觀念的個體，教師的角色即是扮演引導、發掘的工程師，將其固有知識引發而出，引導其真理知識的獲得，並盡力開發其心靈潛能，培養成為理性、自我實現的人。

　　教師的責任即是不時激發學生提問、思考，並提供適當環境引發理性判斷，解決問題。而其足以運用的方法，在上述教學方法的詰問法、辯證法或示範法等均是適合的策略方法。

二、人格的示範與誘導

　　在觀念論者眼中，老師擁有智者的形象，是學生追求心智發展的重要追隨者；也就是說，老師是學生通往理性判斷和智慧成熟的完美模範。

　　在追尋真理的路上，老師擁有比學生更高、更廣的學識智慧，比學生更接近終極真理，因而是學生邁向真知探尋的最佳陪伴者及橋梁，扮演著引導學生從個別自我（小宇宙）朝向絕對自我（大宇宙）的境界，逐步邁向完美的角色。

　　因此，老師可一方面引導學生探求真理；另方面在人格道德誘導上，老師理性的言教、身教，正是學生取法效仿的典範，帶領學生往建立內在善的地步邁進。是故，教師對自身的角色扮演或身教、言教的要求相對須更嚴謹及提升。

✍ 課堂回顧與反思活動 3

　　請就上述觀念論對教育目的之啟發，分析其基礎論點，並與同學分享討論。

教育目的	相關哲學家論點啟發
探索個體潛能，達致人性完美	1. 柏拉圖的三性三德論，論述人類從欲性到理性的發展。 2. 3.
建構個人主體，完成自我實現	1. 蘇格拉底的「知己無知」到「知汝自己」的自我探索和瞭解論點。 2. 3.
	1. 2. 3.

🙂第四節　評述

　　觀念論重視心靈的追求，無論是認知層面或道德層面，特別強調超越感官變動的理性先驗和個體潛能發展的自我實現，標榜著立場鮮明的理性主義大旗，雖有諸多的追隨者，但亦招來不少的批判評議。

　　首先，觀念論的理性取向常遭非議的是它過於重視過去觀念的批評（簡成熙譯，2108：55）。觀念論者認為知識來自天賦先驗，因此注重傳統歷史文化、經典著作的教育傳遞，這個基點有其知識文化保留與傳承的價值，但亦容易招致對社會產生保守守舊之譏。尤其面對現代資訊多元、快速變遷的時代，如此看重普遍性及高秩序穩定的觀點，更容易形成傳統與現代文化的相互掣肘與衝突。

　　其次，觀念論者重視理性作用，因此心靈功能的強化是其首要任務，所以形成重視智性知識而輕忽實用知識的現象。就如上述觀念論教育課程重視博雅教育而輕忽技藝教育，偏重心智訓練及學術知識而輕視實際生活知識和職業技能，形成勞心、勞力職業取向的高低之分，這與華人文化中「萬般皆下品，唯有讀書高」的價值觀亦有異曲同工之似。但此種發展演變至今日，也直接影響今日教育重視升學和主智教育的結果有很直接的關係，甚至間接造成不同社會階級成員的知識親近性的區分和社會階級的鴻溝區隔。在講求個體多元適性發展和社會公平的時代中，其觀點被攻擊及批評就在所難免了。

　　第三，其超越物質感官的先驗理性主張亦是常遭質疑的論點。這點在現代觀念論者笛卡兒、康德、黑格爾等人雖已做部分修正，如笛卡兒的「心物二元論」承認物質世界是存在的實體；康德提出的「悟性」、「感性」融合的知識論。但整體的先天理性的取向，仍讓觀念論的哲學觀遭受過於偏執極端的批判。

　　第四，對於講述法的定位及功能的質疑。觀念論者認為講述法是教學上重要的方法，占有極關鍵的地位。因為其定位及內涵主要以刺激思考為目的，而非僅是傳遞訊息的工具。現代教育實務則常將其列

65

為保守的教學方法，不但容易讓學生成為偏重聽聞而欠缺回應表達的機器人，也無法促使學生的思考。如此的指責是否客觀合理，尤其上述指出觀念論者對於講述法強調刺激思考和理解的內涵立論，吾人確有進一步審思和平議的空間。

　　每個哲學理論均有其論點的基礎和角度，或有啟發或有限制，但後人如何視時代需求和社會變遷，依其長補其短的調和，就如觀念論強調完整的學習，而非僅是零碎、部分學習所形成的部分之和；提倡理性思辨的提升，而非僅是感官片段的經驗結論，尤其在一方面考試主義至上未除，另方面素養導向學習提倡方興未艾的今天，是值得再探索及深思釐清的。

素養考驗：課堂故事反思與解決

一、（　）本章課堂故事對話中，你認為筱珍老師扮演何種教師角色，何者是最貼切的形容？

　　(A)教導者　(B)引導者　(C)研究者　(D)訓練者

　　理由：＿＿＿＿＿＿＿＿＿＿＿＿＿＿＿＿＿＿＿＿＿＿＿＿

　　參考答案：(B)

二、（　）若從蘇格拉底的產婆法角度來分析，筱珍老師運用了哪些產婆法的原則特徵（複選）？並列舉出課堂故事中相對應證據（請依複選結果提出對應證據即可，非答案者免填）。

　　(A)反問　(B)引導　(C)講述　(D)歸納　(E)模仿

　　(F)觀察　(G)澄清

　　(A) 答案：＿＿＿　證據：＿＿＿＿＿＿＿＿＿＿＿＿＿＿＿

　　(B) 答案：＿＿＿　證據：＿＿＿＿＿＿＿＿＿＿＿＿＿＿＿

　　(C) 答案：＿＿＿　證據：＿＿＿＿＿＿＿＿＿＿＿＿＿＿＿

　　(D) 答案：＿＿＿　證據：＿＿＿＿＿＿＿＿＿＿＿＿＿＿＿

　　(E) 答案：＿＿＿　證據：＿＿＿＿＿＿＿＿＿＿＿＿＿＿＿

　　(F) 答案：＿＿＿　證據：＿＿＿＿＿＿＿＿＿＿＿＿＿＿＿

　　(G) 答案：＿＿＿　證據：＿＿＿＿＿＿＿＿＿＿＿＿＿＿＿

　　參考答案：(A)(B)(D)(F)

實在論與教育

CHAPTER 3

本章大要

　　實在論是傳統哲學另一支流派，與觀念論處於對立立場，著重探討物質世界的實體和自然律則，強調外在感官的經驗是真理尋求的起點，藉由觀察、感覺建立客觀知識，是一條注重後天經驗建構的理性哲學路線。

　　本章將分別從三個重點介紹實在論，第一部分闡述實在論基本主張；第二部分則分別從亞里斯多德重視中庸平衡觀點，探討其心物統一知識觀和道德哲學、阿奎那強調從物質研究進展到形式研究，具神學色彩的實在觀，和現代實在論者培根所提出的歸納法、洛克的後天經驗感覺反省說及形式訓練說、休謨的觀念聯合論、赫爾巴特的教育科學化，以及當代實在論者懷德海的歷程哲學與教育韻律論進行剖析論述。第三部分則以實在論相關主張論點為基礎，提出教育目的、課程、教學和教師角色等層面的啟發與評述。

---

§課堂故事§

　　在原住民地區幼兒園服務的曉鈴老師為了營造一個多元學習環境，所以她對於教室布置及課堂學習活動設計，都盡其可能的營造幼兒多元的感官刺激。比如在「認識食物」方案教學時，就在教室裡布置了豐富的蔬果圖片，實物包括了小白菜、青江菜、高麗菜、菠菜，以及在地的山蘇、過貓、水蜜桃、水梨和甜柿等。點心或午餐時間播放食物或用餐相關的輕柔音樂，並在學習區擺放相關的餐具，以及讓孩子參與洗菜、聞聞蔬菜味道或簡單烹調體驗等的活動，以期發展幼兒五感全開的學習。

第一節　基本主張

　　實在論是對觀念論強調先驗、抽象、觀念等理型主張的反動。觀念論主張觀念為真實的實體（reality），是邏輯、抽象的、心靈的，是世上唯一存在的實體；而實在論者則認為實體是物質世界的事物，是真實存在且獨立於心靈之外，是遵行自然律則的一群事物。而要真正瞭解物質世界的實體必須根據物質世界中的物體，以及個體對這些物體的知覺與經驗（高廣孚，1992：36；簡成熙譯，2018：57）。換言之，實在論的實體觀是從感官具象的事物出發，作為探討及知識尋求的起點。他們強調的不是抽象推理的觀念，而是具體、個殊的事物經驗，偏向實際觀察及個人經驗的探索。實在論指出人的心靈之外還有獨立客觀的物質實體存在，它不受世人心靈認知而有所影響和改變。

　　質言之，實在論堅持從物質世界出發，認為知識和價值乃獨立於人類心靈而存在的，知識的構成來自感官知覺。舉例來說，當上述課堂故事中的曉鈴老師拿著一把菠菜向小朋友說：「這是菠菜」時，

在觀念論者的眼中，「菠菜」兩字只是存在於心靈中的觀念，大家所看見的「菠菜」這個物體，僅是觀念的摹本或投射而已；而在實在論者的眼中，這把「菠菜」則是感官所及，實際存在的實體，是獨立於心靈之外而存在的。另當我們在「電腦」前工作，或隨身攜帶著「手機」，在觀念論者和實在論者對「電腦」、「手機」的實體觀將有前述所提之不同，這主要是這兩個學派在形上學上對實體定義的差異。

在知識論上，實在論者主張人有認知能力，且有雙重的歷程：感覺（sensation）和反省（reflection）。亦即由視覺、聽覺、觸覺、嗅覺、味覺等外感官知覺外在事物，然後再透過內感官心靈認知外在客觀的實體，針對這些外在材料進行分類、整理，甚至歸納及抽象思考的導出律則。而如此認知能力是需要訓練的，是透過理性的啟發與記憶、推理、感官等心智能力的培養。當具備了這些能力，才能正確的認知外界的事物，導出其律則，而成為追求美好生活的依據（蘇永明，2010：60）。Knight（簡成熙譯，2018）也指出，實在論認為知識真理來自觀察，利用感官知覺建立事實，以呈現事物本來的面目。亦即知識是心靈對外在事物或經驗感知的結果，是從經驗而生，因此無所謂經驗之外的知識。換言之，實在論是針對客觀事物的本身下判斷，強調事實、客觀及科學的，不含個人主觀的詮釋。簡言之，實在論認為知識起源於經驗而非心靈理性，並且透過感覺和反省構成經驗知識。

因而，實在論在知識的檢證上主張真理符應論（the correspondence theory of truth），認為外在事物是客觀存在的，而命題之所以為真，主要是該命題有一個相對應的外在事實對象；若該命題不能與外在事實相符，該命題即不成立（為偽）。《史記》〈秦始皇本紀〉中所記載的「指鹿為馬」與事實不符的故事即可說明這個道理。而在課堂生活中，當老師在黑板上畫出五個圈時，或當同學舉起十根指頭時，有人分別答五個圈或十根指頭，如此命題符合外在事實，故為真；而有些人卻要說成三個圈、九根指頭，這樣的命題分明就不能成立了，故為偽。

是以，實在論強調運用科學方法來建立客觀知識。因為實在論者重視有系統的知識，其需依賴物理科學為基礎，建立一套客觀且正確的知識。在知識建立的過程經驗和智力占有極重要的角色，亦即用感官經驗體會知識，再進一步用科學的方法研究來確證（林永喜，1994：9）。

綜言之，實在論在知識論上不但強調知識由經驗而生，且重視客觀理性的檢證，顯示其與觀念論雖均強調理性的探求，但卻有其差異：觀念論強調理性是自心靈運作的歷程，有賴抽象概念的思考，重視推理的邏輯一致性，是與生俱來的能力，是謂「先天的理性」；而實在論則由外在事物、材料經驗而來，是由外而內的歸納檢證而成，知識是由經驗而生，理性則是經驗的產物，是謂「後天的理性」。

而實在論在價值論上則強調價值來自自然，認為價值是透過自然秩序的觀察而來。因為自然具有律則（如一年四季、日出日落的規律的恆常不變），指引著宇宙組成和運行，因此自然秩序是永恆的，價值也是永恆的。在實在論的主張中，自然律則也是倫理與美學的判斷基礎，自然律則為道德和美提供了規範和標準（簡成熙譯，2018：58）。質言之，實在論的價值觀著重在客觀的倫理規範和標準的藝術形式上，其中自然律則就提供了道德和審美的相關規範和標準。就如觀念論者認為攝影僅是一個外在影像，無心靈形式，並非藝術美學範疇；而實在論者則認為它真實的捕捉外在事物的原貌，是物質實體的呈現，屬於藝術形式的一種；因此實在論對藝術形式的審視及標準則聚焦在線條、形式、結構、對稱、和諧、平衡等能呈現規律秩序的準則上。

第二節　哲學發展與思想要旨

實在論的發展可追溯自古希臘時期，公推亞里斯多德（Aristotle, 384-322 B.C.）是實在論的開山始祖，近代發展至 17 世紀英國哲學

家洛克（John Locke, 1632-1704）集其大成，提出經驗主義。實在論（經驗主義）核心指稱，物質世界外在事物及經驗是真實且獨立存在的實體，依賴感覺知覺對外在事物的認知並導出其自然律則，而宇宙價值亦立基於自然律則之上，對物質世界的倫理和審美價值進行判斷和審鑑。教育上則強調觀察和經驗，注重後天環境的培養和習得。依發展演進的時序分別介紹古典實在論、宗教實在論、現代實在論及當代實在論等四支學派及主要核心人物，故就其主要哲學要旨介紹如下：

壹、古典實在論

一、亞里斯多德（Aristotle, 384-322 B.C.）

亞里斯多德師承柏拉圖，但其主張立場則與柏拉圖是有所差異的。他認為，宇宙一切之存在，均由物質轉化成形式的存在，這與柏拉圖重視心靈思考的立場差異頗大。他認為每一個物體的基本構成是「形式」（form）和「質料」（matter）。所謂「形式」就是柏拉圖所提的「觀念」，是事物構成之理；而「質料」即為各種感官事物的組成成分，即事物構成之料。根據亞里斯多德的看法，形式和質料不是兩種不同事物，而是同一事物的兩個面向。形式可以獨立於質料而存在，但質料卻無法脫離形式而存在。在其眼中，存在是形式和質料兩種要素結合而成（高廣孚，1994；簡成熙譯，2018）。以下就其主要論點分別闡述：

(一) 重視平衡及發展的心靈理論

亞里斯多德的心靈論是以物質、生物現象為基本，因此欲建立一個心靈理論以解釋低等生命現象和高等生命現象。他將心靈分成三類（徐宗林，1992：35-37）：

1. 低級（植物）的心靈

表現在植物界的生命現象上，以營養、生長、凋謝、繁殖等現象為主，主要顯現的是最基本而低等的生命功能。基此，低級心靈具有生理生長的潛能。

2. 次級（動物）的心靈

次級心靈具有者泛指動物，其擁有低級心靈的諸類功能外，更具有低級心靈所沒有的聽覺、視覺、苦、痛、欲望、記憶等感覺和心靈特質作用，這也是與低級心靈之間主要的差異。是以，次級心靈則具有生理生長及感官感覺的潛能。

3. 高級（人性）的心靈

人所擁有的心靈，是最高級的。其不但具有低級及次級心靈各種的功能、感覺與欲望，更具備了想像、記憶、運算、推理、邏輯等高級認知功能，是一種理性的運作。由此而言，人是生理、欲望、理性的綜合體，但其之不同於動植物（低、次級心靈），乃是因為人具有理性（reason）。換言之，高級心靈具有最高功能的潛能，包含生長、感覺和理性等涵蓋身體和心靈層面運轉的功能。

在心靈論中，亞里斯多德最講求的就是中庸平衡及發展的觀點。中庸平衡指的是過與不及均不可取，僅有理性才能取其中道而完善人生。如，當人過著如植物般的渾渾噩噩，終日不知所往的生活時，顯然這個人是茫然與缺乏動力的；而當人的欲望或情緒為先，不時憤怒或對人懷著敵意時，則顯得如動物般的衝動暴戾。唯有顯現人性，使用理性，方是保持中庸平衡之道，盡情發展其潛能，逐級而上的漸進發展，將人從一個自然人的狀態培養成為一個理性人，達致終極美善人生目的。

鑑此，亞里斯多德的心靈培養具有拾級而上的演進和成長發展的意圖，蘊含其追求中庸、平衡及發展潛能的特性。從而也可得知，理性為其心靈論的追尋目標。

(二) 四因說

亞里斯多德認爲宇宙萬事萬物的事理必來自於具體的事物經驗，形式觀念和物質經驗勢必是連結而成的，是連續性的過程，非對立的。因此，他提出從「潛能性」（potentialities）到「實現性」（actualization）的過程的觀點。他認爲現象世界好比潛能性，理念世界則如實現性，兩者如同一條線的兩端，連續而非分割（林玉体，1995）。有如種子是樹的潛能性，樹則是種子的實現性；鋼板塑料是汽車的潛能性，汽車則是鋼板塑料的實現性。兩者間是一種連續促進的過程與關係，也顯現出此過程具有發展實現的意涵。因而，形式與物質間的關係，是一種從物質的潛能性發展到形式的實現性的連續關係。

由上可知，他在形上學上的主張有異於柏拉圖的心靈實體主張，而強調心物二元且統一的立場。是以，他認爲宇宙中存在兩種實體，一爲形式（觀念），一爲物質（經驗）。這兩者形成一種「發展」的交互關係，是有目的性的，物質爲觀念之所自，觀念爲物質之所至（瞿世英，2011）。換言之，觀念藉物質而表現於外，物質以觀念而具體成形。因此，他從現實事物的存在中提出了質料因、動力因、形式因和目的因等「四因說」，以說明實體的產生、變化和發展的成分（林永喜，1994；高廣孚，1992；蔡見德，1995；蘇永明，2010；Ozmon & Craver, 2008）。

1. 質料因（matter cause）

係指構成每一事物的物質材料，如建造房子的鋼筋、混擬土或手機的金屬、塑料、玻璃等材料。

2. 形式因（form cause）

是形塑成事物客體的心靈中的原形理念和設計構思，亦即在探討事物是根據什麼而形成的，即事物的結構、形式、比例等，如建造房子或手機的設計理念或設計圖。

3. 動力因（efficient cause）

是指使它的質料取得一定形式的力量或來源，亦即使事物促成產出的動作、行爲、活動或施爲者（agent），如建造房子或手機的相

關事物的安排或推動，包含設計師或工程師、工人等因素。

4. 目的因（final cause）

是具體事物趨向的方向或功能目的。如房子或手機的功能目的。

亞里斯多德認為，無論是自然物或人造物，均會具備上述四個因素。而這樣的解釋是把萬事萬物視為從潛能到實現完美狀態的發展過程。這四者中亞氏雖認為目的因或形式因比較重要，但仍堅持外在客體的質料因先於形式因，而其後又將目的因和動力因歸入形式因，保留了形式因與質料因，視兩者為事物產生的主要性質。

(三) 中庸的道德哲學：追求善與幸福的德行倫理學

亞里斯多德認為人的本性就是在趨向善，而行善之目的即在獲致幸福，因而幸福乃人類生活的最終追求（徐宗林，1992：37-38）。在倫理學上，亞里斯多德強調善的追求，亦即重視人的品德習得與培養，而透過品德的獲致追求至善和達致幸福。

他認為善乃是中庸之道，認為心靈的活動乃在與善相結合，善的產生乃存在中庸的活動中。中庸則是存在於情感和行動中，是存在於快樂和痛苦中，此乃善的真正來源。亞氏並認為終極之善就是幸福，幸福有賴一種美德和秩序井然的靈魂，而品德是遵循中庸之道的，因此教育目的即在促進人的幸福（徐宗林，1992；Ozmon & Craver, 2008）。所以，他的倫理學說又被稱為「幸福論」。

另外，亞氏認為品德習得過程不應以純粹認知為主，而應以實踐為主。他認為德行需要認知，但並非純粹由思辨認知所得，更應有感覺經驗之認知，亦即非僅學術理論的探討，更要是一種實踐性的藝術（art）行為。換言之，亞氏的品德建立乃透過認知與實踐的過程習得，而其認知與實踐的過程亦如上述所言，是建立在理性的基礎之上，亦即在知與行的統一上達致善的完美。

因而，亞氏認為人的美德有二，一為「知德」（intellectual virtue），一為「行德」（moral virtue）。知識之德，不外乎是受教導之

助而獲取學問，需要經驗和時間；行為之德，則重在深思熟慮判斷後的習慣養成，而這些習慣之所以能成為良好準則規範，即因其對於任何舉動都應避之以極端而採取適當的中點（mean）狀態，亦即中庸之道（李石岑，1986；陳迺臣，2001）。顯然，亞氏對於知德、行德的道德實踐及良好習慣建立是處於優先位置。因此，他認為德行習慣養成的教育明顯的比推理教導的教育有更為優先的需求。

貳、宗教實在論

一、阿奎那（Thomas Aquinas, 1225-1274）（林玉体，1995；Ozmon & Craver, 2008）

湯瑪士·阿奎那是承繼亞里斯多德實在論哲學色彩的神學家、哲學家，他將亞氏的哲學邏輯引進基督教，建立基督教教義的哲學基礎，並提出上帝是純粹理性的，宇宙就是理性的觀點，認為人性是一種物質（身體）和心靈的結合。

至於知識的取得，他也主張知識是透過感官來認識外在世界而獲取，並同意亞氏「共相」可以透過研究「殊相」來加以確定的觀點，亦即從外在的物質世界的特定事物（殊相），透過觀察、資料蒐集及整理組織來建立精神世界的普遍性形式（共相）。換言之，事物現象由感官接收產生初步印象或單純概念，接著心靈有潛能將這些接收的訊息與資料進行分類、組織其共同特徵，進而轉化成複雜的概念。這是一種由「殊相」發展到「共相」的過程，是知識建構的最終目的。他堅持人類實在不僅是靈魂或精神，並且是物理和自然的，通達靈魂的途徑是透過物理感官感知的，教育必須使用此一途徑。

阿奎那同意亞里斯多德的觀點，主張學習者的心靈具有主動性，自我活動是兒童的天性。也因此他認為學習活動是將「先存」（pre-exist）的「潛能」（potency），透過自由活動，以求「實現」。他又將「潛能」分析為二：一是主動的潛能（active potency），如病之

自癒的狀況；二是被動的潛能（passive potency），如天然氣無法自燃，必須引火導燃。在教育上的意義，前者爲「自我發現」（self-discovery），是內在的；後者則須「教導」（instruction），是外在的。所以，適當的教學引導學習者通往知識，則需透過主動的自我探索或自我發現活動，以及必要的外在教導，從較低形式往更高的形式發展而抵達眞正的存有，朝向完美的發展，此觀點亦與亞里斯多德的潛能性和實現性的哲學觀有異曲同工之妙。

✍ 課堂回顧與反思活動 1

一、請以下列關聯圖歸納出亞里斯多德和阿奎那相關主張的相同
　　（中心）、相異（兩側）之處。

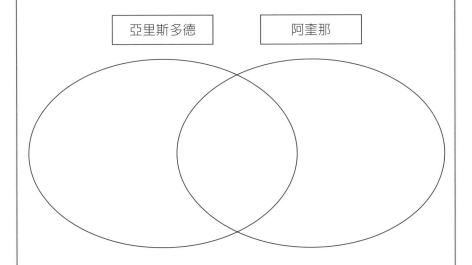

二、就上述課堂故事，以亞里斯多德的「四因説」爲判準，分析一
　　下曉鈴老師的教學活動規劃。

參、現代實在論

一、培根（Francis Bacon, 1561-1626）

培根是英國經驗主義的要員，他批評亞里斯多德採用神學的先驗演繹及教條式方法，是阻礙科學發展的主因（葉學志，1991；Ozmon & Craver, 2008），他強調人的經驗才是萬事萬物的基礎及決定點，並具有足夠力量征服自然和駕馭自然，成為自然的主人。他提出「人就是自己的上帝」的觀點，顯示其對人為宇宙主宰的肯定。

既然培根深信人能成為自然的主人，那就必須先釐清一個疑問：「人有何成為自然主人的力量？這種力量又從何而來？」他認為，「要命令及駕馭自然，必先征服自然」，而這股征服的力量則來自（科學）知識。知識是打開自然奧祕的鑰匙，是人類成為自然界主人的泉源，有了知識就有了力量。

是以，從「知識即是力量」的觀點出發，培根認為哲學的核心任務即是要提升人類理性，重新開始研究自然事物，且應把科學引導至經驗基礎之上，為人類與自然的溝通提供一個正確的管道（蔡見德，1995：128）。

因此，科學與知識是一切理性力量的來源，那又如何提振和實踐科學知識？以下分別闡述培根的相關觀點（林玉体，1995；蔡見德，1995；Ozmon & Craver, 2008）：

(一) 破除知識迷障

培根認為，沒有確切的證據，絕不能作為深信不疑的結論。因此，他認為世人有諸多迷思、偏見而妨礙了知識理性和科學的進展。他提出四種偏見假象障礙，妨礙了世人追求真相。因此，世人應重視揭露理所當然的錯誤，擺脫過度強調心靈的束縛。

1. **種族偶像**（idols of the tribe）

是一種傾向相信社會多數人相信的事物而產生的刻板印象，或過度以為「人為萬物之尺度」的先入為主的自我中心。就如一般人認為女性數理能力普遍較低；或不設防的相信網路的謠言或聲量，而產生了一種「替天行道」、「我就是正義者」的假性正義錯覺。這些都可能產生一種偏見或從眾的盲從現象，而妨礙了理性的思辨。因此，其旨在破除個人自我中心觀點和先入為主成見。

2. **洞穴偶像**（idols of the cave）

引自柏拉圖的「洞穴說」。係指人看待事物的格局視野局限於自身經驗，常用自己狹隘的偏愛作為出發點而扭曲了真相，亦即常利用看到的表象而非全貌去判斷事物，僅是以管窺天、井底之蛙之視野看待事物，這就有如赫拉克利特（Heraclitus）所言：「人總在自己的小世界中，而不尋求更大或公眾的世界中去探求科學。」（關文運譯，2009）一般，此種作為常會形成以偏概全及錯誤判斷。如目前網路資訊發達，世人常在手機或電腦上獲取訊息，正面而言足讓世人汲取更多元資訊，增廣視野格局；但若擷取者僅就自己的偏好或單一意識形態選擇資訊，就難免陷入畫地自限和單向思考的窘境。故此，其旨在破除個人對事物的偏狹淺見，重視事物的整體全貌。

3. **市場偶像**（idols of the maket-place）

這種偏見來自語言的不精確和混淆而起，認為語言常以阻礙理解的方式被使用。這是指人們在人際交往中由於語言或概念的不明確，而產生的理解混淆或曲解。如近年教育界流行的「翻轉教室」、「翻轉學習」等詞彙或概念，常因內涵定義不夠明確而產生誤解，以為只要採用電化、數位媒體即是翻轉教室的舉措，而忽略了其核心內涵在於師生主體的調整，或教學與學習定位的翻轉。是故，其旨在破除人云亦云的二手傳播的失真思維。

4. **劇場偶像**（idols of the theatre）

係指盲目地信從傳統或當下流行的各種思潮權威而形成偏見迷失，如此即會阻礙世人看待世界的視角。如早期世人對教學講述、聽

講方式的信從，或近年對「翻轉教室」等新風潮的過度推捧均有其偏向權威信仰的迷障傾向。是以，其旨在破除個人盲目崇拜權威所造成的假象。

培根藉由四大偶像假象的批判，強調反對自我中心偏狹、反對偏狹視野、反對空談失真的詭辯、反對迷信權威等意涵。綜言之，培根認為要跳脫世人習以為常的思維，必先破除主觀化、片段化、模糊化和權威化等思維模式和障礙，如此方能跨出大步，邁向海闊天空，提升理性真理。

(二) 新工具 —— 提出歸納法

培根認為每個時代均有其不同的哲學思想及關注的重點：希臘思想偏重道德問題；羅馬思想重視法律問題；中世紀則偏向神的研究。因而，他認為我們必須進行矯正，首先就是必須將自然科學從這些壓迫中釋放出來，因為它將使我們的生活得以豐富及世界得以擴充。

但自然科學如此重要則必須有新方法才得以成功，培根認為科學實驗不能僅依靠感官觀察，更要仰賴儀器和工具。所以，他最著名作品為挑戰亞氏邏輯的《新工具》（*Novum Organum*）。因為他以為科學應探求沒有預先成見的真理（葉學志，1991），而亞里斯多德發明的工具為演繹法（deductive method）是一種先驗的推論結論，無法提供更多的觀察、實驗和思考自由，並不是突破及發展科學的適當方法。因此，培根在《新工具》中提出了歸納的（inductive）科學研究方法來取代演繹法。

歸納法（inductive method）是培根研究自然科學的新工具。強調開始於可觀察的事物，然後再推論出通論或律則。換言之，判斷結論前應先正視、瞭解特定的事物實例，以系統性地對特定事物／殊相的觀察為基礎，蒐集資料並加以檢驗，以到達普遍通則的邏輯。它重視內容而非形式，可協助人類瞭解自然、征服自然，並利用自然，亦即是一種掌握及操縱自然情境的方法工具。

而由此，培根並提出三種隱喻來說明這兩種新舊工具（歸納法、

演繹法）在爲學探究上的意義（李石岑，1986：109）：

1. 螞蟻式

有如感覺主義的論點，只是將感官印象往心理堆，就如螞蟻只知道日夜不停的採集食物，囤積糧食，卻不會將採集回來的東西加工改造，所以採集到什麼就吃什麼。就如求知不知消化只知堆砌，此式無涉及歸納或演繹方法。

2. 蜘蛛式

類似蜘蛛結網，只是自己吐絲然後結成網，有如早期神學家治學方式。培根隱喻神學家只知在特定觀念上運用演繹法不斷演繹，就像蜘蛛只利用自己肚子裡的東西，吐絲結網，在求知上就只偏向所愛或有用的特定知識擷取，雖實用但卻偏狹有限，無法擴展知識視野。

3. 蜜蜂式

培根認爲學者應像蜜蜂，一方面採集花蜜，一方面轉化成蜜糖。就如歸納法一方面蒐集事物資料，一方面整理組織成禁得起考驗的知識。如此爲學求知才不至於只存在客觀原貌，或只強調主觀武斷妄想，而是兩者的整體整合轉化。

二、洛克（John Locke, 1632-1704）

洛克是英國經驗主義的奠基者，學說深受笛卡兒、培根及霍布斯的影響。在哲學思想上，他建構了經驗爲主軸的經驗主義，促進了科學知識的迅速發展，此爲他對後世學術及社會發展重要的影響。而其對教育影響最大的主要代表著作即 1689 年所出版的《人類悟性論》（*An Essay Concerning Human Understanding*）。這是一本探討知識論的著作，書中揭示了他對教育與學習的核心主張：人類的知識是來自經驗。以下分析其主要觀點：

(一) 知識由後天經驗而生

洛克與培根都是經驗主義者，兩者皆重視科學，但培根重視科學的方法，對於自然科學直接影響較大；洛克則偏重哲學的科學，他不

相信柏拉圖所提的與生俱來的天賦觀念，認為所有知識學問均來自後天經驗（林永喜，1994：51）。

他對實體的觀點秉持實在論一致的看法，認為物質世界構成了實體，並遵行一定律則，而實體就是遵行自然律則的一群事物。是以，他反對笛卡兒的觀點，主張宇宙不存在先天的觀念，人一生下來「心靈猶如一張白紙或蠟板」，空無所有，觀念乃從後天的經驗烙印在兒童心靈之上。因此，他以為凡悟性所有者，無不從感性而來（吳俊升，1993；簡成熙譯，2018）。亦即他否認宇宙存在一切先天的原則，認為所有的觀念乃源自後天的感官經驗，而非與生俱來，先天所賦予。

(二) 經驗來自感覺與反省

洛克認為觀念是思維的對象。但就如上述所言「人的心靈猶如一張白紙或蠟板，空無所有」，那觀念知識到底由何而來？

> 既然每個人都意識到自己在思維，既然他心靈思維時的對象是那些現存的觀念，可見人的心中確有一些觀念的存在，如：白、硬、甜、思維、運動、人、象、軍隊、酒醉等詞彙所要表達的觀念。因此，首要研究的就是人是怎樣獲得這些觀念的（關文運譯，2009）。

所以，洛克提出了回答：「從經驗而來」。他認為觀念知識歸根究柢都是導源於經驗，並透過兩個主要形式管道的觀察獲取：外部感官和內部感官的觀察。

外部感官觀察係指我們身體感官對外界事物的刺激，而觸發了感覺（sensation）作用，而外在事物經由人體感官就會形成了感官印象，產生轉換成觀念的能力，其目的在提供我們外在的經驗。

而內部感官觀察則是一種內在經驗，來自人類對外在事物感官的反應，並透過內在心靈的反省作用（reflection）而形成觀念。亦即

外感官的感覺可以感知各種外在物體的材料，而內感官的反省則透過注意、認識、想像、懷疑、思考、推理、意願等內心活動組成觀念知識（吳俊升，1993；張奉箴，1990；伍振鷟，2015；關文運譯，2009）。

　　按照洛克的主張，觀念最初狀態是簡單觀念（simple idea），是真實且明確分明的。例如：當你拿起手機時，你會輕易地辨認出它又滑、又硬、又輕盈，或會明確地辨識出機身是黑色或紅色，這些都是來自觸覺及視覺的感知；或當你品嚐著一碗冰品，你即時且清楚地能分辨出它偏甜、偏酸？或有牛奶香？這也是味覺、嗅覺的立即反應。所以，這些無論滑、硬、黑、紅、酸、甜或香味，均來自感官明確的知覺，也是清晰分明的簡單觀念；而複雜觀念（complex idea）則是由簡單觀念中精粹提煉而出或由兩個或兩個以上簡單觀念組合而成。前者勢必來自感官經驗，後者則非必然但間接來自感官經驗（關文運譯，2009）。

　　由此可見，在洛克的眼中，沒有感官感覺，就算再有才智的人也無法透過心靈自己製造簡單的觀念，就如一出生到終老即瞎即聾的人，一輩子都將無法有顏色或聲音的清晰觀念。而因有了感覺所產生的簡單觀念，心靈一旦接收或儲存了這些觀念，便能重複將之連結組織、分辨比較，製造出新的複雜觀念。是故，經驗的來源即是依賴外在刺激的感覺與內在心靈反省的連結整合而成（關文運譯，2009）。

(三) 重視理性的知識

　　洛克將知識依其精確性分成三層次：最低層是感覺的知識，係由感官直接接觸而得，如眼、耳、口等五官對事物訊息的接收與感覺；第二層則是推論的知識，由演繹而得，如數學的證明或抽象推理等；最高層次則為直覺的知識，是由比較兩種以上觀念，並分辨其異同而得（伍振鷟，2015：182）。

　　由上述可發現，洛克對知識來源及心靈作用的能力重視，一是主張知識由具體事物的感覺而起，逐步進化到抽象的演繹分析思維，符

應其外感官和內感官爲知識取得管道的基礎論點；二是肯定心靈作用的能力，前述中洛克雖認爲人心如一張白紙、白板，強調心靈中並無天賦既有的觀念，但並非否認心靈的運作能力所能促成的後天學習。因此，他認爲人具有心靈運作能力，知識或人性的進化從原始感覺爲基礎，然後透過心靈運作而朝向理性思維的演進，亦即知識的獲取仍應逐步由簡單觀念朝向複雜觀念的連結，人性的培養也由自然人的形態轉化成理性人的形態。

(四) 提倡形式訓練說

18 世紀盛行一個觀點：將心智視爲如同肌肉、器官等，認爲對心智施以練習加強即能如同肌肉鍛鍊般的強壯。此種說法即爲「形式訓練說」，是學習遷移最早期的理論基礎之一。

洛克認爲人類具有天賦各種不同能力的心能，又稱官能（faculty），如對某人有強記、過目不忘的天賦或數字神算的技能，即是此種心能或官能的展現，諸如注意、觀察、保留、比較、抽象組合、情緒、意欲等皆屬之，若人們能將事物依其在自然界中的狀態予以辨識或組合，並加以訓練強化，就能獲得更佳知識。教育正是訓練這些心能的手段與歷程，目的在讓學生具有一項穩固的習慣。

它具有幾項重點特色：1. 強調對官能的訓練：認爲人的官能是靠訓練發展的，並認爲某些學科對於發展官能具有特殊的作用，如對記憶或數量運算的強化和鞏固訓練，提升記憶、運算和邏輯能力的強化；2. 重視形式的價值：認爲教育最主要的不是學科本身的實質內容，而是形式訓練的價值；教育目的不是讓學生學習基本的科學知識，而是通過科學的形式訓練發展學生的思維。亦即其重點非在內容知識的學習，訓練材料只是工具，而是在心智能力的訓練；3. 強調無條件的遷移：各官能雖相互獨立，但同屬人的心智。因此，一種官能的改變必然有無條件的遷移效果，如長期記憶的訊息勢必可成爲心智組織新訊息時連結或遷移的基礎（楊洲松，2000）。

(五) 培育完美的身心—紳士教育

洛克在教育目的上的主張雖然隱含著階級差別的意味，但在他本身位居貴族階級，以及處在充滿階級分明意識的時代也就不難理解了。

他認為教育的目的主要在培養一個身心均健康完美的人，兩者是缺一不可的，若有偏失即造成缺憾，如光有健康的身體而無健康的心理也是枉然。因而，他的教育理想是要培養紳士。他將教育分為貴族（紳士）教育和一般人教育，他的教育主張以前者為主。

他認為紳士應具有多面向才能和品德，如豐富的學識、能自我約束的情緒管理、優雅的舉止態度，以及能判斷是非對錯的能力。因此，他指出貴族的教育主旨是要使其成為一個可以自我約束（self-control）、有為有守、道德與智慧兼具的真正紳士（林永喜，1994：61）。

所以，他認為要培養一個真正的紳士，應具有下列四個目標活動：

1. 美德（virtue）

即在培養一個人的良心，使他能明是非、辨對錯，而且能身體力行。

2. 智慧（wisdom）

有智慧的人應能積極力行美德，擁有實用知識與技能，應用於生活環境中，且能為社會所用，奉獻國家，成為經世濟用的紳士。

3. 好教養（good breeding）

重點在培養一個自知、自尊、自重的人。因此，此種人不會驕縱妄為，而能自尊愛人、關懷他人，且能善加表現此一身分角色。

4. 學識（learning）

洛克將其分為培養學者（scholar）和紳士，他指出學者重在追求探討古典語言；而紳士則應放在經世濟用上，將知識融會貫通而能實際應用。

三、休謨（David Hume, 1711-1776）

休謨是英國經驗主義主要人物之一，也是蘇格蘭啟蒙運動及西方哲學的重要人物。學說甚受洛克和柏克萊的影響，主要的代表著作為《人性論》（*A Treatise of Human Nature*），是哲學界公認在精神哲學領域的曠世鉅著，影響後世甚鉅。在《人性論》中，他認為觀念論心靈實體的假定，是沒根據的，主張一切知識，都源自於經驗。而書中也揭示他諸多懷疑論的觀點，因為他認為人類在知識上的探求範圍有限，懷疑乃是對知識進行深切瞭解的應有態度，所以亦被視為經驗主義的懷疑論者。其學說重點分述如下（陳迺臣，2001；蔡見德，1995）：

(一) 知識來自印象和觀念

經驗主義者大多主張：知識由經驗而生。休謨並進一步解釋說，經驗是由一個個的知覺所構成的。

因而，他在《人性論》第一卷第一章中即將人類心靈知覺分為兩類：「印象」（impressions）和「觀念」（ideas）。所謂「印象」是指一切較生動、鮮活（live）的知覺而言，就如我們生活中舉目易得的觀看、聽聞、感覺、喜惡、欲望、熱情、情緒等，如此所得的都是印象，是一種人初步接觸環境事物或反應情感時的初步感覺；而「觀念」係指上述印象在心中的再現，此時原始印象在心中已不再如前述那麼生動、鮮明，而是印象在心中進一步的反省梳理。根據休謨的區分，印象是一種直接感知的感性認識，而觀念則是屬於理性認識，亦即它們是一種「感覺與思維的差別」。

休謨主張觀念自感覺而來。他指出：「凡是在心智中的，沒有不先在感覺中」，觀念是模仿印象的，觀念來自印象，也就是一切觀念起源於印象。他又將印象分為「感覺印象」和「反省印象」兩種，而「反省印象」最終是來自「感覺印象」的。簡言之，一切觀念、思想追根究柢都是來自感覺。

(二) 觀念聯合論

休謨除指出知識的來源之外，對於知識的構成也提出了獨特的觀點：觀念聯合論。至於觀念聯合論的基礎為何？必須從他的因果關聯（cause and effect connection）概念探究而起。

所謂的因果關聯，休謨將因果下了這樣的定義為「一物為另一物所相隨」。一指作為原因的事物有某種力量（power）可作為促成結果；二指原因和結果間有一種聯繫。如澆水讓枯萎的花朵甦活了過來，在此因果關聯中，水成了甦活花朵的因，甦活的花朵則成了澆水的果，而水則具有讓枯萎的花朵甦活，恢復生氣的力量，亦可說兩者間具有關聯。又如，上課專心聽講、好發問的學生獲得老師較高的評分，積極的學習態度具備了促成拿到高成績的力量，前者的專心好問為因，後者的獲高評分為果，而在這兩者因果之間也顯見其關聯。

休謨認為因果關聯之產生主要是依賴經驗和內在反省。從經驗來說，我們常從生活中發現多個類似事件，發現這些事件常會連結在一起出現，而透過反省，則可梳理及產生這些事件是有著必然的關聯。亦即當類似事件一再反覆出現，自然促使我們心靈形成習慣，爾後，看到某事的出現就自然會聯想到另一類似事件會接著出現，如雨後放晴就預想會出現彩虹的經驗。但這種經驗並非「必然性」的，有時也會出現反例（雨後未出現彩虹）的偶然。因此，休謨認為要產生「必然性」的連結關係，必須透過「反省印象」的過程。前者是非理性的感覺印象，後者的知性反省才能將因果關聯過渡到理性的必然境界。他並指出因果關聯的三個判準：空間的接近、時間的連續、兩物的類似。

四、赫爾巴特（J. Friedrich Herbart, 1776-1841）

(一) 教育的目的在培養美德

赫爾巴特認為教育必須有目的，是為兒童於現存的社會生活做準備。因此，重要的是發展其性格和培養其正確的道德品行，赫爾巴特即言：美德（virtue）是教育的整個目的（林永喜，1994：4；Meyer, 1949）。

(二) 致力教育科學化

赫爾巴特一生致力於建立科學的教育學，可說是教育科學化的第一人。他積極欲建立科學化、心理化的教育，提出由直觀經驗和心理產生連結作用而獲得學習效果。

(三) 系統的四段式教學法

除有明確教育目的外，他認為更應有有效的教育方法，其有效的原則則立基於從已知到未知拾階而上的原則，因為如此程序促使教學活動進行最順暢有效，他稱這種從已知到未知的過程為「統覺」（apperception），並在此原則上提出系統的「四段式教學法」——明瞭、聯合、系統和方法，強調知識和學科的學習。

而所謂的四段式教學法即分成四個步驟：

1. 明瞭（clarity）

教材本身應清晰明瞭，明確詳細的呈現在教學過程中。

2. 聯合（association）

新舊教材（事物）或新舊經驗之間的連結，亦即教學的提供應在舊教材或舊經驗的基礎之上。

3. 系統（system）

在新舊經驗或知識形成連結後，教師應指導學生將知識經驗進一步組織、比較，讓知識系統化。

4. 方法（method）

將所學知識、原理原則應用於實際情境中，並在過程中持續思考，將其哲學化。

赫氏認為教學是一個有程序的意識活動，四段式教學法的四個步驟是前後相連貫的，教學步驟本身即為一個系統性的過程。此法後經由齊勒（T. Ziller）和其弟子賴恩（W. Rein）兩次的修訂，成為目前的五段式教學法──預備、提示、比較、總括、應用。

(四) 教學以學生興趣開始

他認為兒童心智尚未成熟，必須施以嚴加管教，教育方能有效果。因而，兒童多面的興趣即為教育的重要要素。他指出人的興趣主要來自：人與事物的接觸，以及人與他人的關係兩個來源。他認為良好的教學必須從兒童的興趣開始（Meyer, 1949），因而其歸納兒童興趣為六大類：經驗的興趣（empirical interest）、思索的興趣（speculative interest）、審美的興趣（esthetic interest）、移情的興趣（sympathetic interest）、社交的興趣（social interest）、宗教的興趣（religious interest）（林永喜，1994：4-5）。

✍ 課堂回顧與反思活動 2

一、就現代實在論者所主張觀點，印象最深刻或最認同的觀點是：

_____

_____

因為：

_____

_____

二、請從現代實在論論述中，自選兩位哲學家，比較他們主張觀點
　　的異同，並與同學分享。

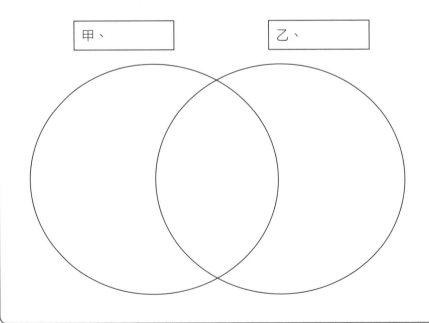

甲、□　　　　　　　　乙、□

肆、當代實在論

一、懷德海（Alfred North Whitehead, 1861-1927）

懷德海早期致力於數學、邏輯的研究，後來由數學轉向自然科學，最後進入哲學的領域。他認為宇宙為不斷變遷的歷程，強調內在理念的重要，要達到內在心靈的陶塑，必須先透過經驗的學習。懷德海轉入哲學領域研究之初，雖以反對及批判科技理性和傳統上帝觀為主，企圖以「思辨理性」補救「科學理性」，以事物的「整體相關性」取代事物的「孤立性和原子性」，以「事實即價值」取代「價值中立」，以「邏輯與感性」兼具的語言取代「抽象」的語言。而後期並為傳統理性價值作捍衛，因為他認為傳統理性是人類追求完美人生的原動力，並根據新科學提供的線索，推翻科學唯物論，跳脫傳統哲學的（心物）二元論（俞懿嫻，2006、2010；Ozmon & Craver, 2008）。懷德海是英國新實在主義重要的哲學家，其最著名的經典著作為與羅素（B. Russell）合著的《數學原理》（*Principia Mathematica*, 1910-1913），以及獨著的《歷程與實在》（*Process and Reality*）和《教育的目的》（*The Aims of Education*）。而在此兩本著作中也提出了對教育影響深遠的哲學觀點：歷程哲學（process philosophy）與教育韻律論（the rhythm of education）。

(一) 歷程哲學

歷程哲學又稱「機體哲學」（philosophy of organism），是懷德海1920年代所提出的主要哲學論點。歷程哲學認為現實世界（actual world）是一種持續變化的歷程（process），外在的客觀的物質實在是不存在，存在的只是在一定條件下由性質和關係構成的「機體」（organism）。機體的基本特徵是活動，而持續性的活動則表現為歷程（Whitehead, 1957）；因而機體是經驗的累積，是由簡單趨向複雜且相互包含與倚賴的，並透過相互理解（prehension）形成機體的

組合。是以，歷程就是機體各個因子之間從潛能到實現的轉化歷程，也是從低級形態到高級形態的發展歷程；這個發展歷程是各個機體之間內在聯繫的、前後相連的創造性活動，呈現機體的整體聯繫特性，且促使一個機體可以轉化爲另一個機體（劉貴傑，2000）。換言之，在懷德海的眼中，機體並非恆久既存且客觀不變的存在（being），而是一個生成（becoming）進化的持續性歷程，是一永無止境的變化與創造的歷程。

在宇宙論方面，歷程哲學認爲宇宙是活生生的、有生命的，處於創造進化的歷程中。自然機體的發展包含兩方面：一是適應環境；二是創造環境。機體創造環境的歷程，亦即是自身變化的歷程，這個歷程表現從某物向他物的轉化，這個變化的動力是機體的內在目的；在知識論方面，歷程哲學認爲主體和客體構成相互關聯的複合統一體，主體和客體不過是這種複合機體之中的「我－客」關係；而認識乃是經驗主體的一種機能，認識的歷程就是主體「理解」客體的歷程。懷德海最基本的哲學觀點即是：「實在即是歷程，歷程就是實在」（劉貴傑，2000）。因此，不論從哪一層面觀看歷程哲學，它都是一個透過主客體相互「符應理解」的複合關係，也是一個持續變動的創造與進化的過程，此種哲學觀點也對現象學、建構主義產生極大的影響。

另外，懷德海對傳統哲學心物實體的爭議也提出他獨特的看法。他認爲人是自然界的一員，人是身心（心物）二元合一的統一體，是具有創造的潛力，且是存在於自然即宇宙中的身心合一的有機體，是不可測量的創造及自我發展交互活動中的主體（徐宗林，1992）。此種看法與早期哲學家所強調的身心二元分立的論點截然不同。

(二) 教育韻律論

懷德海在其另一重要著作《教育的目的》（*The Aims of Education*）中論及教育的終極目的（final aim），認爲教育的功能重點不應在讓學生漫無目的且死硬的接受零碎片段而了無生氣的知識觀念，而

應重視文化傳承與學習。因為他認為文化是思想的活動，是美與情感的承受，零碎死板的知識與此毫無關聯。因此，我們應該培養的人是具備文化，也具備某些方面專門知識的人。因為，專門知識提供了實用的基礎知識，而文化則讓人具有哲學般的深度和藝術般的崇高性格，也才能培育學生去探索、去發現和去驗證（徐宗林，1992）。

而異於傳統哲學家對人之於心靈學習的被動觀點，懷德海認為人的心靈具有主動的成長特性。

> 心靈從不是被動的。心靈是一個不斷接受刺激的活動，對活動能感覺到優美，樂於接受且負責，你不能延遲了心靈的活動（Whitehead, 1929: 18）。

因此，懷德海認為人的生命是一個有活力且充滿節奏躍動的過程，對人的教育應該遵循這一韻律。所以，他主張教育的歷程並非一成不變的，心靈的成長是主動且具有韻律性的，此即「教育韻律論」的觀點。懷德海認為，教育目的在刺激自我發現與指導自我發展，並循著學生心靈與生活的節奏進行施為。他將教育的過程分為浪漫階段（romance）、精確階段（precision）和概括階段（generalization）三個發展階段，分述如下（林秀珍，1997；郝曉東、徐未芳，2016；龔卓軍，2003）：

1. **浪漫階段**（the stage of romance）

0-14 歲，大約小學教育階段。在浪漫階段，孩子的心靈自由開放，好奇和興奮居主要地位，具有對探究的欲望，其品質的高低取決於能夠引發足夠挑戰的思考。因而可以藉由好奇心的內在動機，探索外在世界的一切事物，獲得心靈和身體的成長。

2. **精確階段**（the stage of precision）

14-18 歲，大約中學階段，此時學生對知識學習已能逐漸建立知識體系與秩序，能運用分析方法對客觀事物做出分析及判斷，並學習文法與知識。

3. 概括階段（the stage of generalization）

18-22歲，大學高等教育階段，此時學生具備綜合能力，觸類旁通，追求現象的本質意義，且能運用綜合知識與能力解決問題。

不過，這三階段之分並不是機械性和絕對性的，這些階段的發展與進行在不同學生對象、不同學科方面也都有其獨特的節奏，在每一個階段裡面，又都包含有其他階段的成分，譬如，語言的學習進入精確階段，開始掌握到詞彙和語法時，科學和數學學習可能還處於浪漫階段；又如一位初任教師對於教學相關理論可能已處於精確階段，甚至概括階段，但對於教學或班級經營的實務能力，可能僅處在浪漫階段。因此，這三階段的心靈智力發展在不同對象上或不同領域學科發展速度上，都有其發展上的獨特性和差異性，應根據不同對象及領域學科，配合孩子的發展節奏，施以不同的學習方法和給予不同的學習速度，方能事半功倍。

懷德海指出，教育的目的就是使人具有「活性的智慧」（active wisdom）。這種活性的智慧對於心靈智力發展的原則，首先應尋找符合自然發展規律的模式或紀律，但在這些模式當中又必須讓學生感到愉快、感到興趣（interest），因為有了興趣才會帶來紀律、專注和領悟。然後懷德海也特別強調，知識學習的重點在於知識的運用；而在對知識的理解掌握上，也必須讓學習者在各方面產生各種不同的直覺經驗。

從懷德海的哲學中已顯見現代教育的視野，不僅跳脫傳統實在論以物質世界為重的實體觀立場，並關注人性品格發展和學生學習動機及認知節奏的順應，而懷德海從靜態實體轉向動態實體的歷程觀更是當時哲學界一大嶄新的觀點。

😊第三節　哲學與教育意義

壹、教育目的

一、追求美好的生活

　　實在論者無論是亞里斯多德的啟發理性的目的論；或是培根的超越自然、征服自然的役物觀點（蘇永明，2010）；史賓賽（H. Spencer）所揭櫫的自我生存是教育的基礎目標，目的在成就美好的生活（Ozmon & Craver, 2008）；還是洛克的重視心智訓練的形式訓練說或培養紳士（gentleman）的目標，以及懷德海《教育的目的》中主張教育應重視博雅通才與技藝專才的兼具等觀點，其一致的主張均在強調將追求人類美好生活視為教育的主要目的。

　　此外，實在論者所重視的自然科學和基本能力的培養，以及注重道德教育以培養紳士為社會楷模的實用目的，在在顯示實在論對生活實用知識的要求，以達成美好的狀態。因此，實在論者在意的是追求有用的觀念知識，以促成生活的美好，而非光記憶懷德海所指稱的那些零碎繁雜的「無活力概念」（inert idea）（吳志宏譯，1994）。是以，實在論的教育目的在強調以教育引發人的自我發現、自我開展，以充實豐富知識及完滿品德，為未來生活做最好準備的自我完美。

二、追求理性真理

　　實在論者認為教育必須培養出學生的明辨是非和歸類分析事物的能力，能真正客觀的瞭解事物和自己的興趣需求，才能獲得真理的知識。因此，學校教育的目的即在教育及培養學生的真理知識探求，並能應用於實際生活上，促使真理與實際生活的貫通融合。由此，實在論及觀念論均強調教育目的對理性真理的追求，但兩者探求的來源管道並不相同，前者強調真理探求來自物質世界的經驗，從對外界事物

的秩序和律則的歸類綜合而獲致真理，是為後天形成的理性；後者則強調心靈的力量，強調觀念源自心靈，透過心靈作用的思辨和推理獲致真理，而不須藉由物質世界的事物經驗，是為先天理性。

三、培養真知善德的人

實在論者普遍認為教育應重視真理知識的探求和良好品德習慣的建立。相較於觀念論者重視內在心靈作用，實在論者則強調教育的實踐，除知識應用外，還包含道德與品格的發展。Ozmon 和 Craver（2008: 96）即指出，赫爾巴特和史賓賽都認為道德教育奠基於知識之上。同時，洛克、赫爾巴特和史賓賽等人即認為教育的主要目標應該是道德教育，甚至史賓賽在〈什麼知識最有價值〉（What knowledge is of most worth）的論文中就提及，科學提供了道德與智性教育，因為對科學的追求要求完整嚴謹、自我犧牲和勇氣。

由此可知，實在論的教育目的除重視學生智性發展，以期能思辨通明之外，也注重人性得以充分發展，建立良好的道德品格，使學生成為一個能知能行的人。

貳、教育課程

實在論強調心靈之外存在客觀實體。因此，基本觀念和事實最好透過對物質世界的研究加以學習。此一基礎觀點也決定了實在論對教育課程的取向，分別闡述如下：

一、重視自然科學

實在論者認為人類能判斷對與錯乃來自我們對自然的瞭解（林永喜，1994），持續分析及理解其規律，所以自然科學是最符合有系統、有規律、有秩序的知識樣式，是生活需求最重要的教育素材。而史賓賽也在〈什麼知識最有價值〉一文中指出，科學是人類學習最有

價值的知識，認爲科學知識是客觀、有系統且有律則的知識，教育不僅該發展技術性的技巧，也更應重視科學研究。

二、強調實際經驗

實在論者主張知識應實際有用。洛克重視身體活動的價值，他強調全人關注，不僅智性的發展，也應關注飲食、運動及反應等體能方面的學習鍛鍊。提倡語言學習，強調閱讀教學和木工園藝，甚至跟家庭教師到歐洲大遊歷（遊學）；盧梭、培斯塔洛齊、福祿貝爾等人均主張感官教育的觀點，從實際生活經驗中取得學習材料，讓知識學習與生活實際相結合（Ozmon & Craver, 2008）。所以，他們主張學校教育應教授與生活或自然環境有關的相關教材，以提升知識和生活的連結和實用價值。

三、重視道德教育

實在論的道德教育主張遵守行爲秩序準則的生活規範，以及道德經驗的楷模學習，讓實際經驗與道德理念原理相結合。如亞里斯多德提出的實踐理性即指出道德實踐的內涵；洛克重視良心美德的培養；實在論者羅素提出基本品格四要素：精力旺盛（vitality）、勇氣（courage）、敏感力（sensitiveness）和睿智（intelligence）等觀點，均在強調實在論者對道德教育與實踐的重視。

四、重視基本學科

實在論者強調學生應追求未來美好的生活，而爲了達到此一教育目的，紮實的基本知識的具備是達成此一目標的實用原則。因而，實在論者特別重視基本學科的學習。懷德海即指出，學習的教材應取材於與生活各層面相關的知識（吳志宏譯，1994）；而美國實在論者布勞第（H. S. Broudy）則主張教育課程應是百科全書式的教材，

所以他認為應兼顧學科中心和問題中心的整合，如此方能兼顧學習動機和系統知識的獲取（蘇永明，2010：69）。世俗實在論者里高佛（Ricover）亦高舉基本學科的重要，重視基本學科（閱讀、寫作、算術 ── 三 R）的教授（Ozmon & Craver, 2008）。因此，在實在論者的眼中，基本學科知識的學習是其未來生活準備的基本且重要的配備。

參、教學方法

實在論在知識論上重視外在經驗獲得，並強調結合心靈內在反省。因個體成長是一種自我開展的過程，然此一過程需內在心靈與外在實體相符應和配合。因此，其教學方法特別重視感官的觀察、體驗，以及理性思考及科學化的系統教學程序等，說明如下：

一、直觀啟發

實在論強調知識是來自對外在事物的觀察，所以在教學方法上則極為重視直觀與啟發思考。培斯塔洛齊即指稱自然的感官印象是人類教學唯一的正確基礎，因為它是人類知識唯一的正確基礎（Ozmon & Craver, 2008）；羅素極為推崇著重感官教育的蒙特梭利（Montessori）教學法，本身亦非常重視直觀啟發和實做的教學，主張提供學生多方面的經驗刺激，如使用圖片、視聽器材及戶外教學（蘇永明，2010：73），此種提供學生多元的感官刺激，以啟發學生學習興趣及思考，即為實在論的啟發。

二、思考教學法

實在論者認為科學是最有價值的知識，且是客觀的，一切求知均基於科學。因此，強調培養學生科學探究和思考能力，強化內在的理性活動和訓練，並透過實驗操作及客觀的研究，方能獲得對事物的真切瞭解。

三、有系統的教學程序

實在論者極重視教學程序的邏輯和系統性，並帶動教育科學化的風潮。上述亞里斯多德的心靈三分說揭櫫心靈發展的進階可能；赫爾巴特提出的四段式教學法重視個人經驗為基礎和連結的系統化，以及懷德海的教育韻律論的依年齡成長循序的與外在客體結合的心靈自由探索；而布勞第也提出了六個教學的步驟，分別是：動機（motivation）、呈現（presentation）、嘗試反應（trial response）、洞見（insight）、熟練（mastery）和評量（testing），此些步驟依稀有赫爾巴特的影子，只是他增列了動機和評量，而熟練步驟與赫氏的系統和方法相仿，強調新舊經驗結合並能應用（蘇永明，2010：75）。

以上實在論者所提各個教育程序觀點或具體步驟均顯示實在論者對於教學嚴謹程序和循序漸進的系統性的重視，因為他們認為此種系統性的教學方式，依發展步驟和邏輯系統提供的學習環境，才能促使學生有良好的學習成效。

肆、教師角色

一、教師是知識的傳遞者

實在論強調教師應以一種有系統、有組織的方法呈現教材，提倡觀念，也希望教師亦能清晰界定教育過程的判斷標準，如針對教育、藝術、經濟、政治、科學等各領域，均能以客觀的標準予以評估，提供自身及學生一套客觀理性的衡量準則。

另實在論者也認為這些知識觀念的習得來自先覺專家的傳授，教師即為專家的傳授角色，學生是被動的接收者。然實在論極其重視已驗證的客觀知識的傳遞，主張教師不應有自己對知識的主觀詮釋偏見。由此可見，在實在論者的眼中，教師扮演的是客觀知識經驗的

傳遞工作，亦僅為知識傳遞的媒介者，只擁有傳輸橋梁的傳遞權並無知識轉化的詮釋權，是一個知識傳遞的角色。當然除傳遞者角色外，後期實在論者受當代思潮影響，已有不同的轉向，如布勞第（H. S. Broudy）即希望教師能對自身的作為採取一種反省批判的觀點，除強調提倡對適時知識的記憶和機械化學習之外，並不排斥問題解決和專題學習等較能促進學生愉悅學習的活動（Ozmon & Craver, 2008: 106-107）。

二、教師是生活美好的塑造者

實在論的教育目的強調追求美好、幸福的生活，但如何達致此一目標則須依賴教師的協助。史賓賽（H. Spencer）在「生活預備說」中提出五大學習重點：與生存直接關係的活動（身體保健）、與生存間接關係的活動（職業技能）、與繁殖後代相關的活動（親職教養）、與維持社會關係和政治關係相關的活動（公民與道德），與利用休閒時間和滿足趣味相關的活動（休閒娛樂）等面向。由此可見，要培養學生成為一個具備社會生存能力的人須有多方面的學習，無論是具備基本學科知識的學習、技藝學習、理性思考能力、道德品格、公民意識和家庭教育等，均須依賴教師規劃完整的學習課程和提供良好的學習環境，建立一個整全的教育訓練和塑造過程，以追求美好的生活。

😊 第四節　評述

實在論主張實在獨立存在於心靈之外，認為知識從經驗而生，強調從物質環境中探究自然的律則，以及提倡真理符應的論點。所以，知識是客觀存在且相符應的，而非吾人主觀感受詮釋而得，而其強調邏輯理性的智性判準，也提供了智性追求的客觀標準。由此，實在論的教育強調基本能力、成就效率、可觀察、可評量的表現取向的教學。

　　此種重視後天環境足以塑造人類一切的可能，以及重視客觀的標準的論點也造就了「教育萬能」的神話，認為只要提供良好的學習環境和制定適當標準的教導評量，孩子都可以成為我們所期望的、社會所需的人才。但是這樣的哲學論點也遭受諸多哲學家的批判，認為此舉否定了天賦遺傳對人發展所產生的影響，而過度誇大了教育的功能，也過於理想化。

　　其次，實在論過於強調客觀律則，認為人類世界如同物質世界，均可依據客觀標準予以評量、判斷和指引。但事實上，人的世界是何其複雜且變動的，有人的地方就會有時空變動的限制和人的主觀偏見，在人的世界中任何事物的客觀化要求就如緣木求魚了，這也是為何當代批判理論、現象學、詮釋學和後現代主義等哲學思潮對科學理性客觀標準觀點的反動、批判如此強烈的原因。

　　第三，實在論主張與自然科學探究存在密切關係。在教育領域中，諸多實在論者也帶動教育科學化的運動，如智力測驗、標準化成就測驗、視聽教育媒體、科技媒體等，此些工具或媒體確實對教育和學習帶來諸多正面影響，但也引發過於樂觀、依賴和誤用的疑慮。如智力測驗雖能測出某些人類智力表現，但這些測出的表現充其量只是人類智力某些面向的表現，要以這些面向表現來表示人的真實智慧和整體能力，就會落入輕忽而不實了。又如，近年臺灣學界推展標準本位（和證據本位）評量，此舉確可更精確測驗學後結果和客觀的表現，提供教育人員從事評量、補救或修正的依據，但若過度標準化或僵化的使用，又將可能落入「收之東隅，而失之西隅」的偏狹窘境。

素養考驗：課堂故事反思與解決

一、（　）從本章課堂故事中曉鈴老師的教學作為，你認為她主要
　　　　是從哪個哲學理念來設計學習活動？
　　　　(A)實用論　(B)觀念論　(C)實在論　(D)社會重建論

為什麼：＿＿＿＿＿＿＿＿＿＿＿＿＿＿＿＿＿＿＿＿＿＿＿＿

參考答案：(C)

二、本章課堂故事中曉鈴老師重視母國文化的提倡和教學，請就
　　懷德海的「歷程哲學」生成觀點，以及「教育韻律論」自我
　　發現和自我指導的內涵，以「祖先的食物」為主題，試著以
　　小組合作 設計一個富有在地化、歷程化和韻律化的幼兒學習活
　　動（內含教學目標、課程教材、學習活動和評量）。

實用主義與教育
CHAPTER 4

本章大要

　　相較於傳統哲學重視形上學的探討，實用主義較偏重於知識論的探討，以「實效者為真」的原則為檢證知識真理的基礎。相對於觀念論和實在論強調心靈實體和物質實體的壁壘分明哲學立場，實用主義視個體為有機體，強調知識經驗來自個體與外在環境的交互作用，凸顯其連續、變動、生長的有機性，建構一個內外互動、流變適應的真理觀。

　　本章將分別從四個部分闡述實用主義，第一部分論述實用主義心物統合、動態連續、試驗實效的折衷調和知識觀和道德觀等基本主張；第二部分則分別從三位主要代表人物皮爾斯、詹姆士和杜威的主要觀點進行剖析論述，他們的論點彰顯了實用主義實效、試驗的特性，尤其杜威特有的個體經驗不斷適應與重組的內外作用知識觀，以及手段目的合一的完整經驗美學觀及折衷的道德觀。第三部分則以實用主義相關主張為依據，提出其重視內在的教育目的觀、強調兒童經驗及興趣的課程觀、鼓勵行動求知及興趣努力兼顧的教學觀，以及引導而非權威的教師角色等層面的啟發，最後並闡述相關的評論。

§課堂故事§

　　幾個年紀較大的小朋友在沙坑裡挖出一個小「池塘」，一名 2 歲大的女孩站在這座池塘邊，突然一腳踩進水裡，弄得鞋、襪全身都濕淋淋，讓她的媽媽大吃一驚。接著小女孩開始用手掌拍水，水花濺得到處都是。

　　附近有幾個 3 歲大的男孩，正全神貫注地用鏟子挖土。他們雖然肩併著肩，但並不像一個團隊，而是各自為政，也沒有共同的挖掘目標。一位家長提著水壺經過，替小小香草花園澆水。這些男孩馬上停下手邊工作，走過去幫忙澆水。

　　4、5 歲大的小朋友也拿著鏟子聚集在花園的一角。老師聽到其中一個孩子說：「我們來假裝農夫，這些石頭是馬鈴薯。我們來種馬鈴薯，等到馬鈴薯長大，就可以拿去賣。」這些小朋友開始挖洞，仔細地將石頭分別放進洞裡，然後再蓋上土將洞填平。過了 15 分鐘老師再回來這裡，這些石頭「馬鈴薯」已經變成「小烏龜」，正在賽跑。

　　至於 6 歲大的小朋友戶外活動時間都在做什麼？他們聚在某個角落聊計畫；經過充分合作「協商」後，他們開始築水壩，工程結構頗為複雜，必須用到木板、箱子和石頭。這個活動需要他們充分的討論和合作，同時必須具備解決問題的能力，這些小朋友顯然認為，一旦水壩築成，必定可以順暢運作。

　　　　　　　　　　～引自 2012.3.7《親子天下》華德福的幼兒教育

第一節　思想特徵

現代哲學實用主義是針對傳統哲學在實體論點爭議不休的調和。傳統哲學中觀念論（理性主義）與實在論（經驗主義）對於實體（reality）的論點各執所偏，一為強調心靈觀念，一為重視物質實體，它們對實體形上論戰，造成了分立的哲學立場。長此以往，將難以對宇宙萬事萬物整全掌握，有如「瞎子摸象」一般破碎殘缺。因此，實用主義在知識論和價值論上採取折衷調和的立場，其基本假設如下：

壹、兼容唯靈與唯物的心靈論

實用主義反對傳統哲學的唯靈和唯物二元分立的心靈論，調和兼容兩者。實用主義一方面把心靈歸入自然的系統之內，將它視為自然演進的結果；一方面肯定心靈的特殊性，不認為它是刺激與反應的一種機械制約連結，自成一個兼採唯靈論和唯物論的心靈論（吳俊升，1993）。因而，實用主義將心靈視為一種意識狀態，是適應環境的工具。知識的取得來自個體與外在環境交互作用的過程。

貳、主張動態的宇宙觀

實用主義主要人物杜威深受達爾文進化論影響，採取生物學觀點，認為所有物種都必須適應環境才能生存，因而物種為了生存終必在遭遇問題時尋求各種解決問題以適應環境，這背後蘊含一個動態宇宙觀的預設。亦即所有物種為尋求生存，在遭遇外在環境諸多且複雜變動的挑戰時，物種即必須採取持續變動、調整修正的方法，以解決及適應環境的挑戰。因此，物種在適應環境時是不斷進化的，一個方法可能可解決當下的情境問題，但卻不一定可以成為下一個情境問題的解方，因而必須不斷做修正及調整。

參、強調實效性的真理觀

　　實用主義拒絕絕對真理或實在的存在，認為真理應建立在知識是否有效用的準則上，主張「有效用者為真」的真理觀。認為知識是否有效，端視其是否能有效解決問題。所以詹姆斯（2009）和王元明（1998）均指稱實用主義的特點就是不看最初始的原則、範疇，而是看最後的效果、事實，也就是注重特殊事實、實踐和效果，鄙棄抽象的原則和爭論的實體哲學。

肆、深具試驗、行動和連續性質的知識論

　　杜威秉承生物適應觀點，認為知識是來自個體與外界環境持續適應與重組的動態過程，此種過程也讓所得知識經過連續試驗、行動的驗證歷程。杜威不承認存在著先驗知識，認為行動作為是先於知識的，我們所擁有的任何知識都產生於我們的行動作為中，必須經過驗證的。因此，只有那些已經過組織到我們心裡的，並使我們適應或改造所處情境的知識，才是真正的知識。

伍、調和折衷的道德觀和美學觀

　　杜威在心靈論和知識論上的折衷觀也延伸到它的倫理學方面。歐陽教（1995）和吳俊升（1993）即指出，杜威不主張一個有絕對善的價值倫理學，它不執一固化，反而折衷的認為，道德的善惡評判不能全是行為效果（主外派），還得兼顧行為的動機（主內派），亦即內外並重，不偏倚一端。而且道德行為的價值判斷應居於一個實際的行為情境，它是實踐性的，光有道德知識是不夠的，必須知行一致。杜威的道德觀是強調道德意志理性，道德的觀念應是一種「互為主體」（intersubjectivity）的思辨。他指出，一個只有動機而不行動的動機不是真動機，當然也不是一個有意志的行動；一個不是個人想望、選擇和努力而獲致的結果，也不是一個有意志的行為。一個真正有意志的行為應是有想望的動機和付諸行動完成的結果，才能成為有

109

意志的道德行為。

審美能力是人與生俱來的天賦傾向，但這種天賦的發展，不能僅有說或想，更要依賴接觸美的材料。例如：當一個人面對雪花紛飛的環境或是海天一色的臨海世界，他們用眼睛、耳朵、皮膚去看、去聽、去感覺鬆軟雪花、白皚雪地、冷風、風聲或浪花、碧海、藍天、酷熱、拍岸的呼嘯等事物時，用心去感受美的狀態，美的經驗已然生成，審美能力也能日漸提升。這種美的能力的提升，就是個體心靈與美的材料交互作用的結果（韓景春，2010）。

這種結果的審美標準判準，也將因個人美的經驗差異而不同，如同上述舉例，住在雪地和海邊的人對美的經驗和感受可能就有極大的差異。此種因人而異的美感經驗，將造成個人不同的社會品味，也有不同的審美標準（Knight, 1982: 65）。

✄ 課堂回顧與反思活動 1

　　上述基本假設你個人印象最深刻（認同或質疑）的觀點是什麼？為什麼？舉一個人的經驗來說明。

😊第二節　哲學思想發展與要旨

　　實用主義因盛行於美國，常被認為是美國在地哲學。事實上，其哲學深受希臘時期赫拉克里特（Heraclitus, 540-470 B.C.）、普羅塔葛拉（Protagoras）和詭辯學派（sophists），乃至於現代歐陸哲學家培根的歸納法和孔德（A. Comte,1798-1857）的實證論等論點的影響。而其主要發展則是在美國本土皮爾斯（C. S. Peirce）、詹姆士（W. James）和杜威（J. Dewey）等人的推動之下發揚光大（張光甫，2003：268-269）。本節將簡要介紹美國實用哲學的主要代表人物相關脈絡與觀點。

壹、皮爾斯（C. S. Peirce, 1839-1914）

一、強調實效真理

　　實用主義（pragmatism）一詞，由皮爾斯所率先採用。他指出傳統哲學所持的心物二元、主客觀對立的錯誤，他接受心靈與物質確實不同的預設，但由心而生的觀念應是清晰鮮明的。他認為真理是建立在知識是否有效用的準則上，主張「有效用者為真」的真理觀。知識是否有效，則端視其是否能有效解決問題（吳靖國，2000；張光甫，2003）。由此，從皮爾斯的論述可見其實效真理觀的論點，其認定的真理即在知識是否對解決問題有實際的效用，當環境變化或個體遭遇困難時，知識必須足以應付且解決問題，甚至進而創造新的知識。這是一種知識與行動的結合與連續，知識的真假以行動後產生的後果是否有效作為判準。是以，知識觀念是無法與人的行為做二分區隔的，真理知識必須在實際行動中接受檢驗，而真理也非傳統哲學所稱的絕對性，而是相對及變動性的。

二、知識是經試驗而得

皮爾斯認為由心而生的觀念應盡可能的清楚明確，乃是一件重要的事。因為他認為對於客觀實在的認識，取決於我們對任何既存物體所持的觀念。人對於他們如何感知觀念的結果，應該保持高度的敏感性，因此皮爾斯確信實際效用的概念構成我們對一個物體概念的整體。他指出，我們對任何事物的觀念，乃是我們對該事物實際效用的感知（Ozmon & Craver, 2012）。

因此，觀念乃是我們對所感知的事物或效用賦予的意義。比如，我們對麥克風或擴音器的認知，並非僅根據其外型特徵而定，而主要是來自其有效的實用功能而定義。是以，人的觀念或思想的產生是無法單獨獨立於人類的行為之外，就如當我們賦予打手機聯絡、溝通或搜尋資料的效用意義時，打手機的行為和觀念才是完整的，這個行為意義才算是完成。

皮爾斯並進一步指出，對於任何事物的真正知識乃取決於實際經驗中對個人觀念的測試，在此過程中，觀念不過僅是假設，除非受過經驗的嚴格試驗（Ozmon & Craver, 2012）。因而，在皮爾斯的眼中，真理是來自經驗不斷反覆試驗而來，唯有經過試驗的觀念並得以產生解決問題的實際效用，方為真正的知識。

貳、詹姆士（W. James, 1842-1910）

一、真理來自測試

詹姆士是美國知名的心理學家和哲學家，也是實用主義的創始者。他深信真理不是絕對不可改變的，而是在真實生活中所製造的。真理不是一個靜止的觀念，而是在觀念的行動作為（acting）中形成的。詹姆士常用一句話來做解釋：「證據在布丁中」。也就是說，要分辨一個布丁（一個觀念）的好吃與否之前，人們必須加以品嚐測試

（Ozmon & Craver, 2012）。換言之，一個真理觀念的確證（verification）與否，並非僅在一個觀念的呈現，而是在於這個觀念經過嘗試、試驗之後的結果，而非僅是原初的純粹經驗。就如上述的布丁評定的確證，也是在經過人的品嚐測試後的結果而定。

二、真理是暫時可運作的

詹姆士支持皮爾斯的論點，認為實用主義是透過行動的實際效果來解釋觀念的一種方法。他認為真理是確證與有效的過程，真理的證實和生效是一種將舊經驗和新問題巧妙結合、調和起來，能滿意的解決問題的引導作用，而此種作用即是一種透過行動作為可運作性（workability）的連續過程（王元明，1998：17）。

簡言之，真理發生於人類透過新舊經驗調和的引導作用過程，此過程的結果並能促成人類對自身遭遇的環境問題的改造或適應，並產生有效且令人滿意的解決結果。當然這種滿意及有用，可能因時空情境而有所變化的。也就是說，此真理目前是有用滿意的，但未來不一定有用和令人滿意；在某個情境問題上是能有效解決的，但在另一個情境問題上卻不見得可以有效處理。因此，在詹姆斯的觀點裡，經驗是暫時的、變化的，真理也是暫時、變動的，並非絕對客觀永恆的。

基此，他認為真理是關於實在的信仰，實在就是經驗，提出「徹底經驗論」（radical empiricism）指出世界的一切都是經驗，事物與事物之間的連接性關係、認識的主體與客體、物質與意識都是經驗（王元明，1998：17）。詹姆斯聲稱，經驗是探求真理的原始材料，是一種正在經驗中的連續狀態。是以，真理是無法脫離經驗的，為了理解真理，人必須研究經驗本身，而非一些與經驗無關的、固定普遍而超凡脫俗的所謂先驗的絕對。

由此可見，在詹姆斯的心中，世界上一切事物都是經驗，經驗是一個可運作塑造的，不斷被人創造過程中的經驗真理。此真理在某一個個體的實際生活中是具有意義和真理經驗的發生，但對其他人而

言，卻不必然被客觀證實或具有相同意義。也就是說，這個獨特的經驗並非絕對普遍、放諸四海皆準的眞理，而只是一個有用、有價值於某人、某情境問題的解決經驗，這個解決過程是連續修正適應、變動且有效的。

參、杜威（J. Dewey, 1859-1952）

杜威的哲學思想早期受黑格爾唯心論的影響甚大，其後才轉爲實用主義，是繼皮爾斯和詹姆士之後的美國實用主義集大成者。杜威的哲學關懷偏向社會層面，他認爲哲學是一門關於社會衝突的學問，特別是現代社會三種主要力量：民主、工業和科學之間衝突的梳理與思考，指出哲學就是要闡明人們對自己時代的各種社會與道德衝突的思想，早期服膺實用主義，創立實驗主義、工具主義，晚年則轉爲自然的經驗主義（或經驗的自然主義）（江合建，2001：18；Mayer, 1949）。

杜威與詹姆斯都是徹底經驗主義者，不承認超驗和先驗的範疇（吳俊升，1993：114）。在杜威眼中，哲學是一種哲學，也是一種方法，他把所有事物都視爲試驗性的。亦即萬事萬物均是變動不居，非固定靜止，也非永恆不變的。所以他拒絕承認超自然的世界存在，認爲所有的經驗均來自人類的經歷感受，因此人類必須決定並開拓自己的生存之道，並且利用實驗的方法解決人類社會複雜的問題，才能建立有效的社會生活。

一、經驗的界定——個體生活世界的主動性和被動性的交互歷程

傳統經驗論者認爲經驗就是感官知覺所及，杜威則認爲它一方面指涉經驗主體的活動及過程，另一方面則指經驗的對象。他指出被經驗到的對象是自然的、物質的、客體的，而能經驗的是心靈的、精神的、主體的。因而經驗不僅止於感官知覺的事物，且包含了個人在生

活上的一切作為，包括個體生理活動和從事的社會文化行為。是以，經驗反映了主體的心理意識，也彰顯了經驗對象的客觀性質（王元明，1998；林秀珍，2007；郭博文，1990）。由此可知，杜威的經驗涵蓋了生理與心理的知覺意識，意識範疇更涉及自然與社會的環境範疇，亦即除了外在環境的物質世界外，還包含人的意識世界，是人的主觀意識和被人意識的客觀世界的總和。質言之，他認為經驗是由個體與外在環境之間交互作用的動態而連續過程。而此種在交互行動中直接遭遇的環境就是「自然的經驗」或「經驗的自然」（高宣揚，1994：262），所以他自稱此經驗觀為經驗的自然主義或自然的經驗主義，這是杜威哲學的重要基底。

　　杜威並將經驗區分為初級經驗（primary experience）及次級經驗（secondary experience）。初級經驗是整體的經驗內容，是粗糙而模糊的，未經系統化的省思分析，包含了日常事物的感官知覺和一般情緒感受；而次級經驗則是經驗主體運用理性分析，把主客相遇的原始狀態加以分析整理，形成抽象概念理論，此種經過反省精練的經驗又稱為反省性經驗（reflective experience）（Dewey, 1958: 3-9）。

　　在杜威的眼中，經驗具有三個特性（林秀珍，2007；郭博文，1990；Dewey, 1958）：其一，經驗與生活是密不可分的。他指出，每個經驗都是個體與其生存世界某種程度交互作用的結果，這種互動形成了經驗，而其互動的歷程則是在生活中產生的；其二，經驗具有主動和被動的雙重性質。杜威認為，經驗兼具積極主動和消極被動兩種性質。積極面上，經驗是嘗試的（trying），具試驗的意義；消極面上，經驗是被動承受行為的結果。是以，經驗的積極面涉及行動的主動性，消極面則指涉行為結果的承受，具被動的性質，兩者是經驗的一體兩面；其三，經驗方法應具科學的精神。杜威以為，一般人或哲學家常將經驗偏向於上述所說的次級經驗的層次，卻缺乏回到初級經驗來回交互檢視，忽略了審視思維經驗結論的妥適性。因此，他提倡經驗的方法應以科學實驗精神為內涵，而非僅依據直覺或習慣來進行經驗推論，方能來回檢視，把推論和實際結果進一步審查，驗證或

修正假設，避免掉入「選擇性強調」（selective emphasis）的陷阱，以提升推論的正確性。

二、真理是實效的、試驗的和工具的

杜威拒絕接受絕對真理或實在的觀點，認為所有的真理和知識是相對的，依時空而定，在現在可能是真實的，但在未來可能不是真理。所以他指出，經驗就是知識真理，正確的經驗是有用的。他認為不存在先驗知識，行動作為是先於知識的，我們所擁有的任何知識都產生於我們的行動作為中。因此，只有那種已經過組織到我們心理中，能讓環境適應我們的需要，並使我們適應於所處情境的知識，才是真正的知識。

基此，杜威對於真理的檢驗標準又如何？它起作用嗎？他認為，人類應該借助簡單的嘗試錯誤和嚴謹的實驗的過程，透過與環境相互交流作用，得出某種有用的假設，並進一步加以驗證。也就是說，在某個特定時間內禁得起試驗驗證的假設就是真理，或者說只要它能起作用順利解決問題就是真理（Mayer, 1949）。所以杜威的真理觀主要來自行動試驗，在行動中能起作用、有效實用的解決問題。綜歸杜威的真理觀，他認為真理是行動試驗的產出，並具有解決問題的工具和實效價值，是以又被稱為「試（實）驗主義」（experimentalism）或「工具主義」（instrumentalism）。

三、真理是漸進發展的

杜威否定傳統哲學的先驗、固定與靜止的真理觀。他認為真理與人的思想一樣，是一個進化的過程（高宣揚，1994：259）。杜威哲學深受達爾文生物學觀點的影響，認為人的思想和心靈運作有如有機體，是可塑且可成長、進化的。因而，杜威的真理觀強調的是一個持續成長及改變的過程，而這個過程是漸進的，並非一次到位的，這與

傳統哲學強調眞理的絕對性和永恆性是截然不同的。此種內涵性質就如高宣揚（1994：260）所指稱的「眞理是發展的，但相對穩定的」、「逐進接近的眞理」一般。顯見杜威心中的眞理，具有持續性、生長性、漸進性、歷程性和變動性的特性。

四、教育即生長

杜威引用達爾文進化論的觀點，利用生長的概念來解釋教育的歷程。因此，教育是一個養育和教養的歷程，這是個體經驗不斷改造或重組，擴充經驗，提升能力的歷程。也就是說，教育是個體與外在環境不斷互動和調節的過程，從而展現其從未成熟狀態發展爲成熟狀態的契機，亦即是個體持續成長及發展的歷程。是以，教育如何成爲促成生長的可能，杜威認爲有兩個條件（吳靖國，2000：74）：

(一) 未成熟的狀態

個體因爲未成熟，所以仍有繼續發展的潛能空間，而其發展是有順序性和階段性的，每一階段均有其獨特的特徵和發展需求，教育的目的就在依循個體的特質和需求，促成順利的生長和發展。但這個過程絕非固定不變，而是要因應個體的需求，導引其由未成熟發展向成熟。

(二) 依賴性與可塑性

人類因具依賴性，所以需成熟的人予以養護和引導；人類因具可塑性，所以能在其未定型之時予以教誨引導，使其不斷發展與成長，教育將成爲可能。

因此，杜威教育即生長的意涵即意味著人具有有機體的可塑性，教育具有促成的功能，教育是個體不同階段的需求，提供不同的引導生長，擴展經驗，促使人從未成熟的狀態逐漸發展到成熟的狀態，這

117

就是教育促進成長的最大價值與貢獻。

至於杜威對生長的定義又是什麼？他在《經驗與教育》（*Experience and Education*）中即指明，生長就是經驗的改造，生長的過程就是經驗改造的過程，是一種自我更新、不斷改造的過程（韓景春，2010：100）。他稱經驗具兩個規準性質：持續性與交互作用，此兩者是經驗的核心性質，且與生長的觀念是一致的。所謂持續性即經驗的相關及連續，上個經驗將影響其後的經驗，而後面的經驗又會影響更往後的經驗，是一種經驗累積、組合、轉化的過程；而交互作用則是不同經驗的互動交流，亦即經驗不是人與對象或方法或材料的合併，而是諸多經驗因素持續不斷的交互作用（歐陽教，1995；Dewey, 1963）。所以，他重視實際經驗的教育活動，從行動中求知，因為唯有第一手實際的經驗，才是主動的認知，而非知識死板的摹仿或被動的接受，如此方能持續的、交互作用的延續學習，促成生長。因而，杜威所提出的「教育即生長」、「教育即經驗」、「教育即生活」三個互為體面的概念，也都蘊含生長為終極目標的進化意涵，「教育」是一連串的「生活」過程，「生活」是孕育不斷適應和改造的「經驗」的場域及歷程，而「經驗」的積累又豐富了「生活」的內容，後兩者持續的交互循環更是促進「生長」的前提及動力。換言之，「教育」是促進「生長」主要的動力和手段。

五、折衷道德理論

杜威的道德理論與其知識論的調和觀點有關，他認為傳統的道德理論中各有所偏，不是強調以動機為判斷善惡的規準（主內派；義務論），而是偏重以行為的結果為判準（主外派；效益論）。問題是，此兩者均無法完全有效的解釋道德的意涵。所以，杜威認為道德的判準應兼顧動機和結果，追求品格與行為合而為一的陶冶養成，採取一種內外兼融的折衷觀點。

因此，他認為善就是幸福，能為個人、也為社會帶來幸福（吳俊

升，1993；吳靖國，2000）。依照杜威對善惡的標準，他認為所謂的好人或壞人就是以「有用與否」作為論定標準，好人即是有用的人，即是針對個人或社會而言，保持「取」與「施」平衡的人。換句話說，一個有道德的人，是能夠追求個人自我生長，並能回饋社會的有用之人。

杜威的道德論就如其知識論所強調的繼續性和漸進性，在道德形成上尤重發展的概念，是有階段性和順序性的，主張發展是道德教育的主要目的。所以，其道德的發展分成三個發展階段（曾燦燈1985；韓景春，2010）：

(一) 道德前期（又稱本能的活動）

此期行為多受個體本能和需求的支配，行為動機來自生理本能的衝動，行為目的可能是道德的，表現方式卻可能是不道德的。

(二) 成規期（又稱習俗的道德）

在這階段行為多受社會習俗影響。此時期兒童大多處於不加思索、死板的遵守社會規範的狀態。

(三) 自律期（又稱反省的道德）

此階段其行為多決定於社會習俗的影響。兒童能先批判既有規範，再決定是否加以遵循，是一個能根據個體理性、善意和良心，以自律控制道德行為的階段。

杜威的道德哲學論點處於功利主義和康德的道德哲學之間的過渡橋梁，它並不能完全替代任何一方作為道德教育的唯一原則（吳俊升，1993：162）。但杜威將此兩者調和成他自身的道德哲學，化解了功利與理性的截然對立。是以，在教育上可根據他所注重的發展概念的順序性加以轉化運用。亦即道德發展的初期可側重功利主義的觀點，以外在強化或制約為手段建立道德行為雛形；接著再以杜威的折

衷論點，漸進式的促進兒童的道德發展和個別善的行爲實踐；最後則以康德的道德理性和意志訓練作爲最高指導原則，使學生將抽象的道德概念與實際的行爲實踐轉化爲自律和理想化的道德規準。

六、經驗美學

　　杜威在 1934 年發表了《藝術即經驗》（*Art as Experience*）一書，除延續 1929 年《經驗與自然》（*Experience and Nature*）對於「經驗」概念的探討外，更以此爲基礎跨越到美學的思想領域。

　　杜威的美學植基於他的經驗的自然主義基礎上，他的自然主義是將自然視爲唯一實在的內在形上學（immanent metaphysics）。所謂「自然」，就是人與其環境互動的整體。由於自然是唯一的實在，因而所有的事件不管是精神的，還是感官的，都被視爲自然的一部分。一般被認爲與自然對立的心靈、精神、價值等高階產物，是建立在低階的感官經驗基礎上，透過人與環境的互動當中逐漸浮顯出來的。他認爲終極的眞實不是物質，而是兼容心、物這兩種現象的自然（劉昌元，1994）。因此，杜威的美學觀就是以經驗爲基底，蘊含了物質和心靈相容的經驗。他認爲經驗是個體爲了適應生存與環境互動的結果，個體與環境互動的過程，是一種「做」（doing）與「受」（undergoing）的歷程，也就是一種經驗，而在適應和互動的過程中建立一個完整的經驗。杜威（1934）之所以如此強調做與受的交互作用，主要鑑於過去哲學的「主體」與「客體」二元分立的思維，造成經驗的分裂和片段。

　　他認爲有機體對環境的知覺、感受、欲望、目的、認知與意志都是不可分離的，是完整的。杜威（1934）指出「一個（完整）經驗」（an experience）應有以下的特性：(1) 具有邁向自身完滿發展的趨勢；(2) 情感的投入與整合；(3) 做與受的交互作用。亦即有機體透過什麼樣的方式對環境作爲，就會投射出什麼樣的結果。

　　由此可知，一個經驗最大的特性就在於完整性。我們生活中的各

種嘗試皆可以「經驗」稱之；然而一旦靜下心來回想，會發現日常生活中其實交織著蘊含各種雜亂無章的細碎經驗。前者可以稱之為完整經驗，而後者是零散經驗。真正能夠引人對探索未來有所啟迪的只有前者，後者僅僅是生活上的浮光掠影，許多瑣事轉眼即逝成為過往雲煙，難以產生完整效果，自然無法帶給人們多少的省思，反觀完整經驗則有起始、過程、結束的完整歷程（江合建，2001：24；Mitias, 1986: 85-86）。

　　而在藝術美學的領域下，杜威認為「手段─目的」是合一的，他反對把藝術品僅作為一種活動的結果（目的）來對待，在藝術品中（審美經驗），意義不在結果，而在於它是各種手段的組成。另一方面，「手段─目的」的合一，也是杜威反思過去西方哲學（理性、經驗主義）弊病下的一種解套方式（歐用生等，2012：16）。

　　總之，杜威的美學觀是一種以經驗為基底的經驗美學，涵蓋做與受的互動過程，且包含感官知覺與感受情感合一的完整經驗，具有經驗發展的連續性和知覺與情感的整合性，與傳統哲學孤立的美學觀截然不同。

✍ 課堂回顧與反思活動 2

一、請分析比較上述三位實用主義哲學家觀點的共同和相異之論點。

相同觀點	相異觀點

二、就相同、相異觀點中，擇一試作評論之。

😊第三節　哲學與教育意義

實用主義重視兒童生活經驗為中心的哲學觀，以下即分別從教育目的、教育課程、教學方法、教師角色等方面闡述其相關啟示：

壹、教育目的

一、教育無外在目的

杜威的教育目的論點常被誤解為「教育無目的」，主因來自他對傳統哲學預設學生學習的固定目的的批評及否定。最明顯的例子就是，他反對史賓賽主張教育是為求未來美好生活做準備的「生活預備說」觀點。但事實上，杜威並非否定教育目的存在，而是反對教育進行預先而外在固定目的之設定。他指出：

> 當我們找尋教育目的時，不是跑到教育過程以外去找，
> 教育不該是為那個（外在）目的效勞……，目的在過程之
> 內，與目的定在過程以外截然不同（薛絢譯，2006：136）。

鑑此，他反對的是會耽誤學生時間、減低學生對現存生活的趣味，以及評鑑兒童成績沒有自然的標準的外在目的。因為，如此將會扭曲教育的活動和妨礙兒童的自由生長（蘇永明，2010：132-133）。所以，杜威的教育目的強調來自重視學生需求及利益的內在考量，認為教育的目的必須由學生的內在需要和活動中產生，且可轉換成行動的方法，落實應用於實際教學活動上。

他認為教育歷程即是一個不斷重組和改造的生長歷程，生長即為一種自為的目的（end-in-itself），就如植物不是為了成為家具或造橋所用而生長，生長本身即是自為的目的，不必等待一個外在的目的才能顯現自身的價值（林秀珍，2007：123；歐陽教，1995：

163）。因而，杜威的「教育即生長」即在反映學生從教育歷程中逐步成長的目的。

因此，杜威主張的並非教育不要有目的，而是強調依循學生自然成長和興趣需求的內在自主目的。一切以兒童的內在需求和動機為基礎，促成兒童自主的內在目的和學習動力，其教育歷程即是目的，無其他外定的目的。杜威如此重視教育目的的內在性，指出教育生長歷程即目的的觀點，與上述強調「手段—目的」合一的哲學觀符合。

二、生長導向的教育目的

杜威的哲學主張知行合一的觀點，強調行動中求知，認為知識經驗的獲得是來自有機體與環境的互動過程，這過程是行動的、試驗的、重組的、繼續性的交互作用，是能解決問題、適應環境的實效性知識經驗。因而，杜威主張教育目標應是適應環境的動態目標，應與時俱進。所以他認為教育歷程的內在目的是自發動態的，主要在於促進學生五大方面的成長，分別是（韓景春，2010：102-103；Dewey, 1933: 82-83）：

(一) 自我控制的能力

杜威認為個體初長之時充滿衝動和欲望，除主張施加壓力之外，必須輔之以理智控制衝動本能和欲望，方不致傷人傷己。因此，理想的教育目的就是創造自我的控制能力。

(二) 解決問題的能力

他認為個體身處的社會生活環境中充滿各式各樣的問題挑戰，必須不斷的處理、解決問題。是以，培養兒童問題解決的能力是教育的重要目的之一，其培養的方法即是杜威所提的「科學方法」的五個步驟：發現問題、瞭解問題、提出假設、演繹假設、驗證假設。

(三) 良好的思考習慣

實用主義者強調求知的行動性，而在行動中就不能盲目有如大海迷航，必須善於思考，運用理智，促成思行合一，養成思考的習慣，才能有效獲得知識和解決問題。

(四) 生活的適應能力

個體生長過程必須依賴成人協助和社會、學校指導及教育，如何適應社會，進而參與社會和服務社會，將是重要的生存能力。

(五) 繼續學習的能力

杜威認為人的一生都是學習的過程。因此，人的學習是持續的、終身的，在學校時即應培養學習的興趣、主動求知的習慣和學習的方法等繼續學習的態度和能力，方能適應社會和解決問題。

貳、教育課程

一、重視兒童生活經驗和興趣的需求

杜威強調教育即生活，教育的課程應取材於學生的生活經驗和興趣需求，才能避免過於廣泛和抽象的知識內容，改善沒朝氣、不切實際及遠離生活經驗的詬病。所以，杜威認為教育活動應以學生的實際生活經驗和興趣為基礎，教材就是生活經驗中所發展出來的，並隨時代社會的變遷需求而調整，因而杜威特別提倡「活動課程」。

二、強調思考的訓練

實用主義強調心靈的主動性和創造性，是以在學習過程中對於心理的思考運作視為與外在環境互動的主要工具。杜威認為，好的思考是連續不斷的，能促成其預期的行動有清晰的方向及目標，並能有條理的規劃和準備，也能透過思考反思賦予事件新的意義（張光甫，

2003：284-288）。

　　杜威在其大作《思維術》（*How We Think*）中即指出，好的思考即反省思索，亦即將一個問題再三反覆慎思，持續不斷的審問的思考活動。他認為思考的訓練需與學習態度配合，所以需有三個重要的態度：開放心胸（open-mindedness）、全神貫注（whole-heartedness）、責任心（responsibility）（Dewey, 1933）。

　　所以他認為，訓練思考可以在課堂上進行。尤其是教師的教學可以引導學生的活動，激發學生學習熱情及觀察，引發學生的激盪與思考。

參、教學方法

一、問題為核心的教學

　　杜威重視學生生活經驗為學習的基礎，主張自發主動的認知，有異於傳統哲學所強調的外鑠被動的接受。因此，他認為教育必須直接探索真實的生活問題，採取以問題為中心的教學方式，從問題中進行評估和解決方案的選擇，並不斷的試驗和修正，以培養學生解決問題的能力。

二、做中學

　　杜威的知識論主張知識經驗的形成具有試驗性和行動性的性質，因此認為學習或經驗的獲得是在行動中求知，亦即其所強調的知行合一的「做中學」。

　　杜威反對理性和經驗主義以既有教材直接揭示給兒童，而以兒童經驗為起點，在經驗活動中自發性學習，先使兒童在活動中感覺求知的需要，然以知識供之，或從活動中歸納出經驗知識，並重視知識的行動性（吳俊升，1993）。因此，杜威的做中學特別重視從操作或活動中學習，如戶外教學、體驗探索活動、遊戲等教學方法。

三、興趣與努力兼重

　　杜威的教育思想聚焦於兒童發展、學校功能、社會進步和民主發展上，特別注重學生的興趣及需求，強調內在學習動機的重要性，以激發學生不同個性與潛能的發展；另一方面也注重透過師生互動引導，找到興趣所在，促成努力不懈的學習動力。因而他《興趣與意志訓練的關係》（*Interest in Relation to Training of the Will*）一書中，即多次強調興趣與努力調和的教學觀，呼籲教育者應重視兒童內在的成長需求，才能讓意志的訓練成為可能（李玉馨，2010：56-57）。

　　在杜威的觀念裡，興趣與努力是一體的，是互補而非對立的。學習之始可以起於興趣，也可以始於努力。以興趣為基礎的學習，學生常能主動而愉悅的自發學習，如此內在動機強，才能激發努力的維持，獲致成功愉悅經驗，成為下一段繼續學習的動機，這是一個學習的心理效應。因此，努力可以是從對學習任務踏實的、真摯的興趣發展出來的，而興趣亦是促使努力持續的動力，兩者是一體且互補互促的。因而，教師應依據性向和態度及興趣安排課程及教法。杜威指出四項興趣當指引依據：會話與溝通的興趣、探詢與發現的興趣、組合與創造的興趣、藝術表現的興趣，從而能從個人興趣、經驗著手，給予個別差異的教學安排。

四、科學的方法

　　杜威認為科學化的思考歷程是教育方法的中心。因此，教師宜鼓勵學生探索，提供學生發展科學真理的機會，進而以科學的方法瞭解其對生活的影響及解決問題（吳俊升，1993）。

　　基此，各種學習（尤其是人文學科）均不應僅強調呆板的記憶學習，而應以科學的精神，歸納的方法來考據、試驗、分析，努力營造師生共同討論、思考激盪的機會，促進思考力及提供研究精神的訓練，最後並能將所學應用在實際生活上解決問題。而傳統哲學所推崇的啟發法和歸納法，在杜威獲致知識的方法中是被統整並重的。

肆、教師角色

一、導引者而非灌輸者

杜威認為學生認知的過程是自發主動的，具有自我學習的能力。因此，鼓勵多採取活動課程進行體驗和歸納，在此過程中，教師宜扮演一個引導角色，而非傳統的灌輸或教導角色。

二、共享者而非權威者

杜威哲學強調民主，而真正的民主應該是知識可以隨時分享，彼此互通有無。所以，教育應運用民主的方式讓所有學生能共享彼此的經驗，並提供學生合作學習的機會（吳靖國，2000：85）。因此，在杜威眼中，教師應是一個知識的共享者，而非獨占壟斷者，並也是一個營造知識合作共構的促進者，而非高高在上的權威者。

第四節　評述

實用主義的變動、暫時性及強調實效性的真理觀調和了傳統哲學二元分立的對立，為現代哲學打開了另一扇門。但其採取相對性及重視興趣和生活經驗以解決問題的適應觀點亦招致許多批評，分析如下：

壹、經驗的意義趨向積極性與完整性

上述杜威的經驗定義涵蓋了消極的經驗和積極的經驗。所謂消極的經驗僅是感官接受到外界物質刺激的反應經驗，是一種被動刺激反應的經驗；而積極的經驗則進一步的演繹了內在心理狀態的經驗，也就是接受刺激之後的創造性推理和感受詮釋，前者僅停留於感官活動，就如上述的初級經驗；後者則更進展至推理思考的內在心理活

動，如同次級經驗的界定。因此，在杜威的眼中，經驗的意義是涵蓋外在感官刺激及內在心理運作的過程，有別於經驗主義揭櫫外在刺激接收的印象，這使得經驗的意涵更具積極和整體完整。

貳、兼重品格與行為的道德教育

　　道德教育上，一向有兩派對立的觀點。一是以行為結果為善惡判準的功利主義或快樂主義（主外派）；另一則是以行為動機為善惡判準的嚴格主義或動機論（主內派）。前者重視行為結果的效率和準確性，後者則強調行為動機的純良和理想性。而杜威的道德哲學即折衷此兩端觀點，兼顧了品格動機的涵養和行為實踐的結果，呈現一個從外在他律到內發自律的道德觀。

參、過於相信人類的自主能力

　　實用主義強調以學生興趣和需求的自願性，此種重視學生內在主動性的論點確實為教育帶來耳目一新的氣象，也將教育及教學推向一個更具創意和希望的新境界。但其受批評的主要是過度樂觀看待人性的光明面，而忽略了人性的黑暗面。人有主動也有被動的心理狀態，一味揭櫫主動性，則相對忽視人性的趨利避害的功利性和被動性。因此，此種強調主動自願的哲學在實際層面到底可實踐到何種程度，也是一個常被質疑的地方。

肆、過於軟性的教育（soft education）

　　實用主義哲學，尤其是杜威的哲學，十分強調因應學生興趣與經驗為學習的起點，此觀點雖獲得外界諸多的肯定和支持，但也招來諸多的批評。最主要的批評認為，其教育哲學重興趣而輕學科的學習。Ozmon 和 Craver（2012）即指出，諸多學者認為教育的實用主義哲學反對知識的獲得，輕蔑他們需要的基本學科，認定杜威哲學過於重視興趣，而忽略基礎系統學習。

在兩個重要的時間點上，杜威強調重視學生興趣和需求的哲學遭受重大的質疑和批判。一為1930年代的經濟大蕭條；二為1950年代的蘇聯搶先發射第一顆人造衛星。這兩起事件引發美國輿論譁然，認為杜威教育哲學強調的「以兒童為中心的教育」太過軟弱單薄，無法促成強大繁榮的大社會（歐陽教，1995；蘇永明，2015）。如此批評若站在注重效率及競爭的結果論時，有其一定程度的道理，也無可厚非，但卻有讓杜威背黑鍋的喟嘆。

事實上，「以兒童為中心的教育」是後期杜威的擁護者和學生所發展出的進步主義的哲學主軸，但並非杜威的主張。杜威的哲學強調的是調和哲學，也就是將傳統哲學一端過於強調抽象邏輯的理性論和另一端過於重視物質刺激感官的機械論加以平衡調和，並透過科學的方法培養科學理智，以能實效的解決問題。上述論述中，可見杜威的知識論強調興趣主義和訓練主義的兼顧。杜威主張學習應起始於興趣，摒棄傳統學習側重與兒童生活經驗無關的材料，而強調引發兒童學習動力的興趣經驗，以觸動需求引發內在學習動力，並以努力熟練造就成就感，促進學習的良性循環。

伍、學習僅是做中學一途嗎？

實用主義知識論具有試驗、行動的特性，經驗知識是來自個體與環境不斷適應及重組的過程，以求最終能解決問題，所以在方法上重視「行中求知」的方法。杜威一向強調「做中學」的獲知方式，也獲得學者及教育人員的推崇及應用，但此種風氣也形成誤以為實用主義或杜威哲學的方法論，僅是「做中學」一種途徑。

事實上，行中求知的做中學不應是唯一的求知方法，尤其在開放社會和資訊時代的今日，知識來源廣泛且多而雜，若僅局限於簡單知識技能學習，容易降低文化程度，因其容易流於龐雜而失去系統，無法深度學習；在另一方面，做中學的實用知識難以遷移和擴展知識的應用範圍，將造成知識學習的缺陷和限制。

　　因此，杜威認爲經驗的發展應以實際活動爲起點，而以科學知識爲終結。亦即從實際經驗體驗和蒐集而起，但卻應運用理性科學方法加以組織歸納、推理演繹，方能使其所學豐富完整且能遷移應用。因而，從爲實用而求知，到爲求知而求知，是必須有不同的學習途徑管道，而非僅限於做中學一途。

素養考驗：課堂故事反思與解決

一、從本章課堂故事中不同年齡層的幼兒所展現的不同學習行為，
　　給你什麼啟發？

二、請以杜威經驗美學的理念，重新為本章課堂故事中 4-5 歲的幼
　　兒，設計一個延伸的學習活動構想。

存在主義與教育

CHAPTER 5

本章大要

　　存在主義主要針對「人類存在」的「情意我」等核心問題進行探討，是一門偏向價值論探討的哲學流派。它的哲學脫離了理性思辨和科學方法的強調，轉向人道關懷的重視，強調人性存在的價值。其基本假設也以反抗理性思維為出發點，闡述人的自由本質及存在主體的意義和價值。

　　本章分別從四個章節闡述，第一節論述存在主義非理性和人性自由本質等基本主張；第二節則分別從主要代表人物的相關觀點進行剖析論述，揭示了存在主義強調真理的主觀性、人類自我抉擇及自我負責的本質、自我超越與自我實現的積極性、人際相互主體的平等性，以及點出焦慮、擔憂、虛無，甚至死亡等情緒層次對存在的意義價值。第三節則以存在主義相關論點為基礎，提出相關的教育目的觀、課程觀、教學觀和教師角色啟發，第四節則進行相關評述。

§課堂故事§

有一天，幼兒園放學後，兩位老師正分享著這週課堂上所發生的故事。

碧玲老師：這禮拜我們班（中班）的小強又搞飛機了。那一天上廁所排隊時間，他又插隊搶著先上，而且以哭鬧方式搶著非排第一個不可，為此事還與小和發生了推擠衝突。我為了化解紛爭，直接斥責小強這樣是不對的，並要他跟小和道歉。接著我問全班幼兒：要怎樣排隊才不會吵架？小強馬上機靈的回答：先到的先排在前面，後到的要排在後面。此後，他也較能與同學有良好的互動關係。

紫玉老師：我們班（大班）這個同學就神了。星期三午餐因為水果給的是大柑橘，需要兩個人分享一個，所以我就提醒幼兒等一下兩個人一組分享一個橘子，先用完餐的人先幫忙剝掉橘子皮，並點橘子的片數平分成兩份。和小玉同組但還沒吃完飯的小新，就趁小玉吃完飯倒菜渣時，就把橘子先剝了，結果引起小玉的抗議說：小新沒有遵守規定。我詢問小新為什麼這樣做，他竟然說：「那個跟我的規定不一樣，我現在就想要先剝橘子皮，這是我的規定。」我聽完，差點兒暈倒。

✍ **課前預思活動**

一、在進入本章內容閱讀之前，當你看到「存在主義」這個概念
　　時，你腦中浮現的是：

三個詞彙：＿＿＿＿＿＿＿＿＿＿＿＿＿＿＿＿＿＿＿＿＿＿

　　　　　＿＿＿＿＿＿＿＿＿＿＿＿＿＿＿＿＿＿＿＿＿＿

　　　　　＿＿＿＿＿＿＿＿＿＿＿＿＿＿＿＿＿＿＿＿＿＿

二個疑問：＿＿＿＿＿＿＿＿＿＿＿＿＿＿＿＿＿＿＿＿＿＿

　　　　　＿＿＿＿＿＿＿＿＿＿＿＿＿＿＿＿＿＿＿＿＿＿

一個形容：存在主義是（像）＿＿＿＿＿＿＿＿＿＿＿＿＿＿

　　　　　＿＿＿＿＿＿＿＿＿＿＿＿＿＿＿＿＿＿＿＿＿＿

　　　　　＿＿＿＿＿＿＿＿＿＿＿＿＿＿＿＿＿＿＿＿＿＿

☺第一節　思想特徵

　　存在主義思想有異於傳統哲學以「知識我」為主的哲學思維，而
是以貼近人類生活的「情意我」為探討的中心。因此，不同於強調效
率的科學理性，反而能發揮人道關懷的重視人性存在的價值，因此又
稱為人道主義。其基本假設也以反抗理性思維為出發點，揭櫫人的自
由本質及存在主體的意義和價值。

壹、非理性的哲學走向

存在主義發軔於對傳統哲學的反動，尤其對理性主義過於空洞、抽象的思想更是無法忍受，認為其陳義過高、不食人間煙火，無助於解決世間的苦難。所以，存在主義者認為知識的累積並無意義，重要的是人如何成為人，哲學思想應如掉入凡間的精靈一般，不僅應融入世間日常，回歸真實的生活世界，面對人的情感面，才能有血有肉，更具有「人味兒」。

相對於理性主義一向標榜理性思考，認為人是理性的動物。但世間無常的各式戰爭、瘟疫、災難，均使人懷疑理性解決問題的實際效用到底為何，這成了存在主義興起的根源。理性主義者笛卡兒認為「我思，故我在」，彰顯自我存在和先天理性思維的優位；存在主義者則提出「存在先於本質」觀點，認為一個人於存在以前並無任何的預先之規定，你要怎麼生活，就怎麼生活，並無固有規則指引或強制你怎樣生活。亦即不想被別人的定義或所定的規則牽著鼻子走。沙特即指出，人在自己設計及拋出自己以前，什麼也不存在，人最偉大的地方即在於他是先於本質而存在的（高宣揚，1986：44）；存在主義另一代表人物齊克果也反對「我思，故我在」的將存在者客體化，反而主張「我在，故我思」，這樣的觀點正凸顯了存在者的主觀性，也彰顯了他們反理性之道而行的思維。

貳、強調主觀變易真理

存在主義者沙特提出「存在先於本質」觀點，彰顯了人存在的主體性。他認為人是純粹主觀的，沒有任何先天存在的真理。人並不被賦予自由，而他本身就是他的自由。因此，在認知上，知識必須聯繫於主體，只有個人的存在，知識才有可能。他們以為個人價值、真理來自個人主觀經驗，是個人內省所產生，是主觀性真理，而非外在客觀性、必然性或實證性知識。

另一方面，存在的性質是變動不居的，每一瞬息流逝，當下存在

即轉變，可能流逝、或重組、或重生。齊克果即認為，人的存在是一種性靈的存在，是一種生成流變的存在（吳靖國，2000）。因此，存在是一種生成的當下和歷程，主觀且變動的，流轉不息而非永恆不變的。

參、在擔憂恐懼中產生價值

沙特和海德格均強調人的存在乃來自個人主體性的展現，亦即自己抉擇與決定自己的生活、意義和價值，而非外在所賦予或規範的生活、價值，呈現一個「此在」（dasein）的狀態。它是個人力圖展現自己作主，活出自己的概念。但在真實生活世界中，人仍難以逃離群體的共存。如此既要孤立自己的展現「此在」，又不能離群索居的失落（fall）在「共在」之中，如此不可克服的矛盾，海德格稱作「擔憂」（沙特稱為「嘔吐」）。因而，存在的本質是一種寂寞的、疏離的、焦慮的、恐懼的個體，深陷於一個荒謬而無意義的世界。齊克果也認為，個人在不確定的狀態下不斷的做出自己的抉擇和自我決定，這是一種冒險的過程。因此，恐懼感是不可避免的（Ozmon & Craver, 2008: 275）。

海德格則指出「擔憂」蘊含三個層次意義：一為揭顯人存在的既成事實的現實性；二為人是具有存在的超越性，在諸多可能的狀況下不斷的超越自我，衝破自我存在的限制，創造一個暫時或可能促使自己更滿意的世界，展現個人的主動性和可變性；三為失落性，人活著就會有擔憂，因為人將對與外界世界難以切割的關係中產生關心和擔憂，以致被外在世界所牽引，這表示人離不開甚至致力於將外在世界與自己結為一體，變為己有（高宣揚，1986：53-56）。因此，擔憂恐懼可說是真實存在的開始，讓人察覺自己，展現自我，凸顯人不僅為自己而活，也因為他人或外在世界的存在關係而彰顯自己的價值。

肆、死亡的意義

存在主義者認為存在是變動、無常及稍縱即逝的，不具永恆性，認為死亡是一種存在的喪失，當意識到死亡才可體驗到存在的價值和可貴。亦即真正面對死亡時，才能體驗出死亡的價值和生存的意義。因此，對生命正確態度和最高境界即是一種視死如歸的態度，要人珍惜現在，活在當下，對於死亡則能釋然接納，如此才可展現死亡最高的意義和價值。

伍、人的自由本質

存在主義者指稱人是被拋丟到這個世界的，但不甘於被稱為被拋丟者就認為人可以決定自己怎麼活、怎麼過，這就是自由的本質。換句話說，一個人可以選擇醉生夢死的過一生，也可以極度悲觀的認為人生無意義而抉擇渾渾噩噩過一輩子，或是決定腳踏實地的追求實在過活，活出自己的精彩。顯現了人存在先於本質的真義，人是自由的，非受先天條件所牽制；人可以決定自己成為怎樣的人，可以決定自己要過怎樣的生活。時下常見高喊著「我人生，我決定」，即在展現自己作主的主張。因此，每個人有自由選擇和決定形塑不同本質的個體，人的一切由自己來定義和決定，人的價值來自人的自由，自由選擇並自我負責。

由此，人掌握了抉擇自我的處境之主導權，人有絕對的自主性，自由決定自己現在及未來，並透過自我反省超越現在和未來。另外，人也能自主抉擇如何與外界建立關係，人能為自己而活，也因為別人或外在世界存在而凸顯自己的價值，在世界的網路中開展自己，充分展現每個人都是存在世界的參與者，都是平等的實體，消解傳統哲學中的二元分立，建立主客一體的互為主體的存在。

✍ 課堂回顧與反思活動 1

一、在閱讀過或聽過老師講授本章第一節內容後，你對「存在主義」
    的看法是：

三個詞彙：＿＿＿＿＿＿＿＿＿＿＿＿＿＿＿＿＿＿＿＿＿

            ＿＿＿＿＿＿＿＿＿＿＿＿＿＿＿＿＿＿＿＿＿

            ＿＿＿＿＿＿＿＿＿＿＿＿＿＿＿＿＿＿＿＿＿

二個疑問：＿＿＿＿＿＿＿＿＿＿＿＿＿＿＿＿＿＿＿＿＿

            ＿＿＿＿＿＿＿＿＿＿＿＿＿＿＿＿＿＿＿＿＿

一個形容：存在主義是（像）＿＿＿＿＿＿＿＿＿＿＿＿＿

            ＿＿＿＿＿＿＿＿＿＿＿＿＿＿＿＿＿＿＿＿＿

二、而在課前預思和閱後或聽講後，你對「存在主義」初步理解的
    新想法和轉變是：

新想法：＿＿＿＿＿＿＿＿＿＿＿＿＿＿＿＿＿＿＿＿＿＿

           ＿＿＿＿＿＿＿＿＿＿＿＿＿＿＿＿＿＿＿＿＿

           ＿＿＿＿＿＿＿＿＿＿＿＿＿＿＿＿＿＿＿＿＿

轉變：＿＿＿＿＿＿＿＿＿＿＿＿＿＿＿＿＿＿＿＿＿＿＿

        ＿＿＿＿＿＿＿＿＿＿＿＿＿＿＿＿＿＿＿＿＿

        ＿＿＿＿＿＿＿＿＿＿＿＿＿＿＿＿＿＿＿＿＿

🙂第二節 代表人物與思想要旨

存在主義代表人物除其開山鼻祖齊克果外，尼采、海德格、沙特和布伯等聞名的哲學家，均對人類存在的問題有相當深度的探討和獨到見解，如下分析：

壹、齊克果（Soren Kierkegaard, 1813-1855）

出生於丹麥的齊克果被公認為是存在主義的始祖，他信仰上帝，但又認為無法證明上帝的存在。其「體驗存在」、「批判存在」、「實現存在」的存在三部曲，也被視為是牽引存在主義發展的重要論點基礎。

一、存在三部曲

在齊克果的自述中，梳理了初期思想的演進。首先是「體驗存在」，在生活深度體驗中充滿了例外和孤獨的感受，使得自身陷入憂懼和絕望之中。在這種體驗中，個體並不放棄自己追求人生意義的決定。其次是設法去「批判存在」，主要是肯定人的自由，並利用理智設法釐清人生荒誕的原因、意義及價值。最後在理智的批判戰勝絕望沮喪後，緊接著積極轉進「實現存在」階段，即重新跳出理智的圈子，進入更高層次的情感信仰感受中，這是屬於宗教式的完成自己（鄔昆如，1975：77）。由此，齊克果的存在三部曲展現一個從察覺存在到融合理智的與情感的存在狀態，逐步超越當下的自己，並逐漸朝向自我實現的過程。

二、主觀性的真理

齊克果反對黑格爾的真理是客觀性的絕對理性論，哲學思維朝向否定理性的方向，他反對黑格爾的理性把一切萬物推向一致性和普遍

性的抽象境界，反而失去了其具體性和個殊性的差異特性。

　　他強調個人的具體性和差異性，認為真理來自個人的主觀反省，主觀反省中的真理具有內向性和主體性，真理是主觀的、內在的，不是外在普遍性或確證性的知識。

　　另外，齊克果的真理觀重視個人內在熱情的真理性質，他認為客觀永恆的真理確實存在，但若與個人關係是冷淡的、沒有交流的，仍等於沒有存在的真理，他指出真理應是個人內在擁有的、具體的、生活實行的生命歷程。在他眼中，真理是有溫度且交流的，非冰冷的客觀知識。

三、人的主體性

　　齊克果反對古希臘的主智傳統，反對黑格爾的思辨、純思考的哲學主張，強調特殊性、主觀性而反對普遍性、客觀性。他認為當個人受絕對客觀理性的束綁時，將遭遇一個巨大的束縛，如此一來將形成一種恐懼焦慮不安的自我內在的喪失，造成個體心靈的自我割離，在此種自我割離下，人將失去了自我，不再成為人（勞思光，1998）。

　　因此，齊克果主張個體應對抗客觀的科學理性，擺脫客觀證明的要求，為自己做抉擇並負全責，以彰顯個人的存在，及展現個人的主體性。

貳、尼采（Friedrich Nietzsche, 1844-1900）

　　尼采反對資本主義科學理性的標準化、常態化、數量化、齊頭化和藝術與文化的沉淪化，他認為資本主義的世界受到科學效率和普遍客觀真理的宰制甚深，人的情感和人文關懷已經不復存在。因此，提出「上帝已死」（Gott ist tot）主張，人應重視自我的存在和不斷的自我超越。

一、超人哲學

尼采批判傳統哲學過於強調終極實體的追求，也就是追求上帝的終極理想境界。他認為上帝不應是人類既定及預設的追求目標，反而人應關注自己的存在，只有「我」的存在才是真實的，並且在存在中不斷的發展自己和超越自己。亦即人應關注的是「眼下的自己」，而非「天邊的上帝」。

尼采認為既然上帝已死，人類可能會進入到一種毫無目標和方向，顯現出失落無力、悲觀頹廢、痛苦焦慮的虛無狀態。因此，人必須「重新評估一切價值」（revaluation of all values），否定、破除既定社會價值，重新肯定自我的力量。他指出，人要有積極的思想，不斷超越自身，拋棄上帝的信仰，追求一個忠於自己和高於自己的目標（Kneller, 1967: 14）。

所以，他認為人類世界應該重新創造一種新物種，這種物種即為「超人」（supermen），「超人」是可以為所欲為的，想要成為怎樣的人就可以成為怎樣的人，會為自己創造規律標準，創造自己成為新的、獨一無二的人。換言之，超人即是一個自由意志的最高展現，自由意志不受外在的束縛，是個人存在的根源，他可以突破一切障礙，超越既定的標準規範和社會價值，具有絕對自主性，不斷努力的自我超越和發展，追求生命意志的最大發揮，成為真正自由的人。摘言之，尼采的超人說闡述了個人一方面極力發展自我的超越，另方面也致力於跳脫社會價值規範枷鎖的超越。

二、非理性傾向

由上可知，尼采認為人的世界是由我的意志所創造的，無論如何要努力成為自己，為自己制定律令，創造自己。尼采即指出「正在進行思考及感覺的我們，才是真實的和不停地創造那些沒有存在過的東西。……外在現象世界所具有的一切價值，並不是他們自身固有的，而是被賦予的；不是別人，我們正是賦予者，創造這個世界的，唯有

我們」（余鴻榮譯，1998：237-238）。

　　是以，尼采藉由個體思考和感覺的自主性彰顯自己的存在和重要，而此種個體主觀思維感覺的非理性哲學與傳統哲學強調的邏輯理性思維則大異其趣。他反對把人類世界的本質歸類爲理性邏輯，且不應存在先驗的理性，他高倡「上帝已死」即在否定傳統哲學的先驗理性，反對一切本質是先驗且客觀理性的。

參、海德格（M. Heidegger, 1889-1976）

　　海德格不承認自己是存在主義者，但研究哲學家卻大多會將他歸類在存在主義學派。他主要是採取胡塞爾（E. Husserl, 1859-1938）的現象學來解釋存在。他認爲人要以自身的感受爲起點，以內在的意識來解釋、掌握個體存在的本質。

一、存在是一種心物一體的融合

　　在海德格的哲學中，人和世界（非一般人所言之外在物質世界，而是除了人之外而與之產生關係或爲其所用的一切事物）是不可分立的。他用「世界中存在」來解釋「人的存在」，以反斥笛卡兒的心物（主體－客體）二元分立論。他認爲人並非自我隔絕或孤立於世界之外，人的世界並不是封閉的，而是開放的，人和物在自己的面前呈現各自的意義。換言之，海德格認爲人的存在是心物一體的狀態，在揭示人的存在時，並不必然需有存在物的同時具體呈現或在場。就如當我與朋友談及另一個不在場的朋友：「他是個善體人意的人」時，他已然確實的存在。

二、存在具有自我抉擇和自我負責的獨一性

　　海德格在 1927 年出版的《存在與時間》（*Being and Time*）大作中，闡述存在的意義。指出人的存在有兩個層面，一個是具有個體唯

一主體的「在世存有」（Being-In-the-World），另一個則是人際交往互動，與他人共同在世的「共同存有」。前者係指人無端被拋棄到這個世界，就得由自己去抉擇和決定，並自我負全責，這即是人存在的本質，是獨一無二不可替代且不可化約的；後者則顯示人與他人共同在世的現象，人的存在藉由人際相遇（encounter）彰顯其各自的主體。由此，海德格認為每個人具有獨一存在的特性，人的一切行動是自由的，因而其具有自我抉擇和決定的自由；相對的，人也必須為他自己的選擇負起全責。

三、存在是一個不斷超越自己的過程

　　海德格認為人的本質，全在於存在（being）之上。在他的眼中，存在並非一個名詞，而是一個動詞（to be）。所以，他認為人的存在是一個不斷超越的自我實現過程，他不受時間性和實然性的限制。人存在於某一個境況當下，投向未來的可能，不受過去歷史處境牽制，並破除時間的限制，創造自己未來世界，並持續致力於未來可能的超越，揭示一個過去—現在—未來不斷創生超越的動態發展結構。

四、擔憂、面對死亡展現獨一存在的價值意義

　　人具有自由選擇的決定權，但個人也須隨時面臨行動的決定，以及決定後的行動後果與負責，此種境況讓人體會到人的有限性和虛無的不安，所以必然會產生情緒上的擔憂。

　　而人的擔憂一向指向自己的未來，但未來是不可知、無法確定的。海德格指出人的存在只是一個偶然的事實，人可能成為虛無、成為一無所有，亦即人存在世間只是一個暫時性的偶然，而非永恆的必然，人隨時都存在死亡的可能性，是一種朝向死亡的存在。換言之，在海德格的心中，人生而有涯，勢必面對死亡，才能深切體悟人生的有限性和可能性。也因為人能面對死亡，才能理解活著的意義，去愛

生命中的分分秒秒和形形色色，意識到存在的眞諦。因此，在人死亡之前擔憂是不可避免的事，而擔憂使人無法得到眞正自由，人的存在並非眞實的存在。所以，人要獲得眞實的存在，重要的並非擔憂死亡，而在坦然面對死亡。

海德格的「死亡」與一般人認知中的死亡是不同的。後者泛指一般人認知的生物之死，是一種可被具體觀察下的生命終結；但海德格所謂的死亡，則是一種個人唯一主體性的體驗：每一個此在（das-ein），都是死他自己的死（李天命，1993）。在海德格的眼中，死亡是每個人獨一無二的經驗，是人最終極且無可排除的極限，每一個人的際遇經驗均不同。他認爲死亡是存在的一種模式，唯有透視自己的死亡，一個人才能成爲唯一的存在者。而在領悟此種極限的有限性，人才會對這有限的可能性作出負責，並眞實的抉擇自己要作爲一個怎樣的自己，展現自己存在的意義和價值。

肆、沙特（Jean-Paul, Sartre, 1905-1980）

一、從虛無到自由與責任

沙特指出，人除了自己創造成他自己以外，什麼都不是。沙特哲學強調意識的虛無化，所謂意識虛無化並非一般人所認爲的所有事物的煙消灰滅，而是一種超越現有事物，在想像中否定和超越它們，越過它們的實際存在，無視於它的存在。沙特認爲，存在的自己是不能超越存在的，唯有虛無才能超越存在，因爲唯有虛無才能不受任何限制。而此種超越存在的虛無是存在的，因此，人的虛無意識也是存在的（高宣揚，1986）。由此可理解，人的意識的存在立基於人的存在本身。所以，人的虛無意識就是立足於人的存在。

沙特認爲，人無法消滅出現在他面前的現實事物。人所能做到的，充其量僅能改變人與外界事物所存在的關係，意即把一件事物畫在圈子之外。換言之，人可以憑藉自己的想像力自外於或超越事物，

這是一種將自己置身度外的自我外化、自我超越、自我隔離和自我隱身。沙特稱這種能力為「向虛無彼岸的自我退隱」（高宣揚，1986：148）。

而這種自我隱身的能力，就是一種求取自由的能力。因為人從自我虛無化的同時，外界種種的紛擾也被否定而虛無化了，讓人從現實的世界中跳脫出來，為自己添加了自由選擇的機會提供空間，進而做自由決定和擺脫紛擾。所以人的所作所為都是不可推諉的，因為，他是自由的，他可以自我選擇和決定，當然也必須為選擇和決定負起全責。

二、存在先於本質

沙特認為人是被拋擲在一個無意義的世界，有賴於個人遭遇各種現實世事時，自己發展意義，此乃個人本身的事，與他人無關。由此可見，人的存在起先並無意義的，人的意義是在其面對無意義的世界中自行建構而出的。

因此，他反對傳統哲學「本質先於存在」的說法，提出「存在先於本質」的論點，認為人原先僅是「一窮二白」、「空無一物」到一個無意義的世界中，所有的規則或意義是來自於人存在之後的創造，而非原先預設固有的本質。由此，人可擁有更大自由的空間，在面對現實事物時可以自由選擇和決定，形塑自我和肯定自我的存在。是以，在沙特眼中，個人是獨立自由存在的，強調自己可以把握自己的命運，超越既定的規範和規則，選擇和決定自己命運的發展方向和追求，亦即生命操之在我而非他人，最後並獲得自我人格的完成，同時也發展了自我存在的本質，意味其本質為後天發展的內涵。

伍、布伯（M. Buber, 1878-1965）

一、人的相遇（encounter）

多數存在主義者主張存在的形成，來自人與自己和他人發生緊密關係。上述海德格即以「此在」、「共在」兩個概念闡述人與人和社會間的存在關係。因此，人的存在是被「崁入」（inserted）這個世界，人必將面對一個需要選擇和決定的情境。這是人與他人的相遇，使他處在一個不完全且開放的實在中，只能用其與他人的交往關係來補填，形成一個「吾—汝」（I-Thou）的關係（吳俊升，1995）。

二、吾與汝的平等關係

布伯認為人與外界的關係可以區分為兩種關係：人和人交往的「吾—汝」（I-Thou）關係，以及人和事物接觸的「吾—它」（I-It）關係，這兩種關係反映出自己與外界互動的不同視角態度。此種對待態度的不同，其實也反映出存在主義者對傳統主客體的觀點的不同。存在主義者對傳統主客體分立的論點是採取批判及排斥的立場，他們主張主客體應是一個平衡互動的關係。

「吾—汝」是一種包含相遇的交互關係。只有當一個人以他整個存在的真正人的身分來面對時，才可能進到這種我與你的交互關係中。換句話說，在這種關係中是將兩者均視為主體，互為主體的關係裡就必須互相尊重、平等對待，尤其透過對話來促成雙方的共同理解和存在。布伯認為這樣的態度並非僅局限於對人的關係，也在面對大自然或其他物質世界的相關事物，只要將它們視為一個富有生命的整體來看待，也可產生一個「吾—汝」的關係。如若我們將大自然視為一個待開採的物件，是人的附屬或工具，將強化了「人定勝天」般的主客分立狀態；另者，當我們將其視為人類世界整體的一員，則能顯現「天人合一」相融精神的「吾—汝」的平等看待關係。

　　相對的，「吾一它」的關係則反映出將外界人、事、物視為一種物件，揭示一種含有控制性、上對下的看待態度。在這種關係中，「吾」是主動的中心、掌控者，而「它」則成了被動的對象、被控制者。

　　因此，「吾一汝」與「吾一它」是兩個對立的態度及視角，其顯現的也是一種「相對與絕對」的關係狀態。對此，布伯認為人的存在來自自己與世界的互動，而非孤離關係。所以，他主張人與世界的關係應是「吾一汝」的關係，因為「所有真實的生命都是相遇的」、「透過你（汝），一個人才能成為一個我（吾）」，如此方可形成一個平等對話、合作共融存在的個人和社會。

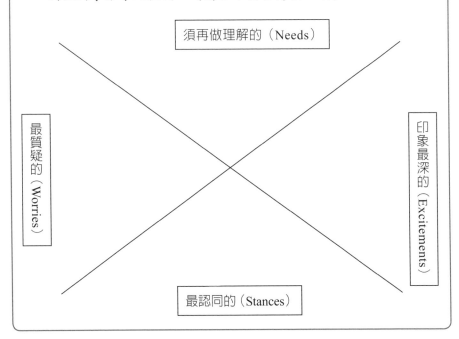

✍ **課堂回顧與反思活動 2**

一、面對「存在主義」諸代表人物的相關主張，你印象最深的、最質疑的、最認同的，以及需要再理解的主張概念是什麼？並與同組同學分享及提問。（請在下圖各寫出一項）

須再做理解的（Needs）

最質疑的（Worries）

印象最深的（Excitements）

最認同的（Stances）

149

二、請闡述你最認同和最質疑的主張概念的理由與疑慮：

認同理由：＿＿＿＿＿＿＿＿＿＿＿＿＿＿＿＿＿＿＿＿

＿＿＿＿＿＿＿＿＿＿＿＿＿＿＿＿＿＿＿＿＿＿＿＿

＿＿＿＿＿＿＿＿＿＿＿＿＿＿＿＿＿＿＿＿＿＿＿＿

＿＿＿＿＿＿＿＿＿＿＿＿＿＿＿＿＿＿＿＿＿＿＿＿

疑慮之處：＿＿＿＿＿＿＿＿＿＿＿＿＿＿＿＿＿＿＿＿

＿＿＿＿＿＿＿＿＿＿＿＿＿＿＿＿＿＿＿＿＿＿＿＿

＿＿＿＿＿＿＿＿＿＿＿＿＿＿＿＿＿＿＿＿＿＿＿＿

＿＿＿＿＿＿＿＿＿＿＿＿＿＿＿＿＿＿＿＿＿＿＿＿

第三節　哲學與教育意義

壹、教育目的

一、培養自由意志的人

Morris（1990: 135）即指出，存在主義的教育關注是要幫助一個學生能瞭解三個重要命題：一是「我是一個抉擇的個體，在生命過程中不能躲避抉擇」；二是「我是一個自由的個體，有完全的自由去設定我的生活目標」；三則是「我是一個負責任的個體，當我選擇決定生活方式時，我必須為其負全責」。

這三個命題即在揭顯自我存在的自由負責本質。所以，存在主義者認為存在的本質在自由意志的展現，當學生可以為自己進行抉擇、決定，並自我負起全責，這是發展獨特而負責個性，活出自己的具體展現，也是自由意志展現的極致。

二、強調知、情、意整合的全人教育理想

　　存在主義者認爲人是一個完整的個體，因此教育目的應以「將人教育成人」爲基本前提，讓教育充滿「人味」，而非僅關注特定領域，或將教育僅視爲一個機器工具。所以教育應以全人爲對象，除知識學習和技能訓練外，亦應顧及個人情緒、情感的涉入和意志的磨練。當一個自由人在他能爲自己的行動做出抉擇及負責後，行動的實踐則有賴人的堅毅意志方能付諸實行。而在行動中的喜悅、焦慮、痛苦等喜怒哀樂的情緒感受，亦是教育重要的一環。因此，情感教育必是全人教育的一部分。

三、在促使自我瞭解、發展個性

　　存在主義的教育強調啟發學生認識自己和發展個性。所以，教育的初衷即在引導學生對自己的認識和瞭解，尤其如何面對自己的焦慮，如何去認識自己和接納自己？面對難以逃脫的情緒，又如何接受和紓解？面對不確定的未來和死亡，又如何面對和準備？以及除爲自己而活之外，又如何在與外在世界網路互動的過程中，展現自己價值？這些都是在教育活動中針對個人情緒與生命課題需進行的教育體驗和剖析的問題，以啟發個體生命價值的發揚。

貳、教育課程

一、重視人文學科學習

　　存在主義相當重視人文學科，因爲它與厚植個人自我生存的內涵具有密切關係。存在主義者反對過於偏重在知識與技能獲取的教育作爲，而對於學科過於分化、專精的課程安排也採取批判的態度。相對的，他們認爲個人一方面可透過人文學科由文學、藝術、戲劇、舞蹈展現自我創造和自我意義，展現主體性；另方面藉由文學、藝術等內

151

涵，涵養個人的精神氣質，提升個人生活品味，是讓人更具「人味」的課程教材。

二、關注情緒教育與生命教育

人只要活著就必然面臨憂慮、恐懼，甚至死亡，這也是存在主義者彰顯自我存在必經的心理歷程。換句話說，存在主義的教育理念較其他哲學學派而言，其關注的重點不在知識取得層面，而是更重視人的情緒、情感表達和生命理解體認的教育。

因此，在教學活動中或課程安排上應引導學生對自己的情緒和自我活動進行察覺及認識，並自己設法尋求解答。如此對自己情緒的理解接納、情感的抒發感受，甚至對自我的認識和生命存在的有限性和可貴的瞭解，是教師協助學生增進自我存在意識所刻不容緩的，也是學生學習不容規避的課題。

三、從學習者出發的課程考量

存在主義重視人的自由抉擇和自我存在精神。教師在課程安排和選擇上，則可採取更開放及顧及學生需求和興趣的課程規劃，甚至部分徵求學生的提供。如此從學習者角度出發的課程考量，除可展現教師掌握學生興趣、需求的課程選擇，展現以學生為本位的專業考量，更可讓學生感受尊重，和參與課程規劃的自我存在感。

參、教學方法

一、互為主體的平等對話

存在主義崇尚對人的尊重和個性的發展，在布伯提出的「吾─汝」關係中，不但揭顯了教師的角色，更彰顯教學時的應然態度。他們認為教育不能流於反覆訓練或抽象思考，更應將學生視為一個「完

整的人」，跳脫以權威支配的態度及方式，而以互惠互助及互為主體平等的精神，促使師生的對話，促進師生的相互瞭解及信任。

二、重視差異化和適性化

　　存在主義承認每個人存在的個殊差異，並重視個人的自由選擇和負責。因而在教育方式上，宜針對學生發展和特質的個別差異，提供多樣的課程選擇和多元的教學方式，以適應並激發學生的學習能力和學習動力，促其適性學習和發展。

三、參與式的教學

　　在存在主義者的眼中，人具有絕對的自主性，所以人具有絕對的自由選擇權利。除此之外，海德格所揭櫫的「共在」即在鼓勵人與他人或環境的交流。換言之，學習者不該是旁觀者或局外人，應讓其有機會涉入實際的存在中。因而，教師宜秉持平等精神，設計學生共同參與的課程活動，讓學生參與學習和合作學習，除從參與中彰顯自主學習精神外，並能在學習參與中顯現自我存在的價值，以符應存在主義人為自己而活，也因為他人或外在世界存在，而能在世界的網路中展現自己的價值。所以，在教學或學習中，學生是涉入的參與者而非局外旁觀者，這即是存在主義學習觀的真諦。

四、遊戲式教學

　　遊戲式教學促成個人自主的學習和想像力的發揮，在遊戲活動中展現個人的個性和彰顯自我的存在，是激發學生創作動能的引信。是故，教師規劃的遊戲是教學或創作活動，正可透過遊戲啟發個性自由創作，並讓學生在創作遊戲中表現他個人的創造性，展現自我。

肆、教師角色

一、平權的師生關係

布伯認為每個人的存在都是一種相遇（encounter）。因此，師生的關係應是一種「吾—汝」的相互尊重、互為主體的平等師生關係，而非傳統權威的御物私己的「吾—它」支配或功利關係。存在主義者認為教師在教育過程中應放下身段，主動關懷接近，以平等、開放的角色，促成師生的同理對話，履踐師生平權關係。

二、教師是陪伴探索者

存在主義者不重視知識的傳遞，而看重情意的培養，並視每位學生都是獨特唯一的個體，沒有兩個人是一模一樣的。也因每個人的個殊性和差異性大，教師的角色則應跳脫傳統的知識傳遞者角色，反而應更關心學生的情緒、情感的揭露，耐心且細心的陪伴、關懷、鼓勵，並多方引導學生主動體驗、探索自己，協助學生認識、瞭解自己的特質和興趣，使其能發揮到最理想境界。所以，存在主義者對教師的角色重視「人師」的扮演，而非「經師」。

第四節　評述

諸多哲學家認為存在主義並非一個系統的哲學學派，也無其系統的教育思想。僅就其相關論點、相關論述，試作分析評論。

壹、重建人性自由本質

存在主義的興起主要來自對現代文明的反動，尤其是科學理性所帶來的世紀變動和技術的偏重，讓存在主義者憂心人類自主性的沉淪，甚至成為科技的附庸。科學和技術的昌盛，引發工業化、科技化

和機械化的強大社會宰制，如此的現代文明帶來了社會的進步昌明，但也提高了人類生活對其的依賴，甚至受制於機器和科技產品而無法自拔。諸如現代社會中電腦和手機的盛行，在人類生活當中已成為不可或缺的一部分，但也常出現物化、異化現象，造成人性及自主性的困惑與迷失。

因此，存在主義者極力主張發展人的自由意志、自由創造、雕塑個性、解放情緒和面對生命的極限等觀點，均在喚醒人類對人性本質和生命價值的察覺，平衡科技文明過度發展及依賴的警示論點。因為，當人類社會假若越趨向過度依賴工業科技消費代謝，則人與自己、人與自然、人與社會勢必將越來越疏離。

貳、喚醒情緒、情感和生命動態

存在主義重視情緒、情感表現和面對生命是哲學學派所少見的。無論是齊克果、沙特和海德格等人對焦慮、擔憂、恐懼、死亡的揭露，鼓勵人們面對自己的情緒、生命的有限性，接受並紓解自己的情緒和展現對人及外界環境的關懷情感，進一步得以釋放情緒情感和瞭解生命價值。

此些論點較之其他哲學強調形上學的空洞哲思或知識論的獲取之道，均不及存在主義對人性與生命本質的重視，此種對人類自我存在的意義和價值更顯人性。

參、過度強調主體性及反智的取向

存在主義雖揭櫫了人性自由本質和情緒自主，但其非理性的性格，過於極端強調自由開放、情緒的自主，強烈反對客觀知識論和道德論的論點，如此無限制的偏重於自由意志展現和情意表現，重視人際與人文學科的學習，也引來放縱個人個性及瓦解理性的反智批判。

素養考驗：課堂故事反思與解決

一、就本章課堂故事中，小新說：「那個跟我的規定不一樣，我現在就想要先剝橘子皮，這是我的規定」，以及小強要排在第一個上廁所的舉動，請以沙特「存在先於本質」和海德格「在世存有」、「共同存有」的觀點為基礎，針對兩人的行為話語做一分析詮釋和評論。

二、請從存在主義的諸多教育啟發中，選擇兩個適當的原則、理念，提供給碧玲、紫玉兩位老師後續處理建議，並敘明你的選擇理由。

我的理念選擇	我的理由

批判理論與教育

CHAPTER 6

本章大要

　　批判理論又稱社會批判理論，奠基於法蘭克福學派修正馬克思主義的理論體系。批判理論主要立基於對實證主義理性結構的批判，目的在促進人類思維主體的反思和對價值意識形態的覺醒、質疑和自我反省，避免掉入傳統單向思維、價值中立的固著。

　　其學說論點主要修正自馬克思主義思想，對於傳統馬克思主義強調經濟決定的觀點予以強力批判與檢視，點出僅從經濟層面的批判無法顧及全貌，無法勾勒社會結構的清晰脈絡，因而轉向社會文化與個體互動作用的文化研究趨向，從社會整體層面來理解社會，以察覺和批判當今資本主義社會隱含的各種支配關係和社會控制。

　　本章分別從四個章節闡述，第一節論述其基本主張；第二節則闡述其主要代表人物的相關主張觀點；第三節則以批判理論相關論點為基礎，提出相關的教育目的觀、課程觀、教學觀，和教師角色啟發，第四節則進行評述。

§課堂故事§

　　小熊班（大班）的貞儀老師正在課堂上播放著海洋垃圾危害海洋生物的影片，如海豚誤食垃圾、海龜鼻管吸進了吸管、海鳥被丟棄漁網圈繞……，導致海洋動物的死亡。

　　貞儀老師問著小朋友：「這些海洋生物為什麼會死亡？」、「因為他們鼻子被吸管塞住了，不能呼吸！」、「因為牠們吃了很多垃圾，不能消化，沒有營養，就死了！」、「因為牠們被魚網綁住了，不能自由活動，也無法找食物，就餓死了！」……幼兒們七嘴八舌的說出了他們所觀看的影片內容和解讀。

　　貞儀老師又問了：「那為什麼海洋裡會有垃圾呢？」大家愣了一下。隨後小崇說：「因為大家到海邊玩的時候，都亂丟垃圾！」貞儀老師再問：「只因為這樣海洋裡就會有很多垃圾嗎？那漁網、浮球、浮筒、寶特瓶、免洗餐具……都從哪裡來的？」小萍說：「因為捕魚的人用完漁網和浮球，就把它丟在大海！」

　　貞儀老師：「大家都說得很好。」「但大家知道海洋垃圾大部分都從哪裡來的嗎？」「它們大部分都是從家庭垃圾來的。」老師繼續解說著，並反問幼兒：「當你們知道海洋垃圾大部分都是從家庭產生的，你們有什麼感覺？那又要怎麼辦？」大家各自說著自己的想法和解決的辦法。

第一節　思想源流與發展

　　批判理論（critical theory）又稱社會批判理論，是發展於 1920 年代，主要以法蘭克福學派（Frankfurt School）研究、解釋、修正馬克思主義（Marxism）為基礎而發展出的理論體系。法蘭克福學派

159

是以德國法蘭克福大學社會研究中心學者爲主的一群哲學家、社會學者、文化評論者所組成的學術社群，他們一方面承繼了馬克思主義批判和否定的傳統，另方面也同時檢視、反省了馬克思主義的意識形態思想。

批判一詞由希臘文字源（kriticos 和 kriterion）組合而成，意義係指「合理的分辨與判斷」。其批判概念主要承襲馬克思（K. Marx, 1818-1883）思想，但受康德、黑格爾影響亦深。以康德而言，「批判」意指理性功能的適當定位，而黑格爾的「批判」則指意識本身的自我辯證，兩者的批判可以說均指向個人主體，至馬克思才把「批判」指向不合理的社會事實，揭露其意識形態之幻覺。法蘭克福學派的批判理論兼涉康德、黑格爾和馬克思的意義，批判不僅指涉主體批判，也包括社會批判、知識批判和科學批判，俾以導向合理的社會實踐（楊深坑，1988：2002）。據此，批判理論的批判基礎一方面以馬克思主義思想的延續審視爲軸；另方面則針對啟蒙理性和現代科技的高度發展加以反省批判。反省的焦點則在於啟蒙運動以來現代化偏向的發展，他們引用了馬克思的異化（alienation）、盧卡奇（G. Lukacs, 1885-1971）的物化（reification）等概念來批判與反省啟蒙運動以來，現代科技文明的控制所導致的社會病理式發展。

法蘭克福學派各成員理論主張雖可統合在批判理論之內，但仍各有所重。其中最負盛名的成員，早期包括霍克海默（M. Horkheimer, 1895-1973）、阿多諾（T. Adorno, 1903-1969）和馬庫色（H. Marcuse, 1898-1979），當代則以哈伯瑪斯（Jürgen Habermas, 1929- ）集其大成，並發揚光大。他們主張將馬克思主義黑格爾化，並融入佛洛伊德的學說，因此又稱作新馬克思主義（Neo-Marxism）（吳根明譯，1988；張芬芬，2000）。

總之，批判理論主要起源於對現代性實證主義（positivism）的科技理性典範的批判，目的在促進人類思維主體的反思和對價值意識形態的覺醒、質疑和自我反省，避免掉入傳統單向思維、價值中立的固著。其學說論點雖沿襲自馬克思主義思想，但對於傳統馬克思主

義強調經濟決定的觀點即予以強力批判與檢視，認為僅以經濟生產活動、產業科技和社會之間的問題，以及偏重勞資階級間的衝突和鬥爭並未顧及全貌，無法勾勒社會結構的清晰脈絡，因而轉向社會文化與個體互動作用的文化研究（cultural research）趨向，亦即從社會整體層面來理解社會，以察覺和批判當今資本主義社會隱含的各種支配關係和社會控制。

第二節 基本主張與特徵

批判理論反對實證主義，並借用馬克思的「異化」概念與盧卡奇的「物化」概念，建構了一套批判理論，主要是對資本主義的社會現狀及其意識形態持否定、批判的態度（張芬芬，2000）。批判理論的基本論述和主張就基於對否定實證主義、質疑批判意識形態和反思個體主體的基礎上進行宣稱，以下逐項闡述說明：

壹、對科技理性的批判

批判理論是相應於現代科技文明昌盛而崛起的社會批判思潮，其對理性的批判基礎即立基於對實證主義過於強調科學主義、科技理性（或工具理性）的批判。他們認為科學作為一種控制，因為科技理性中所內含的科學主義過於強調社會效率與競爭，而科技本身有其對眞假、意義及效率的認定標準，形成一股強調理性衡量的客觀標準，客觀標準成為唯一衡量的工具，成為一種工具理性的遂行。

科技理性展現出一種工具勝於結果的偏好，重視的是手段和效率而非目的。就如霍克海默所言：「假若理性關注的只是手段而非目的，將使價值化約為權力。如此，理性窄化成工具理性，造成技術凌駕目的」（Giddens, 1989）。換言之，當行為者只考慮手段的有效性問題，對於目的價值是否合法正當或超乎理性範圍，則不在其關注的範圍。由此，事實與價值產生了分離，亦即在重事實而輕價值，只

重事實計量、測量的效率觀下，不計價值的合理性、正當性與否，兩者產生了悖離的狀態。如此發展結果，將造成科技（工具）理性無限制的擴張，反而壓抑了人性價值的需求滿足，造成了種種自我疏離、無力感、無意義感的異化（alienation）現象。

科技理性的氾濫造成所謂的「科技意識」（technological consciousness）。現代人在此意識籠罩之下，試圖將一切生活實踐和制度安排，均化約為技術性問題來處理，至於無法化約的問題，則由統治者的主觀價值決定。由此，科技成為現代形式的意識形態，尤其在科技與權力的結合下形成了「科技專家統治」（technocracy），以科技和科學之名，實行權力壟斷之實，壓抑了人類的解放興趣，使人類淪為科技所支配（黃瑞祺，2001）。至此，人類社會淪為機械決定論下的被支配者，失去了人類應有的主體自主性和能動性（agency）。

綜此，批判理論則以人類社會解放為研究旨趣，對於科技理性所形成的各式各樣對人類社會的宰制與支配則頗不以為然。他們認為，科技雖是現代社會進步的工具和力量，但也讓人性走向物質化、無機化，成了一種眩惑人類、宰制社會的媒介，如此過於傾斜的科技理性反而造成了人類文明的迷航和人性的迷失。是以，批判理論致力揭櫫人類主體性的彰顯，使人類成為科技發展的主體，令其在科技社會或科技的運用當中自主自如駕馭科技。唯有如此，人類才不致在科技社會中淪為被控制者，受控於形形色色的科技產品中，並藉此提升人類解放的能動性和可能性。

貳、對馬克思主義經濟決定的檢視

歷史唯物觀（historical materialism）是馬克思主義哲學的重要基礎，它以「經濟」為基礎進行社會發展分析，認為歷史是不同社會經濟形態所構成，歷史的基本原理是「社會存在決定意識」，「生產方式」決定社會的結構和發展，「生產力」決定「生產關係」，經濟基礎決定社會的「上層結構」（李超宗，1989；顏峰、胡文根，

2013）。由此，在馬克思的觀點中，經濟是一切社會結構和發展的決定性基石。馬克思將社會結構分成「上層結構」（superstructure）和「下層結構」（infrastructure），上層結構包含政治、法律、文化、宗教、教育等因素，下層結構則以經濟因素為主，他認為下層結構的經濟因素決定了上層結構的發展，一切社會發展都以經濟為基礎。因此，此一觀點被部分學者解讀為馬克思主義即為一種「經濟決定論」（economic determinism）的理論。

但批判理論所採取的歷史觀與馬克思的唯物史觀是不同的，他們認為經濟並非社會發展及分析的唯一要素。相對的，他們認為應從社會整體或發展的循環來檢視、分析社會發展及社會結構。Gramsci（顏峰、胡文根，2103）即指出，物質因素和文化因素都應當看作是實現社會必然性的構成要素，其所遵循的是「經濟基礎→政治上層建築→思想文化上層建築→經濟基礎」的迴圈模式，亦即經濟基礎依然是處於基礎性地位，但經濟基礎、政治上層建築、思想文化上層建築等構成的並非是直線結構，而是處於否認任何一個因素成為先驗性質決定者的迴圈互動結構之中。換言之，除下層結構的經濟因素外，上層結構的文化、政治、宗教、法律等因素，均具有社會發展的實質意義和關聯，是與經濟同樣重要，且非隸屬的發展關係。是故，批判理論調整了馬克思經濟為主的研究基礎，轉向以文化研究為軸的研究方向。

參、對知識的解放

現代知識論長期依循的基礎即是現代主義的理性結構，在此種結構下，科學與科技理性成為不可違逆的知識意識形態，束縛著人們對生活基本問題的思維及知識選擇。人類由於對科技理性的盲目崇拜，導致過度高估科技理性的角色，誤認科技理性是唯一而不可取代的知識，因而產生了知識霸權化的宰制及知識異化的現象。哈伯瑪斯認為知識的形成不應似傳統知識將「事實」與「價值」、「實然」與「應然」截然二元分立，他認為應察覺及摒棄此種「意識形態」。

基此，哈伯瑪斯在《知識與人類興趣》（*Knowledge and Human Interests*）一書中，指出知識的形成是在「知識構成興趣」引導下所構成的。所謂「興趣」即是人類基本的生活興趣，這種生活興趣能決定認知的取向，成為構成知識的先決條件。他在書中論及三種形式的認知興趣：(1) 經驗分析（empirical-analytical）知識，主要基於技術的興趣，這是勞動操作領域的行動方式，旨在建立因果法則，控制自然，強調正確預測及有效的控制，提供行動的工具性，又稱技術性知識；(2) 詮釋學（hermeneutic）的知識，主要基於實踐的興趣，這是溝通行動領域的行動方式，旨在對意義的掌握及溝通的理解，亦即對社會文化現象，透過相互理解、相互溝通獲致共識的一種解釋的瞭解，又稱實踐性知識；(3) 批判的（critical）知識，主要基於解放的興趣，這是社會文化生活領域的行動方式，旨在對權力和意識形態支配的察覺與批判反省，達成人類的解放，又稱解放性知識（胡夢鯨，2000；黃瑞祺，2007；Habermas, 1972）。

哈伯瑪斯企圖在第三種知識範疇中，建立一種所有人類溝通形式的規範性預設及基礎。他認為真實合理的溝通應包含四項有效宣稱，即：可理解性、真實性、正確性及真誠性。真正的合理性只有在「理想的說話情境」（ideal speech situation）中才會實現。在理想的說話情境中，所有參與者都有平等的機會參與對話，沒有任何不當支配、限制和意識形態扭曲在其中（胡夢鯨，2000；Habermas, 1972）。

肆、對文化工業的批判

文化工業（cultural industry）一詞語出德國批判理論學家阿多諾（T. Adorno）與霍克海默（M. Horkheimer）合著的《啟蒙的辯證》（*Dialectic of Enlightenment*）一書中，指的是現代資本社會中商業產銷模式運作的文化生產形態。阿多諾認為在資本主義社會的商業產銷模式原則即是將成本極小化、利益極大化，要達到如此目標，作業的標準化、產品的規格化和大量複製，並輔之行銷刺激，以激勵大眾

擴大消費，方能獲取最大利益。因此，在阿多諾和霍克海默的眼中，文化工業是以經濟效益為前提的。

　　基此，文化工業的核心意旨即在將文化「商品化」，透過規格化和量產製造大量的文化產品，以降低成本並獲取最大利益。阿多諾即指出在這種商業邏輯下，文化的生產逐漸走上大眾化、規格化和數量化，過去所著重的文化產品的創造性、啟發性和個人風格，逐漸消失，而文藝創作者所受的創造限制也超過以往任何時代（張煌錕，2000）。至此，藝術作品被視為商品，藝術原有的深層意涵與創意也被以膚淺、直接的快感滿足所取代，成功削弱人們深層思考和社會批判的力量。

　　由此觀之，文化工業現象所引起的文化商品化風氣雖帶來了極大商業利益，但卻相對也可能扼殺和扭曲了文化本質內涵、文化傳承再生，以及文藝創作的創造性和創作者獨特風格，終將造成文化創作和發展的危機與災難。而在大眾文化意識上，民眾接觸的是規格化、流行化，甚至媚俗化的包裝文化產品，固然會獲取短暫的快感與美感；但長遠而言，長期接受同一性、普遍性的文化產品薰陶，恐令大眾文化美感也拘泥於僵化和狹隘的文化視野，文化的創作眼光受囿於貧乏單調的文化想像中。

　　對此，阿多諾等更指出文化工業體系其實擔負著資本主義意識形態的穩定機制，是一種欺騙性、虛偽性的文化，與大眾娛樂相結合和包裝，展示美好的影像，使人暫時消解生活中的壓力與矛盾，成了一種麻痺性的慰藉和宰制意識的工具（張煌錕，2000；鄧麗芝，2014）。楊深坑（1988）指出，此種工具理性與資本主義合流，使人和文化物化為商品，以致喪失了主體性。

　　總之，阿多諾等認為文化工業是一種文化宰制的工具，在此種深具宰制和麻痺性的文化意識形態灌輸下，文化本質內涵將遭受隱沒或扭曲，個人文化創作思維也將受到剝奪，無論是文化本身或是個體思維與創作將失卻了主體的能動性，而導致身處一個遭受束縛、壓迫而無意識察覺（unconscious awaken）的文化環境中，這也就是阿多諾

及諸多批判理論學者關心及極力批判的，因而致力鼓勵人們應透過自我意識及反省批判，促進和協助大眾獲得察覺、揭露，以掙脫文化意識形態的宰制。

伍、強調互為主體性（intersubjectivity）的行動溝通

傳統哲學自蘇格拉底、柏拉圖以降，尤至笛卡兒、康德集大成，崇尚理性主義，更構建了「主客二元」知識論基礎，成為現代性思考的圭臬。人類以主客二元的劃分方式，表達「人」與「世界」之間的理解關係，建立了二元分立的思考準繩。準此，人作為主體，企圖運用理性進行掌握世界、改造世界，達至理想的境地，所謂「人定勝天」即為此種思維下的最鮮明的展現。

然而，無限制的人類主體過度彰顯，雖凸顯主體的優位性，但也形成了與「他者」（others）之間對立的「主客」關係。此種「二元對立」下產生的「唯我論」（solipsism），認為自我是唯一的存在，外在世界的事物和別人的心靈狀態等他者，都只是自我意識的內容，依附於自我的心靈而存在，其本身並未真正存在（但昭偉，2000）。上述課堂故事中的海洋垃圾現象即此一意識形態的外顯現象，導致了極端個人主義的氾濫，否定人類與他者事物之間存有內在聯繫，亦即否認人與他者間存有的連結關係。「主體性」在現代性中顯現的是一種唯我獨尊，卻蔑視、貶低他者的對立扭曲現象。

由此，哈伯瑪斯（Habermas）批判此種二元分立的唯我論點所凸顯的僅是二元對立的單一主體性，亦即個體的主體性，它仍處於主客二元的架構上，無助於拆解主客二元分立的藩籬。所以哈伯瑪斯認為，要克服這個根本問題，必須從主體中心化的理性轉向為互為主體的溝通理性，透過對話、溝通、批判、行動，以實現主體之間的相互理解和認同（Habermas, 1985/1987）。

綜而言之，哈伯瑪斯批判現代哲學論述中的主體性，並未脫離主客二元的窠臼，充其量僅是一種對主體自我反身性（reflexive）的批判，它是一種內在獨白的自我反思，只能顯現自我認識的同一經驗，即使與他人相遇，仍僅是返回與自身相關的經驗體察。這種反思僅能說是主體自身與他的鏡像間的相互映照，亦即仍在主客體分立的架構上相互映照，並未形成人際間雙主體的相互理解、認同的平等關係。哈伯瑪斯強調透過互為主體性對話溝通關係的建立，方能藉由溝通理性及溝通行動實踐現代理性的解放與重建。

陸、對意識形態的揭露與解放

在馬克思的定義中，意識形態意指一種虛假意識（false consciousness）和錯誤信念，它存在的形式具備內外在、隱晦的特性。可能是內在的個人信念價值或觀念，作為個人行動決定的參照基準；也可能是外在的社會集體意識和信念價值，進而滲透個人價值信仰系統，宰制個人信念和行為。就如前述所論及科技理性支配人類思維視野、知識中心的權威工具扮演、文化商品化對文化內涵扭曲及刺激消費以滿足人們的虛假需求、主體理性的過度強調及論點偏見，其實都是權力與意識形態關係下的錯誤信念展現。

上述所及，在在顯示現代理性的危機。法蘭克福學派針對 20 世紀初期的資本主義社會的生活形態指出，資本主義化、現代化與後現代化的市民社會嚴重缺乏社會的合理性，因此導致現代理性的危機與理性的病態（周明泉，2016：34）。而馬庫色（H. Marcuse）在 1964 年出版的大作《單向度的人：發達的工業社會的意識形態研究》（*One-Dimensional Man: Studies in the Ideology of Advanced Industrial Society*）一書中，亦極力批評資本主義下發達的工業社會與消費主義的霸權宰制，認為在發達的工業社會中，人們普遍生活條件雖然有所提升，但也造成民眾陷入虛假需求的消費意識形態，並藉由大眾傳媒、廣告、工業管理和當代各種思維模式，將個人整合入當今由

生產和消費所主導的社會當中，使得民眾的行為和思考模式逐漸「單向化」（one-dimensionalization），批判反省能力和反抗意識亦日益淡化（Kellner, 1991）。這種結果導致人們成為一個單向度思考、線性思考且失卻反省批判能力的固著個體，現代工業社會和消費主義扮演了現代社會兩個主要的「社會控制」工具。

因而，Habermas 即認為，知識分子應慎重重新評估現代社會的合理性和合法性。Horkheimer（1982）也認為，批判理論意旨即在透過自我意識的啟蒙，衍生人對事件受利益團體宰制的瞭解，引導出解放的行為。而 Marcuse（1991）也主張人們應展示一種「大拒絕」（great refusal）的態度：對於發達工業社會中殘酷、剝削與非人的價值進行反抗。亦即發展否定性、批判性的思維，洞悉虛假意識與需要，並思考與尋求反抗的進路。總之，批判理論思想家一致認為，批判理性的本質使命在於擺脫宰制，也唯有批判理性具有否定性和批判性的辯證能力，得以使人類從權威、宰制與剝削的體制或扭曲的意識形態之中解放出來（周明泉，2016：34）。

綜言之，批判理論具辯證性、批判性和社會實踐等特性，啟發人們對實證主義、科技理性、現代工業社會、傳統意識形態的宰制、壓迫產生一系列的察覺反思，且對其所標榜的同一性、客觀性、中立性進行顛覆省思，並以社會批判實踐揭露社會集體意識、極權政治、文化商品化的意識形態和社會控制，謀求對社會理性病態的解決。

✍ 課堂回顧與反思活動 1

一、請從上述批判理論基本主張中，選擇一至二個你個人最感興趣或印象深刻的主張內涵，並以自己的理解進行闡述。

1. 主張：＿＿＿＿＿＿＿＿＿＿＿＿＿＿＿＿＿＿＿＿＿＿＿＿＿

  闡述：＿＿＿＿＿＿＿＿＿＿＿＿＿＿＿＿＿＿＿＿＿＿＿＿＿

_____

_____

_____

_____

2. 主張：_____

　　闡述：_____

_____

_____

_____

_____

二、請就馬庫色（H. Marcuse）所提「單向度的人」的觀點內涵，
　　舉一個人經驗或社會現象的例子說明之。

第三節　哲學思想與教育意義

批判理論在教育方面主要針對在資本主義社會中教育受到統治者和菁英階級控制與操縱，以及對教育制度和方法內容的異化及物化的相關問題提出反省和批判。

阿多諾在其 1959 年發表的〈殘缺的教育〉（Halbbildung）一文中指出，教育成了粉飾社會現實的工具。教育被美其名曰「菁英文化」，被人當作身分的象徵，教育已經變成了一種少部分人的特權，並以他人受教育機會的喪失爲代價。它偏離了正路，變成了殘缺的教育，最終成爲社會的客觀精神，並淪爲統治的工具（彭正梅，1999：11）。

因此，在批判理論思想家眼中，傳統教育架設了一個工具理性的結構和現代科技文明桎梏，成就一種同一性卻非整體性、全面性的教育，導致異化、物化教育現象層出不窮，扮演著社會現實粉飾、控制的工具而不自知。是以，教育者及受教者在教育過程中必須積極對教育或生活中潛藏的意識形態進行反省與批判，拆解被宰制的教育結構與措施，讓人們從壓迫的意識形態、知識結構中覺醒、解放，使學習者獲得主體的自覺能力，並產生自決及改造的實踐行動。以下就教育目的、教育課程、教學方法和教師角色進行闡述分析：

壹、教育目的

一、培養互為主體的認同、包容與關懷

批判理論要求建立一個人類意識可以生成並找到自身的互動世界。哈伯瑪斯成功地從互爲主體性出發，探討主體的構建（彭正梅，1999）。而從上述論述中可知，批判理論批判現代理性過於強調個人的主體觀，認爲眞正的主體不應僅局限於仍陷於主客對立的單向個體主體性上，而是雙向平等的互爲主體性。因此，當代的教育目的中

所應思考的並非培養個人主義的主體體現，而是重視培養學生能自我瞭解、自主、肯定、認同，同時亦能欣賞、同理、包容他人、生命、生態環境的互為主體的關懷。

二、關注社會實踐能力的培養

R. Gibson 指出，教育的確存在諸多不平等的現象。考察勞工、少數團體子女的成就與發展，與中產階級學生比較即可發現。教育的不平等和社會上財富、權力分配的不平等有關，這是批判理論所關注且亟欲闡明的。批判理論者認為，教育並未使各階級平等，也未曾去除社會的不公不義，這正是他們批判的標的（吳根明譯，1988）。

因此，批判理論者認為教育作為社會轉化行動必須從社會實踐切入，其實踐觀（Praxis）包含兩個層次，一是批判反省，一是實際行動，亦即一種反省與行動結合、統整的作為。是以，批判理論重視社會實踐的轉化，並非僅從社會整體利益出發的服從，而是從批判起而轉化為行動，以解決社會問題，改造社會的重建行動。因此，當代教育所應強調的目標即應在培養個體對不平等、不合理教育制度或社會結構的意識形態產生反省和批判，並能轉化為改革的力量，從而能促進自覺、自決意識與能力，並進而改造社會，創造社會的和諧美好。

貳、教育課程

一、互為主體的課程規劃設計

批判理論互為主體性所意指的是人際主體間的同理尊重、平等包容。因此，引申到課程內容的選擇和安排上，教師並非唯一的內容素材選擇和規劃主體，學生也應是另一主體。是以，課程廣度顧及學生興趣、需求、經驗，甚至認知發展情形，課程縱深也應包含自我、自然、社會三大生活面向，以整體性作為衡量思考，期使教師與學生雙

主體的平視下，除能滿足學生興趣、經驗、需求之外，並能同時結合教師專業需求的考量，選擇及組織一個符合及達成教育專業目的及學生發展需求的課程內容。

二、結合社會議題的探究活動

批判理論追求對社會集體意識或意識形態的察覺、質疑與批判，並終至達成解放和重建社會的理想。因此，在一般課程內容當中，難免隱藏著有關政治、文化、經濟、階級、種族、族群和性別等議題的特定意識形態，尤其在當今訊息氾濫和數位網路流通快速的資訊時代，這些意識形態更是不易被察覺揭露並快速流動。但也因此，更需要在課程設計時，秉持多元參與的設計精神，將難以察覺或社會大眾視為理所當然的社會、文化、生活議題適當規劃於課程中，提供師生透過民主溝通對話，進行對特定意識形態的質疑反思，以及進一步的解放重建，達致社會實踐的理想。

參、教學方法

一、規劃學生自主學習的策略

批判理論揭櫫的互為主體性概念是其理論思想核心，因而在教育各面向是足以奉為圭臬的參酌精神。在教育方法上，傳統的教師中心教學已被鬆解，相對的，對學生學習主體的重視則是與時俱增。鑑此，教師對教育方法的採用宜秉持互為主體性精神，以提升學生學習的自主學習、參與學習、合作學習為準繩，例如：策畫開放式的自我學習空間、異質性的學習社群、小組討論分享、問題性或專題性或探索性學習活動，提供民主理性、多元差異、合作參與的教育方法，促使學生主動的自主學習，展現學習的責任感，彰顯學習者的主體精神。

二、營造自由無宰制的批判對話環境

　　哈伯瑪斯在其溝通行動理論中提出一個主要假設：理想的言談情境（ideal speech situation）。其構成的條件係指所有參與談話者彼此都是理性的、自由的、平等的，不受任何情境而限制。換言之，在一個言談對話情境中，每一個與談者均應在理性溝通的前提下，被尊重、包容，在一個開放、無壓力、無宰制的信任、安全環境下盡情討論，達成理性、真理的共識。由此，教師在進行教學過程中為確保參與者投入和學習品質，以及提升學生質疑、察覺、反省、批判的能力，將可規劃採取形態上無論師生間、同儕間或小組間等各種形式，方法上不論啟發式問答、質疑提問、討論、議題辯論等各種溝通策略，引導讓學生在理性意志（rational will）的狀態下，運用 Habermas 可理解性、真實性、真誠性、正當性等溝通策略原則，提供自由無宰制的充分對話情境，讓每位學生得到發聲（voice）的機會，並對問題意識形態和既有思維、價值框架進行察覺、反省、批判，甚至提出改造的行動計畫。

肆、教師角色

一、社會實踐的轉化者

　　在批判理論者的觀點中，鼓勵當代教師轉型成為「轉化型能動者」（transformative agency）、「文化批判者」（cultural critic）角色。此一期待，教師所面臨的即是教師身分認同的轉變。李奉儒（2003）即認為，教師應自許為「轉化型能動者」，必須抗拒宰制的意識形態，實際投身於教育與社會轉化的改革，培養學生成為真正獨立自主的個體。教師不應只是完成專家，上級行政交付任務的技術執行者，而應是一個有自覺、批判、反省、行動和實踐的能動者，對於社會及支配階級採取批判及質疑的態度。

　　鑑此，以批判理論的角度，教師在課堂與教學上的角色被期待從早期傳統的「技術型專家」（technical experts）角色，轉化成「轉化型能動者」（transformative agent）的角色。亦即其教師認同身分也必須從「知識傳播者」，轉爲「批判啟發者」和「社會實踐者」，課堂成爲師生一起喚起社會反省、批判和參與社會實踐的場域，針對日常、社會、學習生活中隱含不合理、不公平的意識形態和舉措，進行察覺質疑、省思批判與行動改造。

二、對他者成為平視的關懷者

　　批判理論重視弱勢他者的發聲，展現平等正義的關懷。因而，教師面對課堂上來自不同社經地位、階級、種族、族群和性別來源的學生，更應以身作則，展現自覺、同理與反省，表現對來自多元、差異的家庭成長背景的孩子的關懷。尤以弱勢學生，更應展現對「他者」及「差異」的敏感性，在課堂學習的歷程中化解教師與學生同儕的偏見與封閉，主動提供差異化教學和評量的機會，並透過對話機制，鼓勵弱勢學生勇於表達和表現，營造互爲主體的開放、平等環境，造就與發展教育批判與包容的思維涵養，並致力成爲學生的「重要他人」（significant others）。

三、從教育實踐反省中建構自身的行動理論

　　傳統哲學常將理論與實踐關係化約爲理論指導實踐、實踐是理論的應用的因果關係。批判理論者則強力批判實證主義此種「理論優位」的理論與實踐二分的意識形態。而由本文闡述歸結可知，實踐與理論實則存在一種辯證的關係。針對此，楊深坑（2002）即指稱，社會科學中沒有所謂純粹的理論，也沒有實踐的理論，事實上理論也是爲了實踐的理論，理論不可能獨立於社會實踐。

　　而在教育上，教育實踐活動之特質乃顯示在它的反省性活動上，反省性活動本身可以建構理論。而理論的作用便在促使教育人員反

省、自覺，理論並會依隨實踐活動本身而有所改變。理論或實踐本身均非自明的，理論與實踐兩者間乃不斷彼此修正（Carr, 1995: 73；游振鵬，2004：9）。

因而，身為一個具批判意識的教師應自許成為轉化型的教師。亦即對教育目的、師生、親師人際主體、他者關懷、課程內容、社會時事等面向，均能保持察覺、反省、批判的意識，將教育實踐建立於反省批判上，建構自身的行動理論，並隨情境變動，持續不斷滾動、彼此修正，一方面落實理論與實踐緊密的辯證連結關係，另方面也成為教師文化和教師專業發展實踐的轉化契機。

第四節　評述

壹、貢獻

一、重視社會整體的辯證

法蘭克福學派的批判理論雖然立基於馬克思主義思想，但他們卻未固守傳統馬克思主義的經濟基礎路線。相對的，他們認為社會的結構、功能及生活的研究途徑絕非僅由經濟一途所決定。他們拒絕專注於社會生活的任一特定面向，特別是從廣闊的社會脈絡中孤立的經濟體系。他們關切各社會實體面向間的相互關係——尤其是個人意識、文化上層結構及經濟結構（馬康莊、陳信木譯，1995）。因而，他們一面沿用辯證的精神，一面轉而聚焦於社會整體作為探究的方向。

批判理論者主張辯證法作為研究主要方法，所謂辯證的研究方法，意指研究焦點集中於社會整體（social totality）上，亦即社會生活的研究無法也不能從單一、特定或孤立的要素面向研究之，尤其是這些要素脫離了相互之間的關係脈絡。因此，他們採用的辯證觀念含括了「共時性」（diachronic）和「歷時性」（synchronic）兩者，分別從靜態與動態、橫向與縱向的向度考察社會生活和問題。前者關

切的是當代社會整體組成要素間的相互關係，如當代政治、經濟、文化、教育等要素對社會發展的相互關係；後者則指的是社會探討偏重於時序軸線中的社會生活變動與發展的研究，就如針對當今社會發展的歷史根源，以及未來社會的發展與變化進行探討。由此，批判理論提供了研究社會生活發展的另一研究視野：強調在理性的根基下，從社會各要素的相互關係和變動進程的縱橫整體脈絡，進行社會發展的研究。

二、揭櫫文化批判的另種觀看方式

上述，批判理論轉移了研究途徑的側重面向，從馬克思原關注的下層經濟層面，將重心轉移至上層的文化層面上。主要原因在於馬克思過於重視經濟結構對社會實在及發展的關係，認為社會的矛盾和階級的衝突等社會問題均來自經濟因素的影響，但在內外在因素的轉移，已發現影響社會生活發展條件均有極大變化。因而批判理論者認為社會壓迫的來源並非僅限於經濟層面，而察覺反而是來自隱形的文化層面。

是以，他們繼承了馬克思主義的批判傳統，但將研究焦點轉為對社會文化的研究，提倡文化的批判，鼓勵人們對政治、文化、知識中所隱含的意識形態和虛假需求進行察覺反省，諸如上述所提及的社會異化、科技理性、文化工業化、單向度社會等問題。尤其這些知識文化對社會行動者透過傳播、灌輸、教化將知識文化「神祕化」，並取得「合法性」地位，自然形成的內化宰制，致使人們失去察覺與批判的意識，受宰制而不自覺。因而，批判理論提供人們對社會生活的另一個「觀看方式」，強調對知識文化隱形控制，以及社會不公的揭露，透過自我覺醒和反省，強化社會文化批判的意識與能力。

貳、批評

一、思辨性主觀論述多於實證性客觀論證，且多流於主觀專斷

　　批判理論批評實證主義過於強調客觀、實證和效率，忽略社會實際的個人意識及知識文化內在隱形問題的揭顯，因而理論不僅過於專斷抽象，且缺乏人性和不符社會實際，無法解決真正的社會問題。相對的，實證主義者認為批判理論在真實世界中根據浮誇，且無法以外在測量工具做檢驗、證實及反駁，立論行文模糊主觀，缺乏邏輯的嚴謹性。

素養考驗：課堂故事反思與解決

一、從本章課堂故事中，你發現貞儀老師的教學比較契合下列哪些
理念，並舉出證據？（配合多選）
□無宰制的對話環境　□教師中心的教學　□社會的批判反省
□自主學習環境

參考答案：
■無宰制的對話環境　證據：＿＿＿＿＿＿＿＿＿＿＿＿＿＿
■社會的批判反省　　證據：＿＿＿＿＿＿＿＿＿＿＿＿＿＿

二、就本章課堂故事中貞儀老師的課程選擇和設計，其教學目的主
要在彰顯下列何種理念？（單選）
□無宰制的對話環境　□引導的提問辯證　□批判反省的實踐
□對他者平視的關懷

參考答案：
■對他者平視的關懷　　證據：＿＿＿＿＿＿＿＿＿＿＿＿

三、假如你是貞儀老師，秉持批判理論社會實踐轉化的理念，你會
選擇規劃哪些延續的學習方案，以促進幼兒在社會實踐層面上
的行動？

後現代主義與教育

CHAPTER 7

本章大要

　　後現代是個模糊歧異的概念，無法也沒必要將其定義於一尊。它是對現代理性思維一股強大的反動力量。後現代主義主要針對鬆解現代主義「中心化」的反思，以尋求「異質性」的多元可能。

　　本章分別從四個章節闡述，第一節論述其思想源流及發展；第二節則闡述其主要代表人物的相關主張觀點，如李歐塔的反對後設敘事和建立歧視的主張、德希達講求延異的解構主義、布希亞論述虛實意義的擬像論、傅柯強調知識權力揭露的規訓權力論點，以及羅蒂反對蘊含二元對立的本質論、基礎論的自然哲學，這些論點均在揭示後現代主義去中心化、強調差異、標榜多元、認同包容的核心主張；第三節提出相關的教育啟發：培養多元整合的人才、課程知識的解構與跨越、強調自主性、差異化、對話性的教學，以及扮演課堂權力解放、知識批判和情境布置的教師角色；第四節則進行相關評述。

§課堂故事§

　　小班課堂上，小珍老師拿著瑪格麗特‧懷斯‧布朗的圖畫書《逃家小兔》，坐在小板凳上，對著排排坐在她面前的小朋友，講述著繪本的故事。

　　「從前有一隻小兔子，他很想離家出走。有一天，他對媽媽說：『我要跑走了。』」

　　「媽媽說：『如果你跑走了，我就去追你，因為你是我的小寶貝呀！』」

　　「如果你來追我，我就要變成溪裡的小鱒魚，游得遠遠的。」

　　「媽媽說：『如果你變成溪裡的小鱒魚，我就要變成捕魚人去抓你。』」

　　「如果你變成捕魚的人，我就要變成高山上的大石頭，讓你抓不到我。」

　　接著，故事情節中的小兔子又變成了小花、小鳥、小帆船、空中飛人……來挑戰媽媽，媽媽也不厭其煩的變成了其他的東西，奉陪到底。故事好精彩的展開著，這期間小珍老師扮演著媽媽和小兔子兩個角色，一唱一搭的講述著故事，小朋友有的開心和專心的瞪大眼睛，聽著小珍老師講故事；有的則望著窗外東看西瞧；有的則碰碰別人的身體，然後小聲的講著悄悄話；有的則與隔壁幼兒說著小兔子各式各樣林林總總的故事。

✍ 課前預思活動

一、當你一看到「後現代」字眼時，你心中浮現的是：

後現代是（像）_____

_____

_____

二、在你生活周遭或生活中，你認為有哪些是後現代的產物或思
　　維？舉個例子。

_____

_____

_____

三、當閱讀本章內容或聽講後，你所理解的「後現代」又是什麼？

_____

_____

_____

_____

_____

☺第一節　思想源流與發展

　　後現代主義是 20 世紀下半葉的重要思潮，表現在建築、音樂、繪畫、文學和哲學等方面。後現代主義並無明確範圍和一致立場，而是多數不同領域、出發點不同的學說的統稱。唯一共通的特性則是質疑、否定，並嘗試逾越傳統既有的標準或典範規範，反對凡事萬物均有一個基準審度的標準化（張煌錕，2000）。其主要的立論基礎來自於對現代主義的反動，尤其是現代主義長期傳襲的啟蒙理性思想，質疑它們偏重個體的主體性，過度強調客觀理性的理想性，形成世界運作不可違逆的法則和桎梏，阻礙了其他可能性的開展。後現代就是在此基礎上對現代主義進行猛烈的、基進的（radical）顛覆及否定，進而尋求鬆解現代主義「中心化」，創造「異質性」的可能。

壹、對現代主義的挑戰與批判

　　後現代主義（postmodernism）可說是對 18 世紀啟蒙運動以來，以現代理性主義為思想軸心的反動力量與思潮。它一方面是指在藝術界的一種超前衛表達風格，另一方面是指在高度發展的資本主義文化中的一種省思、批判或否定，或是在資訊爆炸及緊張生活時期呈現的表現（郭實渝，1996）。但自 1960 年代後現代主義思潮興起至今，要對「後現代」下一個普遍一致的界定似乎有其難度，諸因各學者對「後現代」的概念仍有許多的歧異、莫衷一是。

　　紀登斯（A. Giddens）即不認同以「後現代」的概念來理解當代的社會文化現象，而傾向於用「高度現代」（high modernity）、「晚期現代」（late modernity）、「反思現代」（reflexive modernity）或「基進現代」（radical modernity）等概念來理解當代社會情況；而黃瑞祺（2001）則主張現代和後現代間有密切關係，應合而觀之，以後現代的概念來理解當代情況極具啟發性，因而可將「現代」和「後現代」理解為兩個思想觀點或文化藝術風格較為貼切；也有一

183

些學者則認為「後」有一種斷裂、決裂和新生的意味，所以「後現代」可說是一種與「現代」斷裂、決裂和新時代產生的意涵（朱元鴻等譯，1994）；沈清松（1993、1995）也指出，後現代對現代，是應該連貫起來思考的，後現代並不是現代的結束，它事實上是現代的延續，甚至是其加深，然而在此延續歷程裡也包含著某種斷裂。亦即兩者是一個在斷裂中有連續，在連續中有斷裂的關係。由上述可知，「後現代」是一個複雜糾纏而難以精確下定義的概念，要將其意涵定於一尊，除有難度之外，似乎也背離了它原初具多樣、差異、混雜的多元面貌特性。

不過，可以確認的是，「後現代」是基於對「現代」的科技理性的反動，因當代社會、政治、經濟、文化、文學、建築、藝術均視現代性為主流依歸，反而壓制了其他不同論點、取向、視域、形式的呈現，因而「後現代」反對「現代」過於強調客觀理性的世界觀，轉為關注「邊陲的」、「弱勢的」、「局部的」、「主觀的」、「次文化的」論述（discourse）與聲音（voice）。簡言之，它是一種「思想觀」和「視野」的轉變。

另者，關於「現代」與「後現代」斷裂、連續的問題，從上述可以理解，後現代發端於對現代性的質疑、批判，甚至否定，自有其斷裂之處；但由於它是衝著現代性的限制或弊病作為批判的基點，即便在否定之餘也必有其連續之處。因此，「現代」與「後現代」的關係，與其說是斷裂的關係，倒不如說是一種藕斷絲連的關係更為貼切。就如傅柯（Foucault）所提：斷裂並不是絕對的變遷，而是知識脈絡的重新配置，雖然產生了論述形構的新規則、新界定，然而與先前的知識脈絡也仍有重要的連續性（朱元鴻等譯，1994）；詹明信（F. Jameson）還形容後現代與現代是「寄生」（parasitical）關係（Ozmon & Craver, 2008）。舉例來說，我們蓋房子主要提供人類居住及處理事物處所的功能，這就是一種與現代傳統的「連續」關係；但我們也可因個人的喜好風格或需求，將外形、門窗做成非傳統形式，看起來外型不一定像傳統房子建築，門不像門、窗不像窗，

這又是一種與傳統「斷裂」的表現。舉世聞名之維也納的「百水公寓」（Hundertwasser Haus）和布拉格「會跳舞的房子」（Nationale-Nederlanden Building），就是這種連續與斷裂並存相容的典型建築的後現代風格。

由此，「後現代」不是一種時間概念，而是一種文化思維的轉換更迭，它並非僅是處在一個與現代斷裂、對立的關係，還是一個對現代理性預設的思想體系進行反思及批判，甚至超越與創造了思想形式。所以，其核心精神所顯現的是一種質疑、批判和否定的力量。

貳、後現代主義的思想脈絡與特徵

一、思想脈絡

後現代思維深受多重領域思潮影響，形塑其多樣紛雜的思想風貌，分析如下（Ozmon & Craver, 2008；高義展，1997；詹棟樑，2002）：

(一) 後現代建築風格的影響
後現代時期建築師主張反統一、反規格、反理性的建築風格，直接影響後現代的美學觀，間接影響思考的方向。

(二) 後結構主義的影響
傅柯（Foucault）等人質疑結構主義者的主張。他們主張語言具有變化性，反對語言深度結構的邏輯性思考。這種思潮代表對結構、語言理性宰制的反動，對後現代主義影響很大。

(三) 新實用主義的影響
新實用主義者（如 Rorty 等），他們反對傳統哲學中偏重一元性、永恆性真理的追求，繼而提倡一種多元的、暫時性的、有實際

影響個人社會生活的真理觀，並展望一種無主導性哲學的「後哲學文化」。

(四) 存在主義、現象學、批判理論的觀點影響

存在主義、現象學、批判理論對傳統哲學普遍客觀性的拒斥，均提供了後現代主義思潮的支持與養分。尼采的「上帝已死」和沙特、海德格的「在世存有」等觀點，創造了個體自我存在價值和意義；現象學排除形上學的唯心、唯物和主體、客體的二元論限制，展現其相互主體交錯存在的並立性；批判理論對於文化族群宰制與衝突和跨領域的文化研究論點，都成為後現代哲學的重要成分。

綜言之，後現代主義反對現代主義講求同一性、確定性、系統性、普遍性和客觀理性的邏各斯中心主義（logocentrism），展現其對現代主義的質疑、批判和否定立場。所以，它提倡個體的、建構的、多元差異的、變動暫時的、意義情境的思維體系。換言之，後現代主義表現了鮮明的反對現代主義理性思維中心的立場。

二、後現代主義的多樣性

後現代主義顯現了多樣混雜的思想特性，呈現一個萬花筒似的多樣觀點。其基本假設就是針對現代主義藉由科技理性的歸納法，將事實和真理化約成可觀察、可測量、和可實證的立場提出挑戰和質疑，他們反對現代主義架構了一個一元化、標準化，甚至機械化的評價格局與系統。

李歐塔（Jean-Francois Lyotard）指出：「後現代就是對後設敘事的質疑」，這是一種對 18 世紀西方啟蒙運動現代性思想為主的後設敘事的否定與超越（楊洲松，2005）；Ozmon 和 Craver（2018）也指出，後現代主義最懷疑的就是現代主義的歐陸中心後設敘事（meta-narratives），以及它宣稱能據以評斷真、善、美的普遍理性

真理。

　　所謂「後設敘事」，意指各種敘述間關係的背後總體規則，亦即它是一個比敘述更抽象、更高層次的概念，以敘述為對象的統整與協調作用的系統性架構。換言之，它是一個由各類局部細微的敘述故事，而彙整在同一個故事主題之下的架構。如：當我們分述有關各個不同地緣位置的「貓科」、「狼群」、「魚類」、「鳥類」等的生長有何特別或差異的故事時，牠們各有各的特殊生長或適應環境特性；然後我們若排除其差異的特殊細節，而把它整合成為一個普遍性的動物生長演化史的敘述時，就會形成由局部分殊的各類動物生活故事轉換成一個「宏大」（grand）、「後設」的客觀敘述，架構出一個更原則性和抽象性的「後設敘事」，成為一個在理性結構下普遍的、抽象的、客觀的真理。相對的，也失去了它原本的真實和差異的妙趣。

　　羅蒂（R. Rorty）即大力抨擊此一理性結構。他指出，現代主義最大的錯誤即在其自以為是地認為可以超越歷史環境，去尋找一個永恆不變的知識基礎。他宣告此種哲學無法充當一面客觀之「鏡」，反對所有的知識宣稱均能被測量評定，因為在瞬息萬變的後現代社會中，還能存在一個關注根本性問題的「後設敘述」和尋求一個永恆不變的真理是值得懷疑及不切實際的（Ozmon & Craver, 2008；楊洲松，2005）。

　　由上可知，後現代主義核心旨在對現代性理性真理的批判及否定，它展現了對現代理性權威偶像或幽靈禁錮瓦解的意圖。尤其是對牛頓的古典物理和笛卡兒的二元論理性觀，他們認為這是一種掌控和駕馭世界的單一真理客觀標準。因為他們將一切由個體產生的價值、判斷、情緒、詮釋、意見和經驗，都視為主觀非理性的，是不精確、不可靠的，必須被排除在客觀的科學知識之外。因而，諸多後現代主義學者對現代主義此種獨占知識特權現象極為反感和不以為然，也成了他們思想顛覆及破除的對象。

　　吉特林（Todd Gitlin）即認為，智性思維的同一性已遭揚棄。繼

之，是標榜多樣、差異、渾沌、不確定、不可預測、邊緣並存與詮
釋學的論述，來對抗客觀理性特權的知識專賣，傳統的普遍性真理
也因而面臨解構及顛覆，而呈現多元的觀點風貌（Ozmon & Craver,
2008；詹棟樑，2002）。

第二節　代表人物與思想要旨

　　後現代的風潮和觀念主要來自歐陸，尤其是法國許多思想家均提
出了諸多後現代重要的觀念元素，對後現代主義的形成影響甚大，
本文就提出法國哲學家李歐塔、德希達、布希亞、傅柯和美國哲學家
羅蒂等代表人物，闡述其重要思想概念，以呈現後現代主義的思想輪
廓。

壹、李歐塔（Jean-Francois Lyotard, 1924-1998）的拒斥後設敘事

　　李歐塔認為「現代」一詞所指稱的，就是一種假託一個後設敘事
（meta-narratives）以自我合法化的科學。這種後設敘事明顯的訴諸
某種宏大的論點，諸如精神的辯證、意義的詮釋、理性主體或勞動主
體的解放，或財富的創造爭奪（Lyotard, 1984: xxiii）。因為他認為
這些大而不當的後設敘事並未察覺到權力和技術的快速變遷對於知識
本身的滲透，甚至駕馭了這些知識敘事體系，以增進權力和技術的運
作效能（黃瑞祺，2002：96）。

　　李歐塔認為後設敘事是支配階級合法化和鞏固自身權利地位的依
據和手段。他認為現代科學知識一方面以自身的結構語法，將一般敘
事知識歸為迷信、無知、愚昧和空想的非理性敘事；而將自身的科學
理性語法歸類為一種普遍性、放諸四海皆準的規範性知識語言，並試
圖透過教育傳遞、滲透給民眾，使人類變得文明。另方面，科學知
識排斥能夠聚集人類情感、情緒的敘事，但為維持自身的合法性（le-

gitimacy），卻不得不將其歸類爲小敘事（micro-narratives）來爲自己辯護。如此一來，後設敘事將取得合法的社會文化，甚至道德、藝術領域中的至高知識規範地位，而蘊含細瑣的情緒、情感、個人經驗的小敘事則成爲宏大知識體系下的附庸，隱然又將知識體系形成一個二元體制（主客對立）的結構體。由此，知識成了權力競逐的籌碼，李歐塔就認爲資訊知識將成爲未來世界爭相競逐的商品。

　　他認爲現代知識存在三種情況：(1) 藉由後設敘事來正當化基礎主義（foundationlist）的宣稱；(2) 正當化、去正當化與排他之必然結果；(3) 對於同質的認識論與道德指令的欲求（朱元鴻等譯，1994：166）。基此，現代科學理性知識爲取得資訊知識控制權，勢必須取得知識正當性、合法性的地位。因而，訴諸後設敘事和基礎主義的規範性語言以取得合法性地位，成了現代知識不得不然的手段，但此種結果隨之而來的即將是一個知識權力的排他和爭奪的可能。基此，李歐塔反對後設敘事和基礎主義的優勢論述地位，也對知識合法性採取迴避的態度，對現代知識採取同質性和權威指令的同一性、普遍性持不同立場，並因此提出異質性、多元性、局部性和創新性的觀點，以抗衡及降低後設敘事的合法性和主導性。

　　綜言之，李歐塔極力反對現代理性的普遍眞理和同質性。相對的，他認爲應推崇、頌揚在同一性和共識上的分歧性和異議、在同質性和普遍性上的異質性和不可共量性。如此，在共識中同中求異和在歧識上異中有同的精神，正是反映後現代知識合法化的途徑。亦即人們唯有從「敘事知識」和「科學知識」的歧異表達形態中，進行跨越、解構和融合，才能完整觀察到它們與社會的連帶關係。

貳、德希達（Jacques Derrida, 1930-2004）的延異（differance）與解構（deconstruction）

　　法國哲學家德希達被公認爲 20 世紀解構主義（déconstruction-ism）的鼻祖。他提出拆解和顚覆既有價值規範和知識框架的「解構」

概念。解構並非一種破壞摧毀，而是一種鬆解、擾動的活動，就如池塘裡的魚生活在一個已維持穩定的生態時，在放進不同的魚類時將造成原生態的擾動、紛亂和失衡。他認為，舉凡世界萬物若是被建構的，則必然能夠解構，就如無論是手機、桌椅、汽車等物質事物或誠實、正義、真理等文化概念均是如此。德希達在其《心靈：他者的發明》（*Psyché: Inventions of the Other*）著作中即指出：「解構活動（déconstruire），也是一種結構主義的活動，畢竟這種活動將結構主義的問題架構視為某種必要；它也是一種反結構活動，從某方面來說，它的命運就取決於這種模棱兩可。解構活動是在鬆開、拆解、擾動結構」（引自張國賢，2019）。所以，解構是一種針對原有封閉、壓迫，甚至暴力結構，進行鬆綁、瓦解、擾動和跨越的實踐活動。

事實上，德希達的解構活動是一種以後結構主義為基礎，企圖拆解現代理性邏各斯中心主義、語言中心主義的理性結構。亦即是一個意圖從結構內部瓦解中心的「去中心化」（decentralization）概念。就如德希達所指出，我們必須認真看待傳統哲學封閉性的必要性。即在傳統的哲學對立當中，我們所接觸到的並不是相對物的和平共存，而是面臨一個暴力相對階級，共存的兩方，一方站在高處，另一方則遭受控制。要解構對立則必須伺機瓦解此一階級（張國賢，2019）。此即反映了德希達「去中心化」的核心意旨，亦即企圖破除偶像威權，瓦解優位權威宰制，使每一方均有平等發聲的機會。

由上述可知，德希達的解構旨在鬆解現代理性主義的中心化宰制。因而，德希達提出了「延異」的概念，企圖以「延異」作為實踐解構的基礎與途徑。在此，德希達結合歷史、時空關係和動態的影像等素材，創造出「延異」的概念，說明語言和符號都是歷史文化建構出來之「差異」的產物，它包括了語言中各種交織、錯綜的差異運作遊戲，其中包含了諸種異質之間的差異，以及差異的根源。

在解構主義的理論體系中，德希達自創的「延異」術語居於非常重要的地位。延異有兩層意義：一，是空間「擴散」；二，是時間

「延遲」，在指出語言的意義最終都不可獲得，因為語言意義是一個不斷向外擴散的過程。意義的隨意性、零亂性、不完整性、不斷地拆解形上學的中心和本源，並且拒絕成為新的中心和本源。意義不斷地生成、轉換，又不斷消失，最終消解了意義的本身（原有意義），意義的延異就在否定世界上存在著永恆不變的意義。憑著對意義斷裂和延異性的體察，德希達斷言所謂統整的觀念、思想體系、終極理性等，都是虛幻的（張煌錕，2000；曾豔兵，1996）。

由此觀之，延異是實踐解構的精神、路徑與過程。它是一種不局限於一個固定空間與時間的擴散和延遲，由此呈現一個過去曾經經歷的痕跡，同時也指向未來向前的方向，在蹤跡中蘊含的是一個不確定的、不可預測的和變動開放的過程，彰顯了延異的動態性和異質性。

質言之，德希達的解構概念並非一種方法論，而是一種思想批判策略和實踐活動。雖然解構仍是一個內涵模糊與充滿爭議的概念，但其反二元對立（anti-dualism）、反邏各斯中心主義（anti-logocentrism）、反個體主體等主張，已深深影響當代哲學與文化藝術的發展。總之，德希達的解構行動不僅在鬆解既有理性典範的束縛，更進一步跨越其既有的規範和範疇，向外擴散和無限期的延展，珍視個體走過的歷史蹤跡，納入更多樣的差異元素，不斷生成、分裂、增殖和創造，以建立一個異質性、動態性的論述空間。

參、布希亞（Jean Baudrillard, 1929-2007）的擬像論（simulacra）

布希亞稱現代主義的現代性是一種被棄置於詮釋和歷史的暴力之下的表象徹底摧毀對象，是去神聖化、去魅（disenchantment）的目標（朱元鴻等譯，1994；黃瑞祺，2001）。

布希亞的學說開端是以馬克思主義為出發點，爾後進入了馬克思主義批判的新馬克思主義時期，最後則完全否定、遠離唯物論的馬克思主義。因此其學說研究焦點甚廣，涉獵消費社會、符號的政治、性事與思想、媒體與訊息、攝影、當代藝術與文化等日常生活多面向的

議題。布希亞反唯物論的立場，是他被歸類為後現代主義者的主要原因，其中由資訊傳媒高速開展的脈絡下發展出來的「擬像」（simu-lacra）概念呈現和扣連當代現實的轉變，「擬像理論」是布希亞後期思想最重要的精華學說，他透過「擬像」來概括後現代世界的總體特徵，是其論述由現代批判進入後現代的樞紐。

他認為，由「擬像」和新形式的科技、傳媒、文化、社會所構成的後現代社會已經來臨。所謂「擬像」意指沒有本源、沒有所指的「像」，它比實物之像更為真實，不需與任何實在產生關聯，它就是它自身的純粹擬像，它游移或疏離於原本，或者說是個根本沒有原本的摹本。換句話說，它是脫離現實的「擬像世界」（羅小鳳，2006）。

布希亞認為，我們當代的社會秩序就是擬像秩序。他在《象徵交換與死亡》（*Symbolic Exchange and Death*）中將文藝復興時期到當今的社會秩序，分成三個時期的擬像秩序形式來做說明（Baudrillard, 1994；黃瑞祺，2001；羅小鳳，2006）。

第一個是文藝復興到工業革命之前的古典時期的主導形式「模仿」（counter-feit）。在這階段任何被模仿的客體都被視為一個獨一無二原作的仿造品，亦即仿造的客體是原作再現的符號，就如：寫生畫作是實景的再現符號、攝影與實景，或是演員扮演角色與演員真實自我都有此種關係聯繫。這些符號都是從自然之中發現它的價值，比如藝術就是一種生活的模仿，追求的就是一種反映自然、再現自然的「使用價值」（used value）。在這個階段，假象與現實仍存在可辨的差異，亦即真實和虛擬仍可明確辨別，真實依然存在。

第二個是工業時代，立基於市場商業法則的主導形式「生產」（production）。工業革命之後符號並沒有傳統的階級限制，也就不需要模仿，取代而起的是機械化的大量生產，它是一種複製客體的特殊形式，在機械大量的生產之下，無限的可複製性（reproductivity）取代了模仿。就如名畫、藝術品、名牌包、汽車、生活用品的大量複製生產，在此階段是以「交換價值」（exchange value）體系為中心。

在此，機械複製的技術被視為新生產時代的一種媒介形式和原則，產品的地位在此原則下被轉變了，它不再被看成是一個原件的仿製品，而被看成由兩個或者更多相同客體構成的系列中的等同成分物品。這種客體和符號之間的關係不再是原件和仿製品之間的關係，而是等同物的關係，真實在此階段已逐漸模糊。

　　第三個是二次大戰之後至今，立基於結構法則的主導形式「模擬」或「仿真」（simulation）。「模擬」是「擬像」當前的秩序形式，此階段符號與實體原件已無任何關聯，是一個由符號主宰的時代。布希亞即指出符號只是擬像，是一種純粹的模擬，與真實沒有任何指涉。在此階段數位性（digitality）是其主要媒介形式，這是一種由 0 和 1 二進位所組合而成的系統，亦即由電腦讀取的數字代碼（codes）將所有現實事物，都轉換成 0 和 1 之間的一種二元對立。因此，客體並不僅僅是透過機械複製技術而被複製，它們乃是因為其本身具有可複製性，並藉由二元編碼被生產出來。當如此，它們不僅變得彼此間無法區分，且與產生它們的模型之間也已經無法區分。換言之，透過二元模式進行的複製形式，消除了客體與符號之間、現實與模型之間的差異。而隨著複製過程被推向極限，現實消失了，真實的事物不僅變成了可以複製的事物，而且變成了總是被複製的事物，這就是「超真實」（hyperreal）。

　　由此，就布希亞而言，後現代就是模擬的時代，這時期「模擬」即是「擬像」的秩序形式，它是一個依賴「符號價值」（symbol value）的時代，符碼（codes）成了社會生活的主要組織秩序，它沒有原本和實在，而是由模型所產生的「超真實」。這樣的狀況下，主體與客體、目的與手段、真實與想像、善與惡的界線愈形模糊，甚至消失瓦解。此舉，即是布希亞所謂的「內爆」（implosion），既有的結構秩序體制受外爆體系失敗的影響，致使體制處於爆發和擴張的狀況，最後因失去控制而引發。後現代社會、組織鬆解了現代理性結構之後，相對狀態即處在遭遇不穩定的內外在動態結構的衝擊，讓世界處在一個不確定、模糊的「內爆」狀態。

　　總而言之，布希亞的擬像論引發眾人注目的是擬像模糊界線，並讓真實無從區辨的論點，在當時確實是一個相當前衛且具衝撞的觀點，但以 21 世紀的今天，當今科技昌明，無論 VR（虛擬實境）、AR（擴增實境）已相當普遍，元宇宙（metaverse）也登上現實舞臺，另外科技與聲光或影像，甚至藝術創作等跨域合作的行動已屢見不鮮，真實與虛擬之間的界線已越來越模糊及輕薄了。

肆、傅柯（Michel Foucault, 1926-1984）的規訓權力

　　法國哲學家傅柯最為人熟知的就是其對真理觀點和知識權力關係的論述。他的第一部重要著作《瘋癲與文明》（*Madness and Civilization*），以及知名的《規訓與懲罰》（*Discipline and Punish*）、《性史》（*The History of Sexuality*）等書中，彰顯對權力與宰制的哲學思維。

　　傅柯相信權力與「真理」是息息相關的。「真理」與製造及維繫它的權力體系以一種循環的關係聯繫著，形成一個「真理政權」（regime of truth）（黃瑞祺，2001：138）。它是一個何為真理論述的評價系統，掌握著判斷所有陳述的真假和價值普遍性、一致性的論定的權力機制。因此，他堅信真理、知識與權力是息息相關的且互為裡外的。其主要的思想要旨如下：

一、二元對立的駁斥

　　傅柯追隨尼采的立場，駁斥歷史進步的啟蒙意識形態。他認為古典時期開啟了一種支配人類的有效模式，而在現代時期發揮到極致。他相信現代理性是一種強制的力量，經由社會機制、論述、日常實踐上對個體的支配。傅柯強調：啟蒙的任務就是將「理性的政略力量」複製化，將其散播到社會場域，以致最後滲透、布滿於日常生活中的所有面向（朱元鴻等譯，19994：60-61）。

　　他的《瘋癲與文明》描述 1656 年大監禁措施，反映了現代理性斷絕與瘋子溝通的意識形態，這種意識形態更為古典和現代理性論述與非理性塑立了一道理智與瘋狂、常態與異常的隔離高牆和對立鴻溝。因而，他認為此種真理觀蘊含的獨尊、排外、對立特性，是必須被檢視和反省的。

　　而在《詞與物》（*The Order of Things*）書中，他闡述了人文科學的興起，關注「以人為核心」的生命、勞動和語言等被忽略或被排除在外的領域，成為被研究的對象。在傅柯的觀點中，啟蒙理性所標榜的思考主體已非唯一的知識主宰者，他企圖在不穩定的對立關係中，建立一個知識主、客體同時存在的狀態：人既被外在力量所限制，但又能同時察覺到這種限制，而有能力排解而免於被限制。傅柯批判指出，所謂「人是理性主體」，並非確切不移的真理。如此否認了理性是人的最高理想，因為它限定了人發展的可能性，也抹煞了人的其他性質。主張人應該不斷嘗試創造自我，對一切觀念採取持續批判的態度，免於束縛，以呈現人的多元樣式（張煌錕，2000）。

　　傅柯指出，不可將啟蒙理性和人文主義混為一談。啟蒙是以反省為主的模式，人文主義則是與價值判斷相通，且人文主義本身即為善變、多樣、不一致，不能作為反省的主軸。因而，這兩者是處於緊張狀態，不能等同視之（Foucault, 1984，引自黃瑞祺，2001：135-136）。傅柯此種指稱即在反擊啟蒙理性將世界所有論述收納在一個知識標準體系裡，使其成為一個一致性、普遍性的真理知識和價值系統，但此種封閉式的知識體系卻展現它僵固、單一，而缺乏人文多元的二元對立狀態。

二、知識權力的規訓

　　《規訓與懲罰》是傅柯最知名的著作之一，在本書中主要談論有關「暴力」、「法律」、「真理」及「正義」之間的權力關係。傅柯點出了監獄、學校、醫院、工廠等場域或系統，事實上就是各種制

度權力規訓運作的載體。因為它們運用了不斷強加的活動或節制活動時刻表、追蹤監視、考核手段、懲罰抗拒，以及常態化評鑑（normalizing judgement）等規訓技術，來強化成員的道德價值或行為模式。藉此，個體的認同、欲望、軀體和靈魂將都被形塑和構成（朱元鴻等譯，1994；賴俊雄，2007）。而規訓最終的目標即是將個體的心靈和軀體「常態化」，形成一個自我內在監控的、無意識的（unconscious）馴化過程，讓個體產生「自動化」（automatization）的思想或行為模式，使其成為一個「馴順的個體」（docile bodies）。

傅柯的「馴順的個體」概念起源於規訓（discipline）概念，它是一種透過規訓歷程而形成身體（包含肉身的和精神的）最終無意識地被控制而順從的結果。傅柯即指出（1979: 137）：「身體開始接觸到一些旨在使其馴順的新技術，促使個體能接受、使用、轉換和改進。換言之，這些方法可以對身體的運作進行細微的控制，以確保其力量足以被持續的服從，並形成一種順從而有效的關係。」在傅柯眼中，規訓就是一種權力的行使，而這種權力的形式不必然是外顯的形式，更可行的是隱形內化的形式。不過，無論是外顯或內控的權力形式，這些權力均與真理有密切的聯繫，且其最終目的就是要實現「馴順的個體」的馴化目的。就如學校教育中的道德規範、教室秩序或考試制度；工廠中的科層體制層層分級管控、出勤打卡、績效評估，都是一種規訓權力的展現。

傅柯在《規訓與懲罰》並提出「全景敞視」（the panopticon）的概念，來闡述「規訓權力」和「馴順個體」的關係。他引用邊沁（J. Bentham）所設計的全景敞視建築所產生的「凝視」（gaze）作用來做比喻。全景敞視式的建築是一個圓形的監獄建築物，每個犯人監禁在個人小房間內，建築物中心塔內則是警衛監視著，犯人房間是明亮且全然敞開的狀態，犯人一舉一動均被監控者所「凝視」著。監控者可以在塔內任意觀看犯人，但犯人僅知有人監視，但卻看不到塔內的監控者動靜，監控者的目光長久注視著犯人的身體，而犯人完全無法回應監控者的凝視，如此一來將自然形成一種幽靈般的無形凝視，並

內化於日常的自我監視。最後每個犯人都會自我紀律，因爲他們全都覺得隨時隨地均被人監視著，而這種外在的凝視成了高效率的規訓作用，逐漸轉化成個人內在的日常監視（Foucault, 1979）。傅柯更進一步宣稱，「全景敞視」是權力秩序中一種科技上的發明，凝視的權力宰制模式已運用到各行各業，甚至已擴展到工廠、學校、軍管、醫院、圖書館和貧民區等。傅柯認爲此種近代自我紀律式精緻權力的創舉，皆基於前述嶄新監獄建築的發明，藉由犯人內在化的自我監督來訓練及生產宛若羔羊般「馴順的個體」，以便於統治者合法的霸權式管理（賴俊雄，2007）。

由此可知，規訓權力是一種柔性控制的權力，亦即一種透過內化機制形成價值意識形態的馴化過程，是一種「不戰而屈人之兵」的戰術，藉此不斷取得對身心管理的合法性，就如義大利學者葛蘭西（A. Gramsci, 1891-1937）所提的「文化霸權」（cultural hegemony）般，致肉身與心智自然而然被宰制、操縱於無形。

伍、羅蒂（Richard Rorty, 1931-2007）的自然之鏡（mirror of nature）

美國哲學家羅蒂被稱爲美國實用主義復興的主要人物，其新實用主義的「後哲學文化」論點與後現代主義思想有相通之處。同時他也從一種基進的（radical）的後現代觀點，竭力的瓦解源於柏拉圖一脈相承的鏡式哲學（心物二元），致力解放這個百年相承的理性結構威權。

一、自然之鏡的無鏡哲學

在羅蒂的觀點中，長期以來西方傳統哲學致力追求的永恆絕對的眞理，是令人無法完全認同和接受的。他認爲從柏拉圖伊始，笛卡兒的相承，和康德的發揚光大，均是以這種理性結構爲追尋主軸的西方哲學傳統和思想脈絡。

　　羅蒂認爲，現代理性是一種脫離生活實際的空洞理想，更令人難以苟同的是其建立在二元論基礎上的主張。也就是在眞、善、美的價值判斷上的非眞即假、非對即錯、非善即惡、非美即醜，或在經濟上的勞心者和勞力者、政治上的統治者與被統治者等斷裂式的區分，如此的區隔正促成了觀念思維上的對立性及封閉性。而這種眞、善、美的追求都一定要建立在理性基礎上的二元對立，都是諸多哲學家所拒斥的觀點。

　　羅蒂致力於要打破此種禁錮、封閉、威權的模式。羅蒂認爲，人類需要一種具有診療性的智性，並要打破傳統的硬殼（傳統哲學），才不至於受制於單一語彙和特定哲學思維模式。羅蒂批判笛卡兒主義和康德主義傳統，以及他們對哲學的影響，因爲他們將心靈視爲一面鏡子，認爲知識是客觀實在且精確再現的，而哲學就是讓鏡子能得到更準確再現的工具（Ozmon & Craver, 2008）。換言之，鏡子在笛卡兒或康德眼中即是一種「映照」（mirror）的工具，僅是映照、再現既有的客觀眞理和思維，人類僅能被動的接受，形成一種持續不變的僵固再現模式，這即是所謂的「鏡式哲學」。羅蒂意圖顚覆的即是人類應破解一再被限制、禁錮於再現現代理性結構的思維模式，且如此不假思索和無所質疑的承載下去。

　　在反傳統鏡式哲學中，羅蒂要求當代哲學應融入於人類對話之中。人們應將知識理解成「辯證的選擇性標準」，融入「文化對話」的思維。如此，標準將是彈性可異動和可選擇的，人類方能在標準的改變和修正中創造智性的歷史之物。換言之，羅蒂堅信，唯有人們充當文化的批判者，進而對知識論內容加以改造，才能達到創造再生的標的（Ozmon & Craver, 2008；李芳森，2011）。這意味著我們所需要的並非是一種預設性、常態性的永恆眞理，而是對其質疑、批判、鬆動，追求另一種「非常規」、「不尋常」的論述，開展新的且更有彈性、創意的思想途徑。

　　綜言之，羅蒂自然之鏡的「無鏡哲學」是對事實與價值的對立、事物實然與應然的區分、心物分立的二元論的反抗和批判，強調無論

是科學研究、道德價值研究或人文學科研究，均應避免陷入二元對立的思想窠臼。其哲學主要在彰顯知識並無高低、主從、優劣之分的平等意識，亦即致力摒棄二元論下的知識優位的特權關係，與現代理性的永恆眞理徹底決裂，並透過文化對話的辯證，追求差異、非常規的論述。

二、反對本質主義（essentialism）和基礎主義（foundationalism）

(一) 對本質主義的批判

　　羅蒂的哲學是處在與傳統哲學的現代理性結構徹底批判的基礎上，他將傳統哲學歸結成兩個主要的思想取向：本質主義和基礎主義。自 18 世紀工業革命至今，本質主義思維長期居於哲學思想的支配地位。它發端於現代性思維的論點，以客觀主義和實證主義爲基礎，遵循現代理性，訴諸科學的、精確的方法，強調理性、權威性、同一性、普遍性、確定性的終極價值觀。本質主義認爲人的理性是客觀發現的，強調整體性結構和後設敘事，展現出鮮明的現代性特徵（王培峰，2011）。換言之，本質主義展現的是現代理性的精神，追求普遍性的永恆絕對眞理。事實上，傳統哲學的核心即致力於運用理性的精神或方法，把握眞、善、美的本質（essence）。爲何在傳統哲學中那麼致力於追求各式各樣的本質呢？因爲，他們要去尋找並建構一個足以衡量某件事物的同一性的、普遍性的標準。例如：我們要去定義何爲桌子時，我們會發現各式各樣的桌子都有桌面（無論是塑膠的、金屬的、木質的……）和桌腳（單腳、雙腳、三腳或四腳……），我們也會發現它們的共同功能（置物、擺餐、書寫、會議……）。所以，當我們要確認某事物是否足以稱爲桌子時，我們會以事物本來的共同性質（桌面、桌腳、功能……）來做判斷；又如「水」是 H_2O、無色無味、大約在 $0°C$ 結冰，全世界所有的 H_2O 分子都是水，都有一樣的本質。這些事物本質均是作爲衡量和判斷的規

準依據。

　　本質主義主要以現代理性據以為判準的基礎，它強調上述科學的、客觀的、同一的、普遍的、確定的性質，作為現代理性思想之典範（paradigm）。它因此框定了思想和研究框架，形成一個不可逾越的界線，也使世界在同一思想架構下思維。由此可知，本質主義主張的是，世界一切的事物均存在某種本質和普遍規律的假設，而這些理性的本質假設足以成為世界上一切事物的衡量的標準，此種真理觀將阻礙或剝奪了我們思維和詮釋真理的權利。

　　是以，羅蒂從孔恩（T. S. Kuhn, 1922-1996）的科學革命入手，所謂科學革命，是指傳統的主流科學典範逐漸瓦解，而新的科學典範紛起的階段。在這一階段中，我們沒有一個標準可以決定到底哪一個科學理論和方式是正確的，因為傳統標準已經失去效力，新的典範還沒有確立其自身的權威。換言之，在常規科學階段，我們有一個共識的典範作為對各種科學理論進行評價的標準；而在科學革命階段，沒有這樣的可共量性（commensurability）的標準。羅蒂將其演繹延伸到其他文化領域中，認為這一可共量性和不可共量性的區別，僅是正規語言（formal language）和非正規語言（informal language）之間的區別。從這樣的區分出發，兩者的區別就不是正確與錯誤、真理與謊言、理性與非理性之間的差異，這些區分都是性質上的區分。正規語言和非正規語言的區分，僅是相關性與不相關性、熟悉性與不熟悉性程度上的差異而已（黃勇譯，2016），而非認識論上知識優劣或地位高低的區分。

　　總而言之，羅蒂的無鏡哲學目標即是對傳統哲學科學理性的絕對主義的顛覆和破解。他不認為有任何一種特定語言（特別是科學語言）或思想典範（尤其是自然科學典範）是擁有本體論上的優先性和特權地位。因此，常規科學和科學革命之間的區別，僅是我們對其熟悉程度的區別，而不是理性和非理性的區別。他指陳常規科學也只是在一個文化群體中被認同的其中一種典範模式而已，並無特殊的優先性和特權。是故，他提出「文化對話」的概念，認為我們應在文化情

境中進行異文化的對話，如此不僅可透過對話進行意見交流，並藉此
消解理性二元論的對立，因為它們並非截然分立的，而是相互裨益的。

(二) 對基礎主義的批判

羅蒂的後哲學文化另外一個重點，即是對基礎主義的批評。就如
上述，科學理性長期占據著思想知識的特權地位，永恆客觀真理自然
而然成為人們視為追求理性的終極目標，將理性真理視為一切知識的
基礎。這樣的特權思想同時也貶抑著其他思想知識的發展及彰顯，成
為一個霸權主義的意識形態。

羅蒂常常視傳統理性哲學為「大寫」的真理，因為「大寫」的哲
學表示對傳統認識論哲學一種特權和權威的理解，因為它們追求的是
大寫的「真理」（Truth）、大寫的「善」（Goodness）、大寫的「理
性」（Reason）這些觀點基礎，並成為日常的真理基礎（于曉晶，
2011）。換言之，在這些「大寫」真理揮舞著客觀理性的大旗下，
它們成了各種思想體系或各類學科知識的「法官」（judge），所有
知識或思想是否「符合」、「精確」、「同一」，均須接受這些「法
官」的檢查與審核。在這裡，自然科學的語言成為典範，也成了唯一
正確的語言，所有的知識語言均應以其為基礎規準。

對此，羅蒂的後哲學文化即是在消解傳統哲學的基礎主義的威權
性。而在前述李歐塔強烈的拒斥後設敘事、德希達的解構普遍性真
理，也都是站在羅蒂的相同立場，亦即企圖拆解傳統哲學理性真理的
神聖外衣。而傅柯更是將其與權力緊密連結在一起，這些都是對基礎
主義標榜「真理作為一切知識基礎」的批判。

是以，針對啟蒙理性所萌生的基礎主義思想，包括羅蒂、李歐
塔、德希達等反形上學的哲學家們，都一致主張去中心化、強調差
異、標榜多元、認同包容。所以，此種「去同存異」、「亂中有序」
的非線性思維，就成了後現代哲學家們拆除形上學和知識論的核心主
張。

✍ 課堂回顧與反思討論活動

一、請以自己的理解或和同學討論，解釋以下後現代主義的主張概
　　念：

1. 德希達的「解構」：

_____

_____

_____

2. 傅柯的「規訓權力」：

_____

_____

_____

3. 羅蒂的「自然之鏡」：

_____

_____

_____

二、對於布希亞的「擬像論」虛實之間的主張，帶給你的衝擊或教
　　育啟發是什麼？

第三節　後現代主義的教育意義

後現代主義的哲學思想是站在批判現代主義理性結構後設敘事的基點上。因而，現代教育所賴以為據的現代主義形上學、認識論、方法論和價值論等論點被去合法性（de-legitimacy）後，教育思維和行動必將大幅解構、翻轉，重新檢視與思考。如：教育的宗旨是什麼？誰來教育？教育對象是誰？教育的內容應是什麼？教育的形式又是什麼？教育效果要求又如何？教育角色又有何變化？這些問題或許都是在後現代主義思潮影響下，都可能有一些新的解答。以下就教育目的、課程、方法和教師角色各面向進行分析闡述：

壹、教育目的

一、培養多元整合的人才

傳統教育目的在現代理性牽引之下，主要設想人可以達到一種用理性來控制和成就自己的理想狀態，培養出一個個全人（the whole person）的完整人才。這樣的目的指向個人性和社會性的兼顧，認知性、技能性和情意性的結合，以塑造學生良好人格及公民社會責任。

這種教育目的傾向於培養完善的人，教育成了達致如此結果的過程和手段，其所標榜的就是這個過程或手段的可預期性和可完成性，為達此目標即需制定一定的程序和方法加以規範和控制，以確保教育的結果。因而在其教育實施的過程和結果要求時，則無法脫離目標和標準要求同一性、普遍性和標準化的侵害，強調用「正確化」的方法來教育學生，是一種理性化延伸的教育活動，而此種教育結果將培養出一批批統一的、規格化的人才，這在早期傳統社會或許尚能造就諸多社會菁英人才，符應社會需求，但在當今複雜渾沌且快速變遷的後現代資訊社會中，反而成了牽絆和難以滿足瞬息萬變社會的需求。

而在後現代的教育是弘揚多元、允許差異的，它具有一種「去中

心化」的解構精神。是以，後現代教育強調的是一種在差異中承認差異，亦即鼓勵差異多樣發展的精神。因而，其教育目的採取較之寬鬆的態度，他們強調的是以「多元發展」豐富「同一發展」、「差異發展」取代「全面發展」、「特殊人才」先於「完善人才」、「人性關懷」優於「效率競爭」、「跨域整合人才」厚實「單一專門人才」的培養，將教育目的重點放在建構一個多元、特殊、整合的人的培養方向上，從而促使人與人之間、人與自然之間與社會之間搭建一個自然而和諧的關係。

貳、教育課程

現代課程是一種理性控制的課程，泰勒（R. W. Tyler）的目標模式即是現代理性發揮到極致的課程設計模式。在目標至上、理性為尊的模式中，雖能呈現結構系統的設計規模，但課程也在僵固、標準化的模式牽引下，凸顯了單一性及失去了多元彈性。這是後現代課程觀所抨擊的重點，相對的，後現代倡導知識的偶然性、境遇性和體驗性，因而解構轉向強調「去中心化」的多元文本和探索課程。

一、知識中心的解構

後現代主義學者不管是李歐塔、德希達、羅蒂、傅柯或是布希亞，基本上都是對現代二元論的否定。德希達所主張對現代理性進行解構、或李歐塔的反對「巨型敘事」、或羅蒂所提的「自然之鏡」的無鏡哲學，甚至傅柯的「規訓權力」，均強調對此二元對立所產生的知識合法性的「中心化」進行「去中心化」，以摒棄威權。

現代主義以理性知識、科學知識為中心，再加上評量時為了達致可觀察、可測量和客觀化的精神，學校課程多偏重知識的取得，認為知識文化才是人類應攝取的經典知識和文化養分，以及客觀不變的真理。相對的，在後現代課程中，此一中心化的知識地位將受到挑戰和顛覆。後現代具有不穩定、多樣性、異質性的「去中心化」特徵，重

視多元差異的學習。因此，知識的學習不應成爲唯一的主流和面向，學校知識文本也不應是單一僅有的來源，反而應容許其他多元文本的納入，並同時提升及整合技能和情意、態度的學習分量，才能讓學生的學習具有多元性，成就全人的學習。

　　再者，後現代課程重視的已非僅學習內容結果的強調，而是學習歷程。亦即課程是一個在跑道上跑的過程的多元可能，而非單一的預設跑道（Pinar & Grumet, 1976）。在這樣的課程意識上，知識的學習並非固定單一的學習內容和結果，而是多種可能和選擇的知識文本和歷程意義可能。如此拆解了以結果爲中心的信條，相對的，後現代課程觀認爲，知識建構應由師生共同學習及生產自己的知識，並重視學習歷程的發展及意義取得。也就是從一個靜態單一的課程發展結果，轉換到動態多元的課程建構歷程及意義，呈現出獨特脈絡歷程的複雜性和多樣性。

二、跨越邊界、多元文本

　　李歐塔拒斥「後設敘事」，而強調「小敘事」的彰顯。後現代學者認爲傳統學科中心的「巨型敘事」傾向，難以使學生用開放的眼光去看待複雜多樣的世界，要求消解學科邊界。因此，後現代的課程，科學理性和主要學科知識等「後設敘事」成了文本解構的目標，此些知識不再是唯一的眞理；相對的，含攝個人情感、情緒、經驗或涉及種族、性別、族群、階級等小型的、它者的敘事文本，則是課程應編製納入的範疇，以打破學科中心的權威，讓課程走向開放和整合。

　　這正是後現代課程解構「中心文本」，進而「跨越文本」，進行整合的精神。當今課程的開放教科書選擇、制定校本課程、強調主題統整、方案教學，以及在全球化的主流下，兼顧本土和多元文化課程、情境式的探索課程，都是爲學生創造一些與知識相遇的情境課程，這些都是解構文本、跨越邊界精神的履踐。

三、情境式的探索課程

現代理性的客觀性、絕對性課程，致使學習者僅是被動的接受者、旁觀者，課堂成為機械背誦練習及了無生氣的煉獄。後現代的課程觀則強調境遇性與體驗性的知識尋求，個人生活經驗、周遭環境及器物均可以是學習的素材；課堂也不局限於教室之中，大地都可以是學習者的自然教室和探索天地，如此隨時可學、隨處可學的境遇和體驗，關注知識的非穩定性、非連續性和相對性，以及與個體經驗的相互作用。這正是後現代課程觀不確定性、非線性思維所欲建構的學習空間和課程。

參、教學方法

對教育來說，必須培養學生的適應能力、責任感、靈活性和與他人共同工作的能力。在後現代中，自主、個人化，與他人一起有意義的學習，是至關重要的（張文軍，1998）。

因此，後現代主義一直致力於顛覆現代主義下宛如一場嚴格的理性控制和強調效率的大班教學課堂景象。因而，教育實施的個別化、差異化、適性化、自主性、協同性、對話性，成了後現代教學方法的理念基礎。

一、重視自主學習

現代理性下的學生被視為無知識自產能力的接受者，老師也無意識或不敢放手讓學生從事自主學習，深怕學生自制能力和學習效果低落。

而在後現代主義中，每個學生都被視為獨立、獨特的個體及知識的建構者，其應擁有自身的主體性，在學習的過程應有其自主性，學習速度方能自我掌握，效果也才能確實提升。因此，後現代哲學中的課堂應是一個學生主動而自主學習的樣貌。所以，無論是課程的安

排或教學的實施或作業的分派，教師應允許及包容學生有多重、不確定、不同速度、不同標準的差異對待，留給學生彈性自主的時間和空間得以自訂目標、內容、評量標準，和選擇自己興趣或專長的方法從事學習，生產屬於自身探索建構出來的知識和成果。

二、強調差異化學習

在現代理性結構下的傳統教育，教師具有知識傳播者的合法性權威，因而常見的傳遞方式即是教師中心上對下的講述聽講方式，學生只是一個被動地聽講者和受教者；而學生在這樣的學習架構中，也被要求統一性的秩序規範、整齊劃一和標準一致。是以，教學實施不顧學生的成長背景和起點條件，施以齊一的教材、教法、作業和評量標準。這樣的過程和結果看似公平，但事實上卻是一種齊頭式的假平等。

因而，後現代抨擊這樣的教學觀有如非人性的機械人般的教學，忽略了個體的學習起點、速度、內容、效果的差異。其實，學校教育不應是一個整齊劃一的教育，而是開放的、多元的教育方式，以塑造具有豐富內涵和自由個性的主體，使教學成為培養學生批判思維和個性自由發展的利器。是故，後現代主義主張應是個人起點、動機、速度和學習效果的差異性，給予個別化的差異化教學，施以適性的教育，並給予不同的評量標準，促使學生在學習過程中擁有參與感和貢獻感。

三、鼓勵合作學習

羅蒂曾經指出，我們應該擺脫（終極）真理的誘惑，因為對我們而言，思想和社會進步的目標，不再是真理，而是自由和民主（李芳森，2011：82）。在後現代追求自由及民主，以及相互依存的生態關係的教育。因此，合作學習和互動對話策略占極為重要角色。在合作

學習中，團員擁有自由平權的學習機會，自設共同目標，彼此支援並共負榮辱，以及重視個人參與和互動對話，從參與、探詢、討論、對話、分享中，從事平等性的討論，以及合作性的調查探究，讓學生自己要求自己和紀律自己，並從過程中不斷解構、生成、分裂、增殖和創造知識。一方面發現和建構深度知識，另方面也藉此培養自由學習和民主平等的風範。

四、推崇情境或問題式探究學習

後現代知識摒棄終極客觀眞理，強調知識的不確定和境遇性。因此，教師一個至爲關鍵的教學舉措並非提供或講解諸多豐富的知識或經典，而是爲學生創造與知識相遇的機會，亦即如何布置學習問題與情境。是以，情境導向或問題、專題導向的探究學習，是因應學生興趣需求、學習風格、地方文化、社會議題、國際時事、身邊周遭資源條件而設計學習的方法。如此的學習情境提供了學生開放及異質性的探究機會，培養多元潛能及相互包容分享的格局。

五、強調對話教學

李歐塔提出的「語言遊戲」論及透過言說行動創造意義。後現代思想對巨型敘事或同一文本所交付的單一意義是採取拒絕和反對的立場。因此，在進行解構、質疑、批判既定立場的觀點時，對話言說是一個重要的工具和過程。是故，教師在進行教學中，對於文本語言、議題所賦予的意義均應適度引發學生思考和對話，透過平等的對話來批判、反省既有文本或事件中所賦予的可能不同意義。

德希達也提出「解構閱讀策略」的概念，認爲解構閱讀是一種揭露文本結構的文本分析方法。他強調文本不能只是被解讀成單一作者在傳達一個明顯的訊息，而應該被解讀爲在某個文化或世界觀中各種觀點的體現。一個被解構的文本會顯示出許多同時存在的各種觀點，

甚至這些觀點可能是彼此衝突的、不協調的。而將一個文本的解構閱讀與其傳統閱讀來相比較深究的話，也會發現這當中的許多觀點原是被壓抑與隱略的。

　　而這些文本的解構、解讀的多重意義，絕非僅依賴一個人的單獨思考、反思而來，更重要的是透過對話討論，不斷的言說交流、衝突、分裂、修正之中創發生成。

肆、教師角色

　　後現代思想是一個對權威中心解權威、卸武器的「去中心化」思維。以此而言，真理、知識、文本去魅的同時，身為傳遞者的教師也面臨批判和解構的一環。因而，教師如何在後現代思潮中華麗轉身，適度調整教師的角色和心態即至為重要。

一、權力的解放者──翻轉課堂內部關係

　　在傅柯的規訓權力概念中即明確揭示：知識與權力息息相關。傳統教育階段，教師擁有無上的知識權力；而在李歐塔或德希達的觀點中，教師即擁有巨型敘事的傳播權力和權力被解構的角色，師生存在一種失衡的權力關係。因而在傳統教育的「教師中心」和「教師為教室的國王」威權角色下，後現代的教師角色面臨被解構的狀況。新時代的教師應理解到教師權力下放的必要性，在教學過程中，站在師生平權的立場，適度釋放話語權，鼓勵、支持學生從不同角度看待問題，超越單一的視角，並勇於表達，從權力話語的桎梏中解放出來。另者，在教學實施上也應視學生為知識的創造者而非消費者，適度將學習權讓渡給學生，讓學生有適度權力決定自己的學習內容、學習方法、學習速度和評量標準。

　　如此教師權力角色上和心態上的轉變，一則將促使課堂內部關係的轉變，如師生關係、或同儕關係、或課堂氛圍；另則，也將促成課堂與社會、環境生態的轉變。因後現代教育知識關聯意義、經驗探

索、社會環境、自然環境和生活本身，就此，學習的空間將不會局限在傳統的教室中，更可能擴及到生活、社會、自然環境的參觀、考察、探索和研究，讓環境事件與個體經驗進行內在的連結，學習的時空將被解構，成了生活即課堂、社會即課堂、自然即課堂的隨時可學、隨處可學的關係環境。

二、知識反省的批判者 —— 政治性的本質掌握

對教師而言，在教師權力釋放的同時，一個改進權力平衡的條件，即是讓學生在師生之間、學生與學生之間，進行批判性的論述。諸如協助學生從實證主義知識的權威依賴，移位到真實實驗、批判反思與判斷。這並非意味著教師放棄管理的責任；相對的，是要阻止知識的威權化，鼓勵學生分析所接受的知識論證，並協助他們從事自己的批判判斷。而這行動的成功與否，則取決於教師必對其角色和教育的政治本質的理解掌握（Ozmon & Craver, 2008）。

三、學習情境的布置者 —— 境遇性的知識探索

後現代觀點認為知識是不確定性、境遇性和體驗性的。在不確定性和境遇性的學習機制中，如何安排或規劃學生與知識的相遇（encounter）則是至為關鍵的學習環節。這種不確定性、境遇性和體驗性的知識相逢，雖然免不了自然的相遇可能，但最重要的還是要教師如何衡量學生興趣、經驗和需求，布置貼近學生興趣、需求和必要的相關學習材料和學習情境，引發學生學習的欲望和動力，就如上述所舉情境學習、問題與專題學習、體驗探索活動等學習策略，讓學生能與情境或學習材料產生互動、交流、對話、整合，進行與情境、材料連結、再生的意義學習。

😊 第四節　評述

　　後現代主義學者以不同的角度視野和語言概念，指出現代主義的缺陷和牽制，無論從反對宏大的後設敘事，或是解構中心結構，或試圖破除主流知識權力的規訓，以及鏡式哲學的思維宰制，或是模糊現實虛擬間的界線，在在顯示其與現代哲學思維的去中心化和多元差異特性。以下即從兩個層面對後現代主義作一分析評述。

壹、消解理性宰制，開展思維新視野

　　從本章闡述分析中可清晰瞭解，後現代主義主要是對現代理性結構的二元論的威權中心，進行拆解。在二元論中，主客兩體是對立且涇渭分明的，主體為尊、客體為附庸的觀點，也是後現代主義極為拒斥之處。在後現代學者的視野中，主客兩體應是平等包容且互為裡外的，這亦即後現代學者會特別排斥個體主體，而倡導相互主體（inter-subjectivity）的基礎，因為主客體的平等方能解決傳統哲學心物分立的問題，促成主體相融的心物合一。如此一來，世界不會只是一個單一視野或一個同一的規範和標準，後現代的去中心化、非線性、不確定、解構跨越、多元差異、相互主體等特性，也將產生社會萬花筒般的情況，為世人帶來不同且寬廣的視野和思維。

貳、失根漂浮，渾沌世界

　　後現代標榜不確定、複雜化和渾沌性，但其否定基礎主義、本質主義的觀點，也將為世界帶來無基礎、本質的失根狀態，這也是諸多學者所抨擊的地方。就如上述後現代為世界帶來有如萬花筒般的多彩炫麗的社會實在，雖具多元性、異質性，卻也缺乏穩定性、效率性和系統性的矛盾，尤其在瞬息萬變的今日，更可能形成自我認同、人際關係和生活秩序的危機。就如張文軍（1998：23）所指陳的，隨著道德和科學的確定性的崩潰，基礎知識的瓦解，唯一可知的實在是由語

言、影像、符號和文本所組成。然而這些也是充滿奇異的，允許各種解讀，允許無休止的解構。此舉所致，自我本身也是可疑的。它不再具有基礎、中心和深度。自我成了可變的文本，被隨意解讀和扭曲、建構和解構，自我成了供一些人展示自己，而任由他人品頭論足的東西，不再是他們自己永恆內在的實在。

　　一個顛覆基礎、本質的世界，可以建構毫無束縛或說最低束縛的世界，促成一個寬廣而多元豐富的社會和無拘束的自我。但相對的，一個無基礎和本質的世界，將可能形成一個失根雜亂和自我秩序的社會，這也是後現代思想所形成的悖論。一個大哉問，在教育上，若連基礎知識都受到否定，教育到底該選擇教些什麼？又要如何進行下去？這是諸多思想家和大眾的疑惑，不過後現代主義尚未做出實質性和解惑性的回答。

素養考驗：課堂故事反思與解決

一、本章課堂故事中，從小珍老師的課堂展現來分析，你認為她所
　　秉持的教學理念較接近何種哲學思維原則？

　　(A) 理性結構　　(B) 多元差異　　(C) 去中心　　(D) 現實與虛構

　　理由：_____

　　參考答案：（A）

二、若你認為可以再讓小珍老師的課堂學生具有更高的參與感和專
　　注度，你會試著採用後現代主義何種哲學理念，以及何種教學
　　做法？為什麼？

現象學與教育

CHAPTER 8

本章大要

　　現象學意旨透過「言談、對話」以「自我顯示、呈現的事物」，目的在回歸及還原事物本貌，進行客觀的分析、判斷。因而現象學是一種以現象本身為基礎，且不帶任何預設理論、偏見的對事物進行描述、分析，以讓事物能以其本來面目顯現的哲學運動。

　　本章分別從四個重點闡述，第一部分論述其思想發展與淵源；第二部分則闡述其主要思想要旨，以強調本質直觀、懸置、存有、原初經驗、對話理解等方法，存而不論且不驟下判斷，讓事物回到其本質面貌，甚至達成共同理解的「視域交融」；第三部分提出相關的教育啟發：激勵師生互為主體的自主性、提供無歧視偏見的課程、重視潛在課程和師生關係的理解促進角色等；第四部分則進行相關評述。

§課堂故事§

　　彩虹幼兒園熊熊班（中班）的家偉是個生性活潑好動的小男孩，常因在課堂上搶著發言或不遵守秩序而被佳佳老師制止；而承萍則是班上年紀較小的女孩，因文靜守規矩而深獲老師們的喜愛。

　　一天，班上同學跑來跟佳佳老師報告說：「老師，家偉在洗手臺玩水，把承萍的身體都弄濕了。」

　　佳佳老師急忙趕到現場，只看到承萍全身溼答答，家偉則是用雙手摀著水龍頭，水不斷的噴灑出來。佳佳老師氣急敗壞地斥責家偉：「你怎麼在玩水？而且把承萍都弄得溼答答的。」家偉委屈的回說：「老師，我沒有玩水啦！」……

　　原來，承萍洗手時，水龍頭輸水管裂開了，被噴得滿身都是。家偉熱心地去幫她把水摀住，以免噴得更嚴重，結果連自己也噴得滿身都是。

第一節　思想源流與發展

　　現象學（phenomenology）源自希臘語 phainómenon 和 lógos 的併體字，前者意為「自我顯示、呈現的事物」；後者即為「言談、對話」之意。所以，現象學即是去看清那呈現自己而被看見的事物，目的在讓那呈現者（事物）如其所呈現自己的方式般被看見，是 20 世紀重要的哲學運動之一。

　　現象學的發軔主要來自當時對傳統哲學形上學假設及任何預設立場進行研究的反動和背離。現象學奠基者為胡塞爾（E. Husserl, 1859-1938），他曾受業於德國哲學家布倫塔諾（F. Brentano, 1838-1917），深受其「意識」觀點的影響，在其被視為現象學運動肇始宣

言的大作《邏輯研究》（*Logical Investigations*）中揭櫫「意向性」的觀點，是一種指涉事物對象的心理現象。胡塞爾認為，人的意識總是指向某特定對象，並以其為目標，這種有指向性和目的性的意識活動即為「意向性」。胡塞爾亦藉此揭示人的意識主體角色，和在探究事物本質時的重要性。

在胡塞爾所處的時代，由於西方文明過度重視科學的結果，人性及人的價值已產生了危機。為了因應歐洲的科學危機，胡塞爾（1936/1962）在其《歐洲科學危機和超驗現象學》（*Die Krisis der europäischen Wissenschaften und die transzendentale Phänomenologie*）一書中，即極力強調人類應該回到「生活世界」（Lebenswelt / life world）來，因為「生活世界」是個體在日常生活中透過知覺被經驗到或可經驗到的世界，它是唯一真實的世界，也是自然科學和理性活動的根源和基礎（梁福鎮，2020）。循此理路可知，胡塞爾對於歐洲當時盛行的科學化是採取懷疑、批判的態度，他深以為西方文明世界所推崇的「實證主義」自身是造成世界本身和文化淪落的元凶。他認為科學脫離了現實的生活，極力主張回歸到「生活世界」，以解決科學所帶來人類異化的危機和問題。

由此，現象學既是一種哲學學說，也是一種方法概念。其角色在於澄清生活世界（life world）的本質結構（essential structure），企圖透過意識活動（conscious acts）瞭解世界如何被經驗，以及現象與意識之間必然相關的給予方式（張汝倫，1997）。因而，現象學是對人類經驗的探索，是對事物在經驗中如何向我們顯現的探索（李維倫譯，2004）。由此觀之，現象學即是一種以現象本身為基礎，且不帶任何預設理論、偏見的對事物進行描述、分析，以令其能以本來面目顯現在我們眼前的哲學運動。

現象學由胡塞爾發端，其學說也影響後續學者極大，如他的學生海德格（M. Heidegger, 1889-1976），以及1930年代傳入法國後，50年代成為法國的主要哲學流派之一，哲學家沙特（Jean-Paul Sartre, 1905-1980）、梅洛龐帝（M. Merleau-Ponty, 1908-1961）等均是

現象學的代表人物。他們的共同的核心論均強調「回到事物自身」，
亦即人類對某一事物的認識或看清應先「去蔽」：去除先前假設、先
前偏見和先入為主的經驗觀念的遮蔽，讓事物能以自顯的方式呈現，
回到事物的自身，讓呈現物被看見。而至於如何回到事物自身，他們
則各有不同的主張。施偉隆（2009）即指出，胡塞爾提出存而不論
（Epoche）、懸置的論點，欲將主體的先見、偏見與預設排除，以還
原（reduction）到對事物的純粹體驗；海德格則認為經由主體意識所
揭露的才是存有者（being），而非具有 to be 性質的存有（Being），
他認為存有（事物自身）根本上須透過時間來理解，這要交由人的
在世結構：此在（dasein）來揭露，亦即在時間中的主體。此在，是
存有既外顯又遮蔽的場所，沒有所謂純粹的主體，存有早就化身在
此在之中了，因此應從前見、前設、前有來展開存有與此在的對話，
這即是詮釋循環（hermeneutical circle）的主張，此條路線為高達美
（Hans-Georg Gadamer, 1900-2002）所承繼。沙特也深受海德格的影
響，他提出了兩種存有：在己存有與為己存有，前者屬於事物，是早
就決定的存在狀態；後者為主體的，是主動、自由、可超越的，沙特
要強調的是為己的意識自由；而梅洛龐帝基於回到事物自身的論述，
他重提胡塞爾還原做法的重要性，但也認為還原不可能完全，這使得
主體與對象間變成一種辯證而非必然的關係；另外，梅洛龐帝更注重
前判斷與前反思的身體意向，因為早在我們對世界認知與形成概念之
前，它就已顯現在身體之中並且形成了一種統一。

第二節　代表人物與思想要旨

　　現象學主要的學者除胡塞爾外，其後的追隨者海德格、梅洛龐
帝、高達美等人都是重要的代表人物。其主要的思想觀點分述如下：

壹、胡塞爾的論點

一、意向性

　　胡塞爾繼承及延續了布倫塔諾（F. Brentano）的意向性（inten-tionality）概念，此概念也是超驗現象學最中心的概念。其核心意旨即在指出我們的每一個意識動作、每一個經驗活動，都是具有指向性的（intentional）。意識總是「對某事某物的意識」，經驗總是「對某事某物的經驗」（李維倫譯，2004）。舉例來說，我看見，一定是某個視覺上的事物，如汽車、小鳥等；我聽見，勢必是某個聽覺方面的聲音，如汽車喇叭聲、鳥叫聲；我回憶，必定是回想過往的某個事物或情節，如旅遊情景或電視劇情。由此可見，我們所有的覺知都會指向相對的事物，每一個意識活動或經驗活動，勢必都與某一事物相關或對應。綜言之，任何意識都是對某物的意識。

　　所以，現象學裡的「意向性」則在揭示我們跟事物之間的意識關係。因此，意向性的意涵即在指出，每一個意識動作都是意指著（intending）某一事物，意識總是關於對某事某物的意識（李維倫譯，2004）。

　　胡塞爾進一步以「noesis」（能指）、「noema」（所指）兩個概念來闡釋意向性的具體結構。「能指」是指意識行為或意向作用，而「所指」則是意識對象或意向對象，前者是意識著對象，意向著對象；而後者則是被意識者，被意向者。胡塞爾認為意識是意識行為和意識對象統一構成的，因此，意向性的結構構成就包含了意向作用和意向對象兩者的統一（洪漢鼎，2008：188-189）。是以，「能指」和「所指」是互為表裡的，意向性則是兩者的統一結合體。

二、生活世界

　　胡塞爾的「生活世界」（Lebenswelt），指的就是人類生活的日常經驗世界，意味著我們日常對世界的自然觀念源自於我們可能經驗的相關事物。胡塞爾提出的「生活世界」，其實是對「科學世界」概念的反動。他在他的《歐洲科學危機及超驗現象學》中即一再指稱，科學的危機始於科學觀念在近代被實證主義簡化為純粹事實的科學，從而造成近代科學對於作為科學源頭的生活世界的遺忘，以至於科學喪失了生活的意義。

　　胡塞爾反對伽利略將世界區分為借助數學或幾何來描述的客觀世界（又稱物理世界）和我們日常所置身和認識的世界，即有色彩、聲響、溫度、氣味可感知的主觀世界（又稱生活世界）。胡塞爾認為自然科學的源頭應建立在生活世界上，客觀的科學必須以主觀的生活經驗為基礎，其目的在幫助實現人們的計畫。他指出生活世界是科學的基礎，認為不同的生活世界只是一個更基礎的普同結構的轉化而已。現象學研究可以穿透不同的生活世界，指出一切原初的，非歷史性的意義本貌（洪漢鼎，2008；畢恆達，1996）。

　　由此可知，胡塞爾的「生活世界」意指一個人類可感知的意義世界，人具有感知生活世界中的一切事物顏色、形式、聲音、味道，甚至意義，是一個能知的真實意義世界，而非僅是受控制的、因果的、理論的客觀抽象世界。因此，現象學即主張透過生活世界提供各類事物和行為現象，作為探討事物和行為原初本質的素材，以還原其本貌，而非因片面判斷而誤判扭曲。是以，現象學強調的是將在「生活世界」中，藉由對事物初步接觸採取「存而不論」的態度，先「懸置」自然科學所根據的客觀世界後，再以「直觀本質」的方法，來理解、洞悉及顯現事物的本質世界。

三、回到事物自身與存而不論

現象學中談到「回到事物自身」，指的是放棄傳統實證主義的想法，不應承襲傳統的信仰和理論，來解釋看到的事物；不用傳統先入為主偏見視物，而是轉向現象的本身（葉乃靜，2012）。所以，在現象學的論述中即認為人類對於真理的探知，應「還原」到事物的本身，這是從事現象學探究的主要根據。所謂「還原」就是從我們所關心的一般性目標「撤離」，「回到」一個較為單純和原始的觀點，一個僅對準意向性的觀點（李維倫譯，2004）。

「還原」拉丁文的字根是 re-ducere，意指往回導引、保留或撤回。因此，當面對或意識到某一件事物時，我們須做優先處理的並非是當下的驟下判斷或批判，而是對正在關心的意向性不做解釋的「懸置」（suspend）、「放入括弧」（bracketing）。亦即對這個意向性按下暫停的鍵，克制直接判斷的衝動，暫時「存而不論」，直到觀看事物的不同樣貌或獲取證據充分明確。

此即為胡塞爾所稱，以能知自我的純粹意識與本質直觀（eidetic intuition），以及所知事物的本質作為反省對象，以成為精確知識（rigorous science）。為達此目的，胡塞爾認為現象學必須效法笛卡兒（René Descartes, 1596-1650）以普遍懷疑（universal doubt）為方法，尋求知識基礎的做法，將自然態度擱置一旁，同時也將自然設定的經驗世界與心理排除於純粹自我（pure ego）之外，放入括弧之中，使之不影響個人的認知、思維與判斷（余懿嫻，2000）。

總之，胡塞爾和現象學諸多學者均強調在對事物進行知覺與理解之時，應秉持還原原則，消解原有的舊有傳統或主流的思考框架和理論經驗，使其不再主導我們觀看及意識事物的作用。此時，傳統及主流思考框架將逐一消退撤離，讓原先不被看見和次要細節的現象才能一一浮現，如此方能對事物的本質和全貌做一「精確性的」描述與呈現。

四、本質直觀（eidetic intuition）

現象學的核心在於對人類意識活動的澄清，亦即對上述所言的「意向對象」的理解釐清，如此可讓意識者對意識對象產生新的視野和新的觀看方式，有助於對事物本質的還原及洞察。

因此，「本質直觀」是現象學重要知覺及觀看事物現象的重要方式。一般而言，眾人對於「直觀」總停留在透過感官對物理世界個別實在對象的知覺，就如康德所說的知識來源之一的「感性」途徑，是一種感官感覺的方式，看到的是眼前所見的事實。但胡塞爾的「直觀」不僅是對外在實在事物現象的觀察感覺，而是更進一步地對事物現象的內在知覺。例如：當我們在觀看蘋果時，現象學的直觀並非僅是看到它的形狀、色澤，甚至聞到它的香氣，而是更能意識到自己正在觀看蘋果的狀態，甚至引發相關的內在想像、記憶經驗和意義。

由上可知，「本質直觀」是認識事物現象的本質機能，有人亦稱其是一種「觀念的直觀」，與「感性的直觀」是有所不同的。所以，胡塞爾就指出「本質直觀」是對某一事物、某一對象的意識，這「本質直觀」的所予物是一種純粹的本質（reines Wesen）。他認為它除了感覺特定事物對象外，還能邏輯運作、比較、區辨和推理，這些都是知性或意識方面的活動（吳汝鈞，2001）。

總之，本質直觀是一種對事物自身的洞察，也就是一種對本質的洞察，而非僅是對一般現象的理解。它直觀的並非是符號、形象的事物，而是一種「超越」（transcend）符號、形象的，亦即是超越現象的理解，它不必然依賴具體的經驗事物或對象，是一種可推及、超越目前經驗所及之外，去想像和創造一種新的可能性，如牛頓的地心引力說和愛因斯坦的相對論，即是超越現有經驗現象和時空情境而產生的創造性想像，對經驗事物創造了更深度的洞察。

所以，胡塞爾認為「本質直觀」是對一個內涵或形式的掌握，它是一種具有其特徵結構的意向性，是一種事物本質同一性的綜合。整體而言，它是一種呈現意識的作用，這個意識作用是能思考和建立概念的。

223

五、互為主體

現象學因有些概念或論點，像超越自我、還原等，似乎均在凸顯自我主體的角色，因此，常會被誤解成「唯我論」（solipsism）的一種哲學形式。胡塞爾即澄清，世界不是只有一個自我或主體，在我的主體之外，還有千千萬萬個其他的主體，自我主體和其他主體便構成了一個多元性和相容性的主體群。在胡塞爾的世界裡，世界是一個交互主體的世界，而這個交互主體的世界是給予每個人同樣或類似的機會，這即是「互為主體」的概念。

胡塞爾指出，各個自我需要共同存在，一個客觀的世界才能被建造出來（吳鈞汝，2001：132）。因此，自我並非完全離群而獨立的，恰好相反的，它反映出的卻是群體化的狀態，共存性建構了一個客觀的經驗世界。因此，自我與他者之間並非二元對立的關係，而是與其他他者共同參與世界的事物，發揮所長，共同成就客觀世界。

總之，現象學者認為人處在世界上群居狀態，人與人之間有各種不同的關係，最根本的就在於認知，即一個主體意識和另一個或多個主體意識之間的認知關係，雙方各有認識作用即互為主體性（趙曉維，2000）。因而，主體與主體之間的關係是一種聯繫性、相容性的關係，每一個主體都在這個群體關係網絡之內，各個主體均是平等的、聯繫的，沒有哪一個主體是獨占的、優先的。若以經驗來說，可以說，我在建立他人經驗的同時，他人也在建立我的經驗。換言之，我一方面是構造主體，同時又是一個被他人構造的客體。因此，每個主體在這個群體網絡中均可被視為主體，然而同時也是客體，這即為互為主體性（intersubjectivity）的展現。

貳、海德格的存有（Being）論

海德格是胡塞爾的學生，但其研究方向和焦點卻不同於他的老師。海德格對人類意識的意向性問題不感興趣，他畢生關心的問題是「存有」到底如何呈現給我們。

現象學者共同的主張是「回到事物的本身」的探求，那事物的

224

本身又是什麼？胡塞爾認為是「意識」，但海德格卻認為「存有」（being）才是事物的本身，所以海德格在現象學上的論述就是以「存有」為探究重心。

就以上述的現象學「還原」來講，胡塞爾強調的是將人的原本處在「自然態度」（natürliche Einstellung）中，即生活於物質與人群所集結的世界中的態度，主張以「懸置」初始知覺而轉為導向一個「超驗的意識生活」，以及一個「能指及所指的經歷」（noetisch-noematische），以讓對象成為意識所構成者；但海德格的所謂的「還原」卻有所不同，它是使一般素樸的被視為「存有物」（seiendes）者導向為「存有」（sein）（汪文聖，1995：9）。海德格認為，人類社會充滿了各種預設，諸如社會的、文化的、科學的，但這些預設卻遮蔽了「存有物」的原貌本質。是以，我們要看清一個事物，必先去除遮蔽，讓其本質呈現被看見，這就是「存有」。

由此，海德格並提出「此在」（dasein）作為探討存有的主要基礎。「此在」字義即「在此存有」（da 指「在此」，sein 即為「存有」）的意思。他認為「此在」具有三種特性：(1) 是占有時空的具有物質特性的存有者（物），也是一種能脫離既有處境而對自己的存有狀況有所理解者；(2) 是作為一個意義關聯的存有者（物），而非僅僅擺在那裡的一個物件，是一種「在世存有」（In-der-Welt-sein）的存在特性；(3) 是與其他的「此在」共同存在於這個世界之中，這種「共有」（共同存有）構成人存在的社會結構（李志成，2017）。換言之，「此在」強調的並非僅是物質實體的「存有者」，更是對既有情境的理解想像和意義網絡的關聯，是一種兼具個人「存有」和社會「存有」的意涵。

上述所提存有活動中常見的「存有」和「存有者」兩個名詞，類似於亞里斯多德的「形式」與「質料」兩個概念。所以，當在追問一件事物的本質意義時，我們所應細看的並非僅是這個物件的外型或材料（質料、存有者），而是其具有普遍性的性質功能和意義（形式、存有）。就如同我們看到「滑鼠」，追問它為什麼叫「滑鼠」時，所

應關注的並非僅是其外型和什麼材質所構成的，或有線、無線，更重要的是瞭解其可以自由滑動，協助使用者如老鼠般靈活地在電腦螢幕上滑動定位和自由選擇不同工具功能製作文件的原初用途及意義。是故，具體存在的這個滑鼠是實體「質料」的「存有者」，而使其成為名符其實的滑鼠的來源則是「形式」，此「形式」即是「存有」。

但他也嚴厲批判歷來哲學家對存有的思考，認為這些說法已偏離了存有的原初意義。因為一味以主體所規定的法則去決定「存有」，人便只須依靠自己，即能規定真理和「存有」。如此發展到極點，將使人恣意擴張自身的權能，以預測、宰制自然，甚至去統治別人，造成人與自然、人與人之間的異化。因此，他依循胡塞爾所主張的現象學方法，不預設任何觀點和立場，而直接回到「存有」本身，觀看其如何顯示，並如實地將其所顯示者描述出來（李奉儒和張淑媚，2000）。這就是海德格為何會以「存有」作為其現象學探究的主要基點，因為唯有「存有」的顯現自身，方有衝破或排除隱蔽的可能，讓事物自我呈現，呈現其原初的面貌被考察，其原初的意義才能顯現且被看見。

參、梅洛龐帝的知覺現象學 —— 原初經驗

梅洛龐帝的學術發展深受柏格森（H. Bergson, 1859-1941）、胡塞爾和黑格爾等人，以及完形心理學（gestalt psychology）的影響。尤以柏格森的「我們經驗的生活流中具體直觀活生生的氣息」，強調知覺探索的觀點（蔡錚雲譯，2005）和完形心理學，對梅洛龐帝的研究基點與方向產生了極大的影響。

「回到事物本身」是現象學一脈相承的基礎，但各現象學學家對於「事物本身」的切入基點和解讀卻諸多不同。胡塞爾關注的是「意識」，海德格強調的是「存有」，而梅洛龐帝則聚焦在「身體知覺」。因而，他從「當下活生生現實」的知覺出發，作為研究探索的基礎，去探討生活周遭的社會、文化和語言的關係問題。

梅洛龐帝的知覺現象學強調透過身體知覺對自然世界的探求，旨

在喚醒人類對周遭自然世界的呼應及聯繫。其背景主要在反思自啟蒙運動和實證主義盛行之後，科學思維已經成爲人類主要的依循，人類對外界事物相關的判斷和解釋，均已有「預先設定」的客觀標準，這些客觀預設也將「人」與「自然」化爲主客二分，人可以主宰自然，人與自然從此越加疏離。

因而，梅洛龐帝企圖透過身體知覺恢復與自然世界的連結，讓我們與自然世界的主客不分，回到身體與世界互動的自然狀態，促使我們恢復知覺世界（the perceived world）來保存並持續返回活生生的世界，來表達自己與原初世界的聯繫（primitive contact with the world），以破除知識與理智對於認識外在世界的預設，喚起人類重新看待世界（曾雅惠，2014）。

而談到身體知覺必須提及與之一體兩面、極其密切關係的另一觀念：「原初經驗」（primary experience）。所謂「原初」是一種直接呈現，顯示自身的方式。每一個原初呈現旨在呈現自身被看見，都是認知的來源，且是提供無預設的認知基礎。而「原初經驗」即是「事實本身」，其核心要旨在強調排除對事物一切的前見、前判斷，移開所有預設的觀念柵欄，重建我們與經驗的直接聯繫，這即是「原初經驗」。

在梅洛龐帝的眼中，身體的統一性和世界的統一性是息息相關的。身體是身心（內外在）的統一體，是一個最原初的世界，其他世界是圍繞著我們的身體世界而展開的。只有當我們施展了身體的功能，我們才能挺身走向世界。由此，身體是我們擁有世界的一般方式（張曉均，2006：43）。梅洛龐帝即指出，在人類與世界聯繫中，心靈（意識或精神）、身體、世界（自然世界和文化世界）這三者是相互蘊含而不可分割的統一系統，每一項均不可能脫離另外兩項單獨作用，唯有如此，才能形構其整體性和順暢運作的存在。因而，我們透過身體知覺體現於世，身體與世界是一個交織的整體，因爲，身體知覺是無法在與周遭世界分離的狀況下，對某周遭事物形成明確的輪廓的。原初經驗即在身體知覺展現任務時去呼應、聯繫周遭世界，表

達身體自然的反應，懸置當下經驗，不加以論斷，而讓事物呈現其自身（姜志輝譯，2001；曾雅惠 2014）。

總之，梅洛龐帝的知覺現象學的要旨即在保留對世界對象的直接經驗，一方面與世界保持自然的互動聯繫，另方面同時維持無預設的判斷立場，促使世界能呈現它的自身被看見。

肆、高達美（Hans-Georg Gadamer, 1900-2002）的詮釋學

詮釋學主要是針對意義的理解（understanding）和詮釋（interpretation），所以其探究的焦點強調對理解如何形成和理解如何實踐的研究。

就詮釋學的發展源流，大致有：傳統詮釋學、近代詮釋學和當代詮釋學等三個思想流派（陳碧祥，2000）。

一、傳統詮釋學

可遠溯希臘「荷美斯」（Hermes）神話。為能真正明瞭諸神隱晦之意旨，因此對於語言、文字有理解詮釋之必要，詮釋學由此而生。

二、近代詮釋學

始於史萊爾瑪赫（F. D. E. Schleiermacher, 1768-1834）。他是第一位於意義詮釋過程中，專注於「理解過程」之探究者，強調理解在於回溯作者思想及意識，並將作者之內在精神再現。易言之，詮釋學即是重建作者創造之過程。其後，狄爾泰（W. Dilthey, 1833-1911）從精神科學觀點，強調自然科學與精神科學應嚴格區分，自然科學強調因果解釋，而精神科學則應重視意義整體性及獨特性之理解。故他認為一切「生命表現」皆可透過擬情的再體驗來理解，藉此而建構出具歷史意識探究之理解過程。

三、當代詮釋學

主要以哲學詮釋學代表人物高達美為代表。他認為理解是「此在」（dasein）之存有方式及彰顯自我之進程，而詮釋學應奠基於存有論之基礎，深化成一種哲學探究，以作為一切科學理論之堅實基礎。高達美並強調理解立基於歷史傳統上，藉語言之中介而行，人無法脫離歷史傳統而獨存。

高達美為德國哲學家，是 20 世紀詮釋學發展的代表人物，學術思想深受胡塞爾和海德格的影響，尤以後者為鉅。高達美的哲學詮釋學深受海德格存有論的影響，他認為理解應立基於「在世存有」的基礎上，尤其強調語言的中介性，藉由語言不斷提問及對話的辯證過程，而非胡塞爾所強調的自我意識的方法。所以，他吸納了海德格的「理解前結構」（或稱前見）的概念，認為任何事物的詮釋雖然都是從「理解前結構」出發，但詮釋是一種持續不斷根基在人的有限性和人的語言性上，卻無法完成完全理解的過程。因而，仍有可能會在詮釋的過程中回頭來修改該結構（趙偉鼎，2019；蔡錚雲譯，2005）。亦即當我們在面對及詮釋某一件事物時，勢必會以自己既有的經驗知識、偏好價值、視域的基礎，針對事物進行評論詮釋，但如此詮釋一般將落入個人主觀的有限性而失之偏狹的理解。因此，我們必須參考相關資料、考量脈絡情境異同，或請教參考他人意見看法，再進一步調整修正自己原先的論點，方能完成較為完整和合理的理解詮釋。

誠如高達美在其大作《真理與方法》（*Truth and Method*）所提：「語言即是詮釋經驗的中介」，亦即語言是實踐理解的媒介。對高達美而言，語言的真實存有在於「言說」（Sprache）上，一種發生在交談（ein Gesprach）脈絡中所講的話。哲學因而是一種導向相互瞭解，那是一種讓此理解真正經驗到的交談。故高達美認為哲學的功能不外乎揭露或彰顯（darstellen）「事物自身」（die Sache selbst），將事物本質予以點明，讓「本質說明」（Wesenserhellung）（蔡錚雲譯，2005：322）。換言之，高達美的詮釋是一種藉由言說交談的理解過程，言說的目的在令事物揭露自身本質，以促進「詮釋者」和

「被詮釋者」的相互瞭解，達到一個真正的理解。

由此顯見，高達美的哲學詮釋學即呈現一種理解活動的現象學，亦即讓遭遇到的存有者彰顯事物自身而產生理解過程。而高達美認為促成對遭遇存有物的理解的途徑，則是上述所提及的「辯證」，透過相互的交談辯證，促使事物自身完整的開展與呈現，方能詮釋其完整的意義。

是以，高達美延續海德格的存有論點，運用了「視域融合」（fusion of horizons）的概念，以說明吾人在理解他者的過程，就如同透過言說讓雙方各自的視域得以彼此相容。高達美認為日常語言具有一種思辨結構，故使人能不受陳述句的獨斷限制，從而能在言談中以更開放的方式來理解事物之存有（趙偉鼎，2019）。「視域」（horizon）在高達美詮釋學中的意涵指的是：個人在某一特定處境或立足點上，其心域視野所能涵蓋的範圍。因而，每個人會因成長背景、生命經驗、個人特質、價值偏好等因素，而形成各有不同的「視域」，這些「視域」亦即前述所提的「理解前結構」（前見）。故基於彰顯事物自身，以促進相互瞭解的前提上，「互為主體」的意識將是促成雙方理解的主要基礎。亦即在雙方處以「互為主體」的前提下，各自勢必帶著各自的前見或視域，並經由不斷的溝通和辯證，持續不斷的來回理解與修正，方可達到「視域融合」的境界。

舉例來說，當我們帶著自己的歷史「視域」來理解「教育哲學」文本時，兩種不同的歷史「視域」必然會產生一種「張力」（tension）。我們必先跳脫由文本自身歷史存在所產生的「前見」（文本中的論點），但又不能以自己的「前見」（閱讀者既有經驗）任意解讀哲學的內容。因此，只有在解釋者的「前見」和被解釋者的「前見」撞擊調和在一起，並產生出意義時，才會出現真正的「理解」。這種過程，高達美稱之為「視域融合」（fusion of horizons），而這個過程是持續不斷、來回流動的。

✍ 課堂回顧與反思活動 1

一、請選擇上述胡塞爾的一個現象學論點，並略述其內涵或舉例。

二、海德格存有論現象學的核心要旨是什麼？請試闡述之。

三、什麼叫「視域融合」？舉例說明之。

🙂第三節　現象學的教育意義

現象學學說旨在喚醒人類對生活世界的關注，讓事物自身得以自我呈現，人類並能以客觀、整體、深入的態度探求、理解事物現象的本質。無論從胡塞爾的自我意識途徑、海德格強調的在世存有觀點、梅洛龐帝透過身體知覺的直接經驗，或高達美透過言說視域融合的理解，都在強調對外在事物無預設立場的探析，以對事物本質的瞭解和掌握，建構生活世界的意義。由此，不但凸顯人類意識、知覺和理解等存有的自主性，也彰顯人與人、人與自然兩造相互主體性的內涵。此種哲學觀點在教育上產生了諸多的影響與啟示，分述如下：

壹、教育目的

一、回歸真實的意義世界

就現象學而言，其教育的啟發主要在世界事物現象原貌和意義的探尋，尤其反對實證主義科學理性下的諸多絕對客觀規範，致使人對自己的生活世界越形疏離和無感扭曲，喚醒吾人勿禁錮於科學理性生冷僵化的框架。因而，現象學的教育目的強調喚醒人類對生活世界可能性的覺醒與理解，促使學生掌握事物本質，體驗豐富多樣的生活，透過自發的身體知覺和生命意識與外界事物互動，體會生命存有與世界息息相關，回歸到真實的意義世界。

二、彰顯互為主體的自主性

現象學強調互為主體性的彰顯，在教育上的意義即提醒教育者對個體自主性和平等性的注重。因而，教育目的即在促成施教者和受教者自我意識的覺醒，揭顯主體自主與平等的宗旨，打破主客二元的思考窠臼，使在教育場域中處處可見相互包容、平等和善於表達、自主決定的友善環境。

貳、教育課程

一、提供接近學習者生活經驗的素材

現象學強調與生活世界的連結，所以課程教材規劃不宜僅囿以預先計畫或既有固定學習材料為主，宜以能激發學生「能思、所思」的生活經驗素材，提供師生的探索知覺和互動機會，透過言說溝通、理解詮釋，建構自身與世界的意義體系。

二、無偏見歧視的課程教材

現有學習材料中，難以避免隱蔽部分對種族、族群、性別、階級的預設偏見或過於偏重的主流資訊。因此，教育者應能展現「去蔽」的功能，對種族、族群、性別、階級相關議題的預設予於排除，對於主流或不實的資訊也應採取「懸置存而不論」的態度，並啟迪受教者發揮自我的意識察覺和主體性進行相互對話辯證，以形成對不同種族、族群、性別、階級之間差異的共同理解，達致「視域融合」的視野。

三、重視潛在課程的影響

在教育的生活世界中，教師或師生同儕團體間自然產生的互動，而使其對教育生活世界產生意義與價值的理解，進而擴展其存有經驗；這些經驗都是在非限定和創造性的情況中展開的，不是事先計畫好的學習，且可能發揮正面或負面的影響，這即是一種在教育情境中潛在課程的開展與影響。因而，教育者除激發學生知覺與生活世界的連結外，更應提供適當的身教及溝通語言，營造一個富正面潛在影響的學習環境。

參、教學方法

一、提供自我探索和自主主動的學習環境

　　現象學強調自我意識察覺及主體性的彰顯，亦即破除實證主義種種強制的限制，提供一個解放的（liberal）教育環境，彰顯學習者的自主性和主動性。Ozmon 和 Craver（2012）即指出，現象學者相信，有意義的學習只發生在學生主動面對世界，並與之互動的時候。因而，教育者如何去提供或營造探索世界和自主學習的環境則是重要的環節。

二、營造互為主體的合作學習情境

　　根據現象學觀點，互為主體即是一個相互開放和認識理解的共同存在狀態。是以，傳統制式的教育方式形成一個宰制／臣服、命令／服從的關係，呈現一種主客二分的狀況。如此情境將無法搭設師生共同「在世存有」和「與世界意義連結」的關係。因此，提供合作學習的情境，無論是師生之間或同儕之間，提供一種對世界開放的互為主體空間，建構一個共同理解和共存的意義世界。

肆、教師角色

一、學習歷程中的引導者及促進者

　　綜合上述目的、課程、方法可知，現象學在教育上的意義強調學習者主動探索角色，重視存有經驗的體驗和主體開展的學習空間。爰此，教師的角色即非傳統控制者或指導者，而是一個循循善誘、逐步引導的促進者的角色。就如 Ozmon 和 Craver（2012）所指稱的，現象學者相信，學生能夠並且應該經由他們自己的努力來發現知識，教師的角色就是作為此一學習歷程的引導者和促進者。此教師角色論點

雖與實用主義觀點相近，但現象學的引導者、促進者的基礎，關注在個人存有經驗的個人取向上，而實用主義則強調民主與社會發展的社會取向上。

二、師生關係的理解促進者

現象學的中心意旨強調回到事物自身，呈現一個無預設判斷、前見的理解詮釋過程，以建構世界的真實意義。因而教育者在任何教育作為前，均應先摒棄既有前見、偏見，才能讓各個教育事件或學習者問題，原本及全貌的呈現自己。如此一來，教育者方能在無預設判斷的情況下客觀而整體的審視事件或學習者本身，才不致產生扭曲或誤判，師生之間才能建構一個開放理解而促進的關係軸線。

第四節　評述

現象學立基於對實證主義的反動。因此，其相關哲學思維及方法論必然奠基於此，以下即以此為基石分析闡述如下：

壹、關於現象學還原的問題

現象學一派的主張均強調「回到事物本身」去進行觀看和探索，因而哲學家們均主張「還原」到事物原貌。但雖如此，現象學者對於「還原」的基點意涵卻各有所異。

胡塞爾強調以意識的意向性為基礎，主張懸置正在關注的意向性，讓前見暫停作用，對面對的事物先保留而存而不論，亦即對事物克制我們的判斷直到證據非常清楚為止；海德格是以存有論為基礎的還原，認為存有論的還原其訴求的是，人類探求真理與科學的追求。他以「此在」揭櫫還原的意涵，認為一個事物是與其在場顯現或不在場顯現的區分，如此方得以適當的處理。在海德格眼中，還原並非對事物的限制和遠離，而是一種賴以成就的意向性作為，就如亞里斯

多德所指稱的，我們有必要超越個別的科學而探究整體的科學，成爲一個存有的科學（Sokolowski, 2000）。換句話說，海德格的還原是著重在在世存有的意向活動，有別於特定科學如物理學、生物學或醫學，雖然能深究出眼前的物質性事物，但它卻顯現出自我隔離或自我遺忘，遺漏了對整體脈絡的思維和在場顯現的意向，是以無法眞正還原至事物自身的呈現。

梅洛龐帝則是以身體知覺的原初經驗爲還原的基石，而「原初經驗」即強調「事實本身」的呈現，其重點在排除對事物一切的前見、前結構，移開所有預設的限制，讓事物或感知呈現自身；而高達美則主張以言說對話促進共同理解，才能還原事物本貌。他認爲言說的目的在使事物揭露自身本質和自我的省察，並促進「詮釋者」和「被詮釋者」的相互瞭解，還原事實的整體和原型，達致一個眞正的理解。

貳、從反對一元化到彰顯主體性

現象學與詮釋學均反對實徵主義所主張之方法論一元化觀點，即把科學經驗分析方法及因果解釋法則應用到社會科學探究中，而忽略主體性之考量及偏重工具理性與技術之傾向（陳碧祥，2000）。此種傾向導致主客二分的結果，造成世界傾向科學世界（或客觀世界），而看輕經驗世界（或生活世界），因爲嚴謹的科學導出眞理，是客觀的，在現代人類文化中占有極崇高的地位，它常被認爲就是眞實的世界；反而認爲生活世界僅是一些表面現象和經驗活動，是暫時變動的主觀。

現象學又是如何去處理這兩個世界的不同？現象學所做的是，試著去顯示精確、數學化的科學是從經驗世界發源而來的。它們是奠基於經驗的生活世界之中，不可能取代生活世界（Sokolowski, 2000）。因而，現象學不否定客觀世界的存在，但其存在或發展則是立基於生活世界，亦即生活世界的一切經驗活動和行爲現象均是現代科學的素材與來源。現象學者認爲過度重視科學「客觀」的存在，反而會產生一種「主體」的迷失，也就是忽略人自己的存在。因而，

現象學以此立論來連結兩個世界，亦即以「主體性」來彰顯「互為主體」的前景，以打破傳統主客分立的一元化。現象學者認為世界本就存在諸多主體，這些主體間並無孰尊孰鄙的問題，而是相互交流且平等的地位，形塑一個「互為主體」的意義世界。

素養考驗：課堂故事反思與解決

　　針對本章「課堂故事」中所描述的情節，請依序回答下列問題：

一、從心理學家艾利克森（E. H. Erikson）人格發展論的角度來說，家偉面對佳佳老師的斥責和態度，比較可能會產生哪些心理上的反應？（配合多選題）

　　□羞怯懷疑　　□畏縮自疚　　□孤僻疏離　　□缺乏安全感
　　□自貶自卑

　　參考答案：■羞怯懷疑　　■畏縮自疚　　■缺乏安全感

二、以梅洛龐帝的觀點來看，你認為佳佳老師處理這起事件時首先應祛除的態度是：（單選）

　　□說教指導　　□責罵處罰　　□前見判斷　　□回到事物本貌

　　參考答案：■前見判斷

三、若你是佳佳老師，面對如此情景，請你就高達美的詮釋哲學觀而言，你會採取怎樣的態度和方式來處理這件偶發事件？為什麼？

教育分析哲學與教育

CHAPTER 9

本章大要

　　教育分析哲學有異於各家哲學流派創立自家哲學理論和立場，反而關注於既存的哲學思想及概念陳述的問題進行更精確的釐清和定義，因此常被稱為「做哲學」的哲學運動。教育分析哲學立基於「理性與科學」的基礎，致力於哲學概念與語言的分析，其研究方法以「分析法」為主，後期學者則提出並行性的「綜合法」。它的發展深受邏輯原子論、語言分析和邏輯實證論檢證原則的影響。

　　本章分別從五個章節做闡述，第一節論述其思想源流脈絡；第二節則闡述其主要人物思想要旨，包含英國皮德思強調科學檢證及邏輯理性的研究原則、歐康納重視科學檢證原則、赫斯特採用分析理性的原則對語言概念提出分析和批判、美國謝富勒著重日常語言分析、梭爾提士則提出「分析」和「綜合」的方法論來整全教育分析研究；第三節則針對主要課題進行論述，包含語言分析和概念分析等課題；第四節為衍生的相關教育啟發；第五節則提出相關評述。

§課堂故事§

　　某天放學等家長接送的期間，少煌和宇寰似乎在爭論些什麼。

　　「等一下，我爸爸來的時候你就知道了，他的『高級轎車』很酷咧！」少煌驕傲的說著。

　　「那有什麼稀奇，我爸爸開的是『豪華轎車』才拉風咧！」宇寰也不甘示弱地回嗆。

　　結果，你一句、我一語的，誰也不讓誰。原在旁邊靜靜的聽著他們對話的安妮老師，最後也忍不住的插了嘴：「那少煌爸爸的『高級轎車』和宇寰爸爸的『豪華轎車』，到底有什麼不同啊？」結果兩個人面面相覷，誰也說不出個所以然，但仍不服輸的互嗆：「我爸爸的『高級轎車』比較好。」、「我爸爸的『豪華轎車』比較棒。」安妮老師只好在旁邊繼續的陪笑。

第一節　思想源流與發展

　　分析哲學被認為是 20 世紀一股哲學的革命運動，主因在於它有異於傳統哲學各學派都以創立理論為職志，自成一派獨立的哲學流派。而分析哲學家們選擇一條與眾不同的道路，他們關注於現存的哲學思想及概念陳述的問題進行更精確的釐清和定義，而非致力於創立哲學理論的學派。因此，常被稱為一種「做哲學」的哲學運動。

　　與傳統的哲學不同，分析哲學強調用邏輯方法和語言分析方法來澄清一些基本概念，作為精確地描述。換言之，分析哲學並非一個哲學流派，也無具備如其他哲學流派所擁有的系統理論體系，其主要

241

的特性即在運用分析的方法來探究相關的哲學問題，較屬方法論的探討，強調分析的作用。

在當代西方哲學中，分析哲學運動被視爲這個時代最典型的精神風潮，這場運動爲哲學研究引入了高度精確的標準，它主要特徵在於將「理性與科學」的結盟，並致力於推翻思辨的形而上學和消除哲學上的神祕性（江怡，2017：1）。它的發展深受英國羅素（B. Russell, 1872-1970）的邏輯原子論、摩爾（G. E. Moore, 1873-1958）的語言分析（linguistic analysis）和維根斯坦（L. Wittgenstein, 1889-1951）的邏輯實證論（logical positivism）的檢證原則（principle of verification）的影響。

分析哲學認爲邏輯是哲學中根本性的元素，不同的哲學學派應該根據他們的邏輯，而不是根據他們的形而上學進行歸類。羅素的邏輯原子論即指出語言與世界擁有相對應的邏輯結構，語言與世界間具有一種邏輯圖示（logical schema）關係，亦即語言中凡有意義的命題（proposition）都與世界事實（fact）有一種邏輯圖式的關係。因此，要瞭解世界並不是從世界本身著手，而是從發生在世界中一個個的事實著眼，甚至從其更小的單位原子事實（atomic fact）、對象（object）切入。換言之，世界就是所發生的一切，發生在世界中的是一個個的事實。因此，世界是事實的總和，而非事物的總和（丁曉軍，2017：2；楊洲松，2000）。其脈絡最主要起因於傳統哲學以來諸多哲學論點常有淪爲抽象空洞和混淆不清情形，導致觀念常被曲解和誤用。

羅素即強調理論的論述及語言陳述都應精確無疑，方能產生認知或探討的意義，而要達此精確地步，則應將一個論述或陳述句分解、分析成最單純的形式，才能準確評論或判斷，否則將容易曲解語句的原意和邏輯。如當我們說出「我們學校是臺灣最美的學校」這個命題時，我們如何確認它的眞假或適切否，即需進一步去探求是「過去」或「現在」時空下的狀態？或是「最美學校的標準或項目是什麼」等原子命題或名稱，是否有相對應的事實和對象。也如上述課堂故事

中，少煌與宇寰在「高級轎車」和「豪華轎車」間的爭執一樣，無從依據精確具體的功能或標準來做明確定義和比較。

　　而摩爾則主張哲學家應重新回歸對分析方法的使用，他的語言分析即從日常生活的語言著手，顯現對生活「實在」的分析才是其重點，以給予宇宙整體一個共同普遍的描述。至於維根斯坦則重視邏輯實證論的檢證原則，亦即強調每個陳述命題均能透過檢證獲得證實，若無法透過觀察實驗或邏輯推理，就不具有認知的意義（丁曉軍，2017；簡成熙，2010）。

　　分析哲學運動崛起於歐陸，但卻盛行於英、美。1950 年代，諸多教育學者秉持分析哲學，「哲學不是要產生哲學命題，而是要澄清命題」的基本立場（簡成熙，2010；簡成熙，2019），吸納了分析哲學「科學與理性」的精神與方法，主張把分析哲學作為一種方法，廣泛地應用於教育理論，亦即運用分析哲學作為一種分析的和澄清思想的方法來探討教育的問題。至此，分析哲學被應用於教育上，是為教育分析哲學的開端。

　　教育分析哲學主要代表人物以英、美為主，諸如英國皮德思（R. S. Peters, 1919-2011）、赫斯特（P. H. Hirst, 1927-2020）、歐康納（D. J. O'Connor, 1914-2012），美國的謝富勒（I. Scheffler, 1923-2014）和梭爾提士（J. F. Soltis），創造一波 50 年代到 70 年代教育分析哲學的昌盛時代。教育分析哲學者認為，教育哲學領域的爭論都是由於語言誤用所造成的。奈特（G. R. Knight, 1993）即指出，教育過程及實務中有太多訴諸情緒性、模糊的口號（slogans）充斥。不幸的是，教育反而被這些不精確地陳述和口號搞混了。其原由來自於當時教育學者過於偏重關注課堂上教學實踐層面的實際問題與技術方法，而忽略了這些問題背後所蘊含的脈絡和內涵精確的理念，導致實際教育工作者扭曲或誤用。因此，教育哲學的研究目的是對既存教育思想中的語言進行語義分析和邏輯分析，澄清教育的概念、術語、命題、關係等，避免教育語言和概念的渾沌模糊。教育分析哲學努力分析了教育哲學中的眾多概念，為教育哲學研究梳理、釐清了某些概念

迷障（陳新忠、金笑陽，2018）；是以，分析哲學方法由此進入了教育系統，他們著重概念性的分析釐清，針對教育名詞和概念語言進行分析，強調教育概念和語言的清晰性與精確性。亦即運用邏輯分析的方法，建立邏輯而可檢證的語言意義標準，而不是混亂、模稜兩可的語言，目的不在創造教育理論系統，而是在使教育意義能獲得嚴謹且正確的觀照。

✍ 課堂回顧與反思活動 1

一、請針對教育分析哲學的主要內涵，做一簡要的涵義對照：

　　　是做哲學概念命題分析，不是建立哲學理論體系

　　　是＿＿＿＿＿＿＿＿＿，不是＿＿＿＿＿＿＿

　　　是＿＿＿＿＿＿＿＿＿，不是＿＿＿＿＿＿＿

二、請就教育分析哲學強調明確精準的主要內涵，舉一個教學或生活經驗中的實例作說明。

🙂第二節　主要人物與思想

在 1950-1970 年代，教育分析哲學的興起與發展，英、美各自有其獨立的發展軌跡，但也有其相互交流及異曲同工之處。

英國教育分析哲學的代表人物首推倫敦學派靈魂人物皮德思，皮德思批評教育哲學出現三種困局難題：一是化約主義的困局，致使教育淪為哲學的附庸；二是歷史主義的困局，令教育哲學淪為教育觀念史，缺少嚴謹的分析與論證；三則是格言主義的困局，指出當代思想大作和教育格言常陷入主觀論斷，缺少嚴格論證，致使在方法或內容上偏於玄思空泛和缺乏嚴謹。因此，他主張教育哲學或教育理論之研究，應顧及學理的清晰（clarity）、合理（justifiability）和可行（practicability）三大原則。「清晰」即用字要精準正確、概念界定清晰明確、複雜問題能精確分析，不做無謂的繁瑣分析及含糊界定；而「合理」即謂有理有據，問題論證必須有憑有據，合乎邏輯推理和經驗檢證，推論不可浮誇矛盾，證據必須充分，有幾分證據，說幾分話；「可行」則指出理論不應淪為純理論的空泛抽象，必須考慮其實踐的可行性（歐陽教，1988：4-8），由此可知，皮德思念茲在茲的即認為教育研究及理論語言的清晰精確，而此三大原則也顯示了教育分析哲學延續了分析哲學的精神，強調科學檢證及邏輯理性的原則，更顧及理論的實踐性問題，才不致令哲學研究又回到傳統理論被譏為空泛無用的批評。

而歐康納則指出哲學並不是一般所謂的知識，而是一種批判或說明的活動。此種批判活動應當促進教育理論以科學理論為藍本，而教育分析哲學的重點即在於從科學哲學檢證知識、真理的標準，來審視教育理論建構之嚴謹性（單中惠，1997；簡成熙，2011）。由此，歐康納亦從邏輯實證論的立場指證教育分析哲學的分析方法，所以他主張教育論述的判斷應以理性的方法，將概念和理論做審慎、細部的分析和批評。

對於教育哲學的分析，英國另一巨擘赫斯特則選擇另一條路線。赫斯特的觀點偏向劍橋與牛津路線的哲學觀，主張採用分析理性的觀點針對教育問題進行研究，亦即強調語言概念的分析和批判。赫斯特認為教育理論是一種實踐理論，必須考量它的實踐的可行性，所以教育研究應以教育實際問題為對象。另外，他主張教育即是一種博雅教育，教育的目的在培養一個完滿的全人。

至於美國教育分析哲學主要人物則是哈佛大學教授謝富勒，他是促使 20 世紀教育哲學開花結果的領導者之一。謝富勒認為教育哲學應該運用邏輯分析的方法，這些分析涵蓋教育實務中所涉及的各種概念。他強調教育分析哲學的主要任務是對基本概念和論證方法的澄清，具有兩個特點：一是分析哲學的任務在對現有的教育名詞和概念進行分析，而不是建立一個系統理論；二是分析哲學作用是在釐清觀念，即分析概念、命題及問題，把概念釐清，用清晰的概念來取代混淆的觀點，而不在於增加知識。他強調教育學家應有一個新的視野，重新對教育理論中所使用的專門術語下定義，清楚的表述知識和理念的語言含義（單中惠，1997；簡成熙，2011），例如：將諸如「教育」、「教學」、「學習」、「訓練」等觀念相近的教育名詞，進行嚴謹的邏輯分析和語言分析，以做精確的界定，避免似是而非、打模糊仗；再如，當今盛行的「翻轉學習」概念，到底「什麼是翻轉？」、「什麼是學習？」、「為何翻轉？」、「為何學習？」、「如何翻轉？」、「如何學習？」、「學習與翻轉的關聯又是什麼？」各個名詞的概念或語言意涵、目的必先釐定清楚，才能正確指引實踐方向、範疇及做法，才不至於因概念的含糊和教育工作者的誤解而徒勞無功。

基此，謝富勒在 1960 年出版的大作《教育的語言》（*The Language of Education*），此書被公認為教育分析哲學的里程著作，書中即深入探討了「教育定義」、「教育口號」、「教育隱喻」等概念，以對教育各種概念提出更精確的分析和觀念釐清，在寫作風格上，充滿了濃厚的日常語言分析學派的味道。可見謝富勒認為語言分

析對教育概念澄清起了重要的作用，而語義分析學對日後英、美教育分析哲學也扮演更為重要的角色。

　　梭爾提士是謝富勒高足，是美國教育哲學會重要成員。他指出教育分析已是一常態科學的典範，但正如常態科學一樣，或多或少會有一些「異例」（anomalies）出現。而「異例」的出現，若能得到常態科學社群的正視，反而會促成科學典範的變遷，完成科學革命與進步。他認為當前的教育分析化約了人類動態的學習，疏離了教育涉及的價值探討，更忽略了對心靈的審視。因而無法圓滿的整合不同類型的學習，分析與經驗科學對學習的研究也沒有互通，致使教育分析對各種知識的解析無法與其他學科領域進行研究整合。因此，梭爾提士主張用「分析─經驗」和「分析─實用典範」（analytic-pragmatic paradigm）來導正（簡成熙，2011：27-28）。

　　從以上諸多闡述即可發現，教育分析哲學者分析釐清現有概念、口號、命題等陳述問題時，大多以分析方法為主，但並非所有分析學者都把分析視為分析哲學的全部。上述梭爾提士一方面說明教育分析應具科學性，一方面則針砭教育分析過於偏狹，忽略了教育價值與實踐等層面的探討。所以，他主張運用「分析─經驗」的整合，以導正過於窄化偏向而目的價值性不彰的問題。梭爾提士（1978）在其大作《教育概念分析導論》（*An introduction to the analysis of education concept*）中以「顯微鏡」和「望遠鏡」做隱喻，說明研究方法的多樣選擇和各具不同功能整合的可能，功能雖不同但卻可發揮互補整合作用。所以他認為「分析」和「綜合」取向的哲學觀或方法論並不相衝突，並可根據各自有利的觀點或功能共謀複雜教育過程的澄清作用，這即為他所謂「並行性」（in tandem）的主張。而派拉特（R. Pratte）（1992）亦有類似的看法，在他出版的《教育哲學：兩種傳統》（*Philosophy of education: Two traditions*）中指出，分析和規範（綜合）的傳統，雖被視為一互為對立的立場，但也存在於我們真實社會的現實面，雖為不同取向，但有交流互補的可能。由此可見，在後教育分析哲學時代，對於研究方法的立場與動向已有一番不同的角

度視野和樣態。

　　總之，教育分析哲學起於教育術語和概念十分混亂且易被誤解，諸多的抽象空洞標語口號，反而助長了理解的錯亂和盲目的信仰。教育分析學者所致力的，即為此些常易混淆的空洞概念和術語指出明確的內涵及範疇，讓教育語言及概念能正確地被使用，雖為新創的獨立理論，卻可提供教育研究者或教育實務者一個更清晰的認知理解方針和圖像。

✍ 課堂回顧與反思活動2

一、請列舉教育分析哲學運動的主要代表人物，其進行分析所採用的主要方法或原則：

　　　　皮德思：　邏輯理性和科學檢證　　　　　　　　

　　　　歐康納：　　　　　　　　　　　　　　　　　

　　　　赫斯特：　　　　　　　　　　　　　　　　　

　　　　謝富勒：　　　　　　　　　　　　　　　　　

　　　　梭爾提士：　　　　　　　　　　　　　　　　

　　　　派拉特：　　　　　　　　　　　　　　　　　

二、請選擇上述一位主要代表人物之主張，闡述你的認同點和質疑點。

第三節　教育分析哲學的課題

國內對教育分析哲學關注及研究甚深的歐陽教（1988：1）教授即指出，「教亦多義；且亦多術」。這也是教育分析哲學學者，據以對教育語言和概念進行分析澄清的初衷。也就是意圖釐定多義複雜的教育語言歸於清晰一致，方不致混淆曲解而窒礙難行或徒勞無功。以下即針對其基本課題及原則，進行探討與闡述：

壹、語言分析

教育分析哲學主要任務即在針對教育名詞和語言進行分析釐清，因而語言表達的精確及清晰就相形重要，就如批判理論學者哈伯瑪斯（Habermas）提出的「理想的言談情境」概念中的「可理解性」要件一般，當事人對溝通的語意均能清晰、得當敘述和表達，才能有效溝通進行。教育本身即具爭議性、複雜性和多樣性等性質，教育語言亦如此，更應界定範圍，並精準明確的表達和掌握，才不致造成混淆錯亂及曲解濫用的情況。因而教育分析哲學重視透過理性的語言邏輯和分析，確保語言意義的精準把握。因而應掌握兩個要點（黃錦坤，2015：198）：

一、不要追問意義，而要追問用途

並不是每一句話代表一個物體或實體，人們所要追問的是藉由這句話去清楚要做什麼。

二、每句陳述句都有自己的邏輯

語言有各種任務和層次，不要將不同邏輯類型的語言混用。

貳、概念分析

一、教育的定義

對於教育的定義雖多義，但皮德思和謝富勒分別從不同層面提出相關的分析和定義。

謝富勒將教育的定義分為兩大類：一為科學性定義（scientific definitions），是教育專業人士或學者所慣用；另為一般性定義（general definitions），此種教育性定義在不同情境中，常有不同旨趣和意涵。它是一種以溝通為目的之日常用語，不似以建立理論為目的之科學性定義那般學術性和精準性。後者即為謝富勒所欲梳理釐清的教育性定義（林逢祺，2000；簡成熙，1996）。因為一般性定義常有歧義，容易造成誤解或誤用，所以謝富勒認為為避免教育語言或概念陷入混淆雜亂，而被誤解、誤用，必須加以澄清和精確化，才能一勞永逸，因此特別值得探索。

按謝富勒的分法，一般性定義有三大類（林逢祺，2000；簡成熙，1996：63-68）：

(一) 「約定型定義」（stipulative definition）

亦即一種約定俗成的定義，此種定義的目的在溝通，著眼於「便利」溝通的進行為主要考量。例如：教師常會用 A 代表「優秀」、B 代表「及格」、C 代表「尚待加強」，來約定表示學生的學習表現，主要是老師考量其方便溝通的立意，而不用複雜精細的說明分數組距、或詳細分數、或 A、B、C 三個字母的既定功能用法。更如我們在考試時常用的「o」代表對、「x」代表錯，也是此類定義。

(二) 「敘述型定義」（descriptive definition）

焦點在忠實地指出字詞先前既定的功能用法，以理解字詞的意義。其目的在精確其意義，而非考量便利性。就如「watch」一字，

可表示「手錶、注視、小心……」等多義，但它出現在某個句子時的意義到底是什麼，則要視其該語境用法來做判斷了。

(三)「計畫型定義」（programmatic definition）

具實際的應用性，目的在指引實際行動的效果，通常是為推動某種教育政策或措施而建立的。它雖較無字義上的爭議，而是在實踐上和道德上的爭議。如：「教育部年度施政計畫」、「高等教育深耕計畫」等方案計畫，均具有指引行動的實用價值與意義。

謝富勒指出，每一種定義所欲達成的目的都是正當的，因此沒有必要只重其一，否定其他；也無需拿單一尺度來排定各種定義的價值高低。

而謝富勒和皮德思也針對教育定義進一步剖析指出，教育具有不同性質，而這些性質彼此可互補運用。分別是：

(一) 本質爭議性（essentially contested）

教育本具價值信念和意向性目的之取捨和運用的分歧爭議性質，常形成「一人一義，十人十義」的紛擾。皮德思即認為，如此發展下去對教育並無益處，因而應對爭議進行虛心、理性的論辯，以求取共識。因而其三大教育規準即為此種背景下的產物，以提供眾人對教育的基本界定。

(二) 複合概念（complex concept）

將二個或二個以上單一概念結合為一複合概念，如教育就包含了教學、訓導、輔導等複合概念；教學也包括了教法、教材、評量等概念。甚至評量也可涵蓋紙筆測驗、實作評量、檔案評量等。教育活動範圍廣泛，包括教導、學習、輔導、考試、課程、教材、教師、學生與學校等概念，均可相互組成與教育有關的內容。

251

(三) 工作—成效性（task-achievement）

謝富勒認為，教育或教學是一種「工作—成效」或「過程—結果」的概念。亦即重視教育活動的過程及方法，也重視其成果。對此概念雖仍有不同之學者有「歷程論」、「結果論」之爭，這些立場雖各有依據及偏重，但平心而論，只重視歷程而不思教育是否有效，容易造成學習空泛而無系統；相對的，光重視結果而忽略歷程，又容易淪為高壓灌輸之嫌，如此也違反教育規準之自願、認知等意涵，反而捨本逐末。所以謝富勒即認為，教育或教學是有「意向性」的，無教授他人的心，不算是教學，亦即在教育或教學時它同時是具有其教學的目標意向及歷程、方法的考量。換句話說，它具有一個教師想讓學生有效學習的結果目標，並運用教育方法和過程來促進目標完成的概念，也就是一種「工作—成效」或「過程—結果」的概念。

(四) 多樣態歷程性（polymorphous process）

教育或教學不特指固定的方法或活動歷程，只要符合教育規準的或無背離道德，均可稱為教育，否則即為非教育或反教育。教育的多樣態顯現在教育歷程中，諸如教學、學習、教材組織、教具運用、訓育、輔導、考試、評鑑等多樣複合的歷程和活動概念；而教學意涵亦蘊含了講述、問答、演算、思考、實驗、操作、練習、探索、發表、欣賞等多樣的方法運用。

二、教育規準

皮德思在〈教育即啟導〉（Education as Initiation）一文中指出，教育應具三大規準：「有價值的活動、認知的識見及自願的歷程」，並在其後出版的《倫理學與教育》（*Ethics and Education*）大作中進一步詳盡詮釋。他認為教育必須依循三個規準做判準：合價值性、合認知性、合自願性。合價值性提供教材與教法依循規準，合認知性則關注教材選擇規準，合自願性則在關心教育方法的運用必須顧及學生心理發展及動力。

(一) 合價值性

泛指有價值事物的傳遞過程。教育本具有啟導與價值規範的功能。皮德思甚至認為，一切教育基本上就是一種道德教育，是內在價值，所有教育活動追求的就是其有價值的事物，可見教育導引的價值性是其最重要的規準。就如「懲罰」（punishment）一詞，若能發揮導引學生人格或學習變得更好，那就符合此一價值規準，但若僅是為求得某目標達成而施以「體罰」，造成學生生理或心理上傷害，則背離了道德和教育價值。另者，價值是主觀的，雖會因時代、地區、文化的不同而將有所差異及調整，但如賓果遊戲、夾娃娃機等活動偏娛樂和投機性質，而缺乏教育的嚴謹性和價值性，則不屬教育一環。換言之，雖然價值範疇或標準有部分會隨時代和文化情境差異而轉變，但其核心價值要義是有其普遍一致性的，仍具規範作用。總之，從價值規準而言它是一種「求善」的規準。

(二) 合認知性

係指重視取材、傳授過程適切性，以培養學生理解通達能力。教育蘊含啟發知性性質與價值，因此，認知活動首重理解及洞察事理及原則，選擇材料和傳授過程尤不可違反理性原則。所以長久以來，煉金術、占星術、看手面相不被列為正式課程，即在於其缺乏理性和科學性質，無法啟導受教者知性發展，則無教育意義，從認知規準來說，它具有「求真」的要義。

(三) 合自願性

是一項基於依循學習者意願和自律的規準。西諺即言：「你可以牽馬到河邊，但你無法硬讓牠喝水」，指出行事的意願性和自發性非常重要。教育的實施若符合上述價值性和認知性，但若無法誘發孩子的動機意願，將徒勞無功。所以在民主教育的理念下，教師首先應以開放的心胸接受不同差異的孩子，讓其在一個平等、信任而安全的學習環境中建立良好的學習氛圍。另者，對於教材或教法的選擇，也

應顧及孩子身心準備度及學習意願，如此方能獲得事半功倍、相乘之效，是一種「求美」的要義。

三、教育口號與隱喻

謝富勒在論述口號功能時即指出，口號在於提供教育運動之主要觀念，是能激起眾人起而行動的符號，並無固定行事，但卻能散發情緒感染力。口號的形成常有其特定的時空背景，掌握口號的社會實踐脈絡，更可為教育者增添改革行動的信心（簡成熙，2010：178）。口號是一種簡短而有力的信念指引，雖不似定義般精確，卻可以指引方向，亦可提供實踐的思考依據，是激發行動熱情和實踐的動能。就如臺灣早期最常看到的教育口號——「做一個活活潑潑的好學生、做一個堂堂正正的中國人」、「鐵擔肩教育、笑臉對兒童」，即可反映出早期傳統教育目標或教師角色期望的哲學理念及方向；對照今日各校學校願景的「多元、創新、人文、科技」、「樂在學習、勇於探索、尊重生命、放眼國際」等教育口號，可說不可同日而語，顯現雖為不同的教育哲學理念和行動方針，但都具有指引和激發教育行動熱情的動能。

由上述可知，教育口號雖與教育定義強調精確性的本質顯有不同，但它卻能喚起教育者教育行動的情緒、熱情。謝富勒（1960：36）即直言：「教育口號與教育定義在諸多方面顯有不同，它不如教育定義般嚴謹及系統。……定義的目的在澄清，口號則在喚起。」除此，教育口號因受口號背後意識形態牽制或未明指實踐清晰內涵，甚至流於了無新意的僵化教條（簡成熙，1996），均容易遭到曲解、誤用，這是吾人在使用時必須特別小心的地方。

而教育隱喻則帶有暗示、想像的關聯。它是以兩件事物間的相似性來做暗示連結的比喻，如「球場如戰場」一詞中，「球場」和「戰場」兩詞間藉其相似性和意涵連結的類比，發揮了語言、文字間家族相似性下所產生的想像和意涵，並藉以透過語言或文字的感染力以傳

達概念的意旨。它雖不如定義精確，但卻更能引發想像、形塑教育理念，並能引發實踐情緒和方向，都有其教育實踐上的意義。

謝富勒（1960：49-51）在《教育的語言》（*The Language of Education*）一書中即針對隱喻的功能、意涵及限制加以探討，並提出了生長、塑造和雕刻三種教育隱喻。

(一) 教育即生長

將教育比擬成生物的生長，顯現一個有機體的成長過程。教師就像個園丁，學生是有機的成長個體，在教師的照顧促進下滋長繁盛。在這隱喻中學生是個獨立的有機體，是學習的主體，身肩教育重任的教師則是一個促進，也可能是阻礙的角色。因此，教師必須掌握學生生長過程中的種種需求、興趣，以及各種發展情況，才能根據學生學習需要提供促進生長的養分，激勵學生主動求知動機。此種隱喻的哲學內涵接近實用主義或進步主義的觀念，重視教育過程與學生主動的精神。

(二) 教育即塑造

認為教育是心靈和人格的塑造，將學生比擬成泥土，教師則是塑造者，教育的過程有如塑造泥土或陶土的過程。在此隱喻中，教師扮演著主宰的角色，沒有任何不能形塑的泥土，而泥土也只能聽由塑造者旨意，任其塑造，無法決定自己的形狀或樣態，學生只是一個接受的順從者。此即有名的教育萬能論內涵，接近行為主義的哲學觀點。

(三) 教育即雕刻

教育是一個雕刻玉石、木材或其他材料的過程，但因材料、紋路各有所異，雕刻者必先審視梳理質料、紋路，雕刻出獨具匠心的作品。在此隱喻中，教師是心靈或人格雕刻者，雖為主導者，但須慧眼獨具、運用智慧，依照學生身心發展及不同特質、需求差異，因材施教。此隱喻理念內涵較接近觀念論，由內而外的引出啟發過程。

255

謝富勒（1960）即指出，教育的隱喻不像約定性定義一樣，並非為表達真理而來，也不若敘述性定義那般平靜，它常以此方式表達重要而驚奇的真理，而它與計畫性定義一樣賦有某種方案的性質，並藉由各種明顯的類比，以呈現之前所被發掘的真理。

換言之，隱喻與口號一樣，雖無法與定義的系統、精準相比擬，但卻更能賦予嚴肅的理論觀念一種軟性的認知意涵，有益於理論觀念的傳達。所以學者亦常用隱喻來作為理論理念的表達，諸如強調似產婆接生且由內而外的心智引出和啟發的「教育即接生」；關注學習者自發主動性的「教育即撞鐘」；強調勤奮努力、反覆練習的「教育即鑄劍」；重視教師權威、知識灌輸的「教育即囤積」；主張學習不是死讀書，應走向社會，適應環境，從實際生活中學習的「教育即旅行」，以及格林妮（M. Greene）和弗雷勒（P. Freire）強調自我意識覺醒及反省批判行動的「教師即陌生人」和「教師即文化工作者」等，都是透過隱喻的方法來表達其教育理論或理念的核心意旨。國內學者林逢祺和洪仁進（2013）兩人更以教育隱喻為主題主編出版《教育哲學·隱喻篇》一書，可見教育隱喻在學術界或實務界的實用功能和分量。

第四節　教育分析哲學的教育意義

教育分析哲學雖無獨立的自創理論，但其理性邏輯分析精神對教育仍發揮了不同層面的啟發，以下分從教育目的、教育課程、教學方法三方面闡述之：

壹、教育目的 —— 對「教育人」的探討

教育分析的目的，在澄清教育的概念和意義。教育分析學者一向主張，教育目的是一項內在的價值，而不是外在的行為產出。所以，他們認為教育目的的探究應著重於教育目標本身，而非教育意圖所要

求表現於外的具體行為。

　　基此，教育分析學者指出，教育的概念真理即蘊含著教育目的，但教育受制於文化，要梳理出一個唯一絕對的定義必定是難事（簡成熙，2010）。是以，教育本身即具本質爭議的多樣性、歧異性，就如歐陽教前述所提教亦多義、教亦多術一般，難以給予一個普遍性和放諸四海皆準的規範。因此，教育分析學者主要的重心即放在對教育語言、概念的分析，從釐清教育意義和教育邏輯中顯現其教育目的觀。

　　所以，他們認為「教育人」即是教育分析的教育目的理想圖像。所謂「教育人」意指能根據知識，加以探究理解分析，以便能感受、認識和鑑賞此一世界的有識之士。其主要特徵如下（簡成熙，2010：183-184）：

一、重視認知的深廣度

　　求知應具廣博性，並能掌握原則與目的，以及對理由內涵的深究，理性面對生活的各種經驗；重視主動求知的態度和完整而非零碎的學習。

二、對內在價值的體認

　　行動決定均為自發性，而非著眼於功利，從行動、事物的本身尋得樂趣，並對知識持有一份關心熱情，追求真理。

三、自律的生活

　　自我設定規律生活，並在道德生活上以理性認知的態度，探討實踐道德的內涵和自我規範與行動，以追求幸福的生活。

四、民主價值生活的態度與技能

重視人倫道德、相互尊重、公平,並著重人與人、人與自然、人與社會之間的公民責任及關懷,並能提升自身專業知能,敬業樂業,樂於涵養宗教情操和藝術鑑賞。

由此觀之,教育人是深具廣博知識、理性思考、利人利己且關心真理和具備民主態度的自律者,亦即是一個擁有民主素養、關懷社會且能為自己行為負責的自律人。

貳、教育課程──建構理性心靈的博雅教育和德育教育

教育分析學者赫斯特認為心靈並不是一種能自動發展的實體,心靈活動的開展來自知識運作的結果,亦即是個體汲取已客觀化的人類經驗後的結果。是以,人類可透過不同的知識形式(forms)以健全其理性的心靈,使心靈活動得以藉知識而導正,此即為博雅教育的核心精神和目標。赫斯特在與皮德思合著的《教育的邏輯》(*The Logic of Education*)中指出,形式邏輯與數學、自然科學、道德、美學、宗教、哲學、心理學等知識形式,均是吾人開展理性心靈必要的博雅教育素材(簡成熙,2010:185-187)。

而皮德思則對道德教育相當重視。他指出道德是知善行善和知惡去惡的原則與行為,而德育的目的即在培養道德認知能力及行為習性。他承繼康德以降的理性道德觀,認為德育除低層次的基本規律的規範日常行為及道德義務外,並應發展高層次的程序原則,培養公平、自由、尊重、誠實和關心他人等情操,而在施教過程並應重視形式與內容的兼具、理性與情性的相輔、他律和自律的互補,以及宗教和道德的相容等德育原則(歐陽教,1988:30-34)。

教育分析學派在課程觀上偏向心靈理性取向,除重視博雅教育的知性發展,也強調德育的情意開拓。由此,其教育內容取材上重視理

性邏輯，而在德育方法上則採取執兩用中的調和而不偏執，整合哲學與心理學觀點，以取得更佳的教育效果。

參、教學方法

　　教育分析學者對於教學的論述，主要著眼於對部分與教育相近、相關概念的釐清，如灌輸、制約、訓練，以及紀律、權威、懲罰等概念上，其主要在分析和彰顯教學是一種意向性的行為，除要有教學或學習過程外，應能達成學習的成效獲取為目標；另者，理性的規準則是他們認為教學條件中必備的要件。

　　歐陽教認為教亦多義、教亦多術，揭顯教學本身即是一個多樣化的過程，可採取多元的方式進行教學，諸如講述、說明、示範、提問、舉例、操作、討論等。謝富勒更進一步揭櫫教學的明確意涵，他認為教學是一目標導向的活動（goal-oriented activity），因而教學的達成規準設定在學習獲致的目標上。就如一位主播在直播節目上推銷產品，他雖也透過講述，甚至藉由圖板或數據來舉例、說明，但因其目的在銷售，而非促使觀眾獲得學習，僅算是一種宣傳或灌輸手段，難以被歸類在教學之列。就此，謝富勒即認為教學必須以某種限制的方法獲致學習，此一限制規準即是「理性」，因而上述所提灌輸、制約、訓練等教學相近的概念雖具意向性，但卻缺乏理性的規準，即不被認為是教學的整體樣貌，充其量僅是教學的某種手段而已，比如灌輸即是常用於認知領域的方法，訓練則常用於技能領域的教學上（黃坤錦，2015；簡成熙，2010）。

　　因而，教學在謝富勒的觀點中即須同時具備意向性和理性兩個規準。亦即透過理性思辨，合理的且符合道德的促使學習目標的達成是謂教學。

✍ 課堂回顧與反思活動 3

一、請回顧課堂教育隱喻的學習，將隱喻及內涵做一對應連結：

☐「教育即接生」 　☐ 強調由內而外的心智引出和啟發

☐「教師即陌生人」　☐ 瞭解學生特質，因材施教

☐「教育即撞鐘」 　☐ 重視勤奮努力、反覆練習的學習

☐「教育即旅行」 　☐ 強調自我意識覺醒及反省批判行動

☐「教育即雕刻」 　☐ 重視知識的儲存，不知變通應用

☐「教育即生長」 　☐ 將教育比擬為一個有機體的成長過程

☐「教育即鑄劍」 　☐ 關注學習者自發主動性

☐「教育即囤積」 　☐ 主張學習應走向社會，適應環境，
　　　　　　　　　　　　從實際生活中學習

二、請試著對「教育人」的意涵作出解釋，並舉例說明之。

🙂第五節　評述

　　教育分析哲學的發展在後期維根斯坦以降，業已放棄精確語言路線，並受馬克思主義思想影響，促發了女性主義、批判理論、詮釋學、後現代主義等學派的開展，對於日常語言的各種研究論述多已轉向對語言中，充斥意識形態和權力宰制的分析探討。

　　對於教育分析哲學的評論，雖其對於教育語言概念的澄清有功，但對於其過於偏執運用邏輯分析以加強自身的科學性和專業性，反而讓學說分析陷入咬文嚼字的瑣碎，流於為分析而分析，嚴重脫離教育實踐，其過於繁瑣現象即常被批判為建設不足而破壞有餘；另者，因過於關注分析釐清，反而忽略了社會批判，對於語言在社會隱形的分配、控制疏於揭露，反而成了社會宰制的幫凶，上述赫斯特所強調的博雅教育最後被批評為助長菁英教育的猖獗即為一例。

素養考驗：課堂故事反思與解決

一、從本章課堂故事中，少煌和宇寰的無效爭執，最主要關鍵是出在什麼問題？（單選）

□虛榮心態　　□定義不明　　□競爭心態　　□老師未做裁決

參考答案：■定義不明

二、在本章課堂故事中，安妮老師身為一位「教育人」，應具備哪些素養？而若欲協助解決爭端，並將此爭端課程化，就教學設計上可以如何處理？

進步主義與人本主義
CHAPTER 10

本章大要

　　本章介紹由現代哲學衍生的教育理論：進步主義和人本主義，前者主要深受杜威實用主義的影響；後者則受到存在主義等哲學觀的引導。進步主義早期偏向個人主義的色彩，1930年代受經濟大恐慌衝擊，逐漸從重視兒童中心和個人自由轉移為強調學校社會職能的民主與合作趨向；人本主義則標榜理性情意均衡，發展人性的哲學觀，強調博雅文藝的學習，使受教者能充分發展其人性和美感潛能。

　　本章分別從三個章節進行闡述，第一節介紹進步主義的源流發展和基本主張內涵與教育啟發；第二節則介紹人本主義的源流發展和基本主張內涵與教育啟發；第三節則對兩者提出優點與限制的評述。

§課堂故事§

在熊熊班的探索學習區，小雯老師正和大班幼兒進行「郵差」主題的探索活動。

小朋友坐在學習圈（環形）上，小雯老師也與小朋友比鄰而坐的坐在圈上，並指著學習區書櫃上的郵差寶寶說：「這是我們經常會碰到的郵差叔叔、阿姨，你們知道他們每天都要忙什麼嗎？」

「送信」、「爸爸的罰單」、「包裹」……，大家七嘴八舌的說著。

「喔！他們做好多事耶！我們來看看郵差叔叔、阿姨都在做些什麼？」小雯老師說著。

接著，她拿起繪本開始說起了「送信的人」的故事，故事中描述著郵差的一天，包含我們看過的和沒有看過的事。所以小雯老師告訴小朋友，幼兒園下星期將安排大班的同學到附近的郵局參觀，並會試著操作信件的簡單分類，到那時候就可以看到很多郵差在做的事，以及跟郵差叔叔、阿姨打招呼和聊天了。

參觀郵局前，小雯老師要小朋友自己選擇要和誰兩人同一組，然後在通行和參觀過程中要互相提醒注意安全和互相幫忙。分組時好幾個幼兒同時吵著要跟俊華同一組，俊華好生為難。小雯老師解危的說：「我們要跟誰同一組，也要取得對方的同意啊！然後尊重他的決定。」分組紛爭圓滿落幕。

參觀完成後，小雯老師的課程還沒結束。她指導每組幼兒合作把那天看到的情形或選一個喜歡的郵差叔叔、阿姨畫出來，並一起寫一封感謝他們的信，把圖畫和信一起寄給郵差叔叔、阿姨。老師指導幼兒在信封寫上寄信人地址、姓名和收信人地址、姓名，貼上模擬郵票，投到主題探索區裡的模擬郵筒，老師幫忙送到參觀的郵局。

第一節　進步主義

壹、進步主義發源與脈絡

　　進步主義是 20 世紀最具影響力的教育運動，發源於 19 世紀末，持續到 20 世紀中期，是一股對經驗主義主導的傳統教育不滿的反動勢力。他們認為傳統教育過於重視形式訓練、經典文明、結構化和偏向被動及沒原由的過度練習，反而忽略了學生的人性本質和興趣發展，以及主動求知的精神，戕害了學生的學習。

　　進步主義可以說是美國本土發展的教育運動，1919 年由杜威的學生和支持者成立「進步主義教育協會」（Progressive Education Association，簡稱 PEA），其發展的脈絡主要來自美國為因應都市化和工業化後劇烈改變的社會環境需求，興起的社會改革運動，在政治、社會和教育方面均發揮了重大的影響力。

　　早期進步主義運動也獲得杜威的肯定，但 1920 年後其某些過於極端的主張，如過於偏重兒童為中心而忽略教師的引導、過於重視個性而看輕組織性的教材、過於信奉科學而輕忽哲學等，也飽受杜威的批評（Cremin, 1961）。

　　進步主義代表人物有派克（F. W. Parker）、康茲（C. S. Counts）、洛格（H. Rugg）、克伯屈（W. H. Kilpatrick）等人。而其哲學淵源則受希臘時期的流變（change）觀點、培根的進步思想、達爾文進化論、佛洛伊德自由開放理念、盧梭的兒童中心思想和杜威的實驗主義等思想極大的影響（楊國賜，1988），尤以杜威的思想是其依循的主軸。進步主義早期偏向個人主義的色彩，1930 年代才因受經濟大恐慌衝擊，逐漸從重視兒童中心和個人自由，轉移為強調學校社會職能的民主與合作趨向。

貳、進步主義教育主張與原則

進步主義以社會進步為宗旨，理論深受盧梭順應兒童、佛洛伊德自由開放和杜威做中學等哲學思想影響，其教育主張與原則分別如下：

一、以兒童為中心的學生觀

以「兒童為中心」是進步主義的核心主張，進步主義者強調「整體兒童」（whole child），認為人乃自然的一種統合，人類完全是自然的兒童，是一個有機體，在自然中出生與成長，並非成人的縮影，應尊重兒童的獨立自主、情感、關係、思想（楊國賜，1988）。因而，主張教育取材上應集中於兒童現在的經驗、活動、興趣與需求，以學生興趣和真實生活經驗為起點；學習態度上重視主動的參與而非被動的接受；教學方法也應以輔導引發方式代替權威灌輸，並應提供多元的方法，以適應個別差異；教育目的則在強調每個人的潛能開展，而非社會文化價值的傳遞學習。

二、以生活經驗為內容的課程觀

傳統哲學學派對教育材料，喜從富精練知識的基本學科，以及富文化內涵的人文學科內容取材，強調系統化的基本知識和博雅的文化涵養學習。但進步主義承襲杜威的實用哲學，主張學習材料應依循學生本身的生活經驗，以生活經驗為基礎內容，並從學習中擴充其經驗知識，進而培養其問題解決的能力。

三、以問題教學法為主的教學觀

問題教學法在透過尋找某個問題的解決方法或過程，以提高學生解決實際問題能力的教學模式。美國教育學家克伯屈（杜威的學生）依據杜威問題解決法的理念，提出「設計教學法」（又稱問題教學法）教學模式，是一種以學生為中心，以社會問題為基礎，綜合而成

267

的系列教學設計，包含創造情境、蒐集資料、形成假設、精練問題和綜合應用等主要策略（楊絢雲譯，1992：360）。目前在幼兒園教學現場常見的「方案教學」，即是秉持此一精神發展的教學模式。設計教學法包括了五個步驟：(1) 發現問題；(2) 確定問題的特質；(3) 提出可能的假設或解決的辦法；(4) 推演假設以選擇合理的辦法；(5) 驗證而得到結論。這種教學模式提供給學生的不僅僅是知識，而是一種把學習內容與理解過程及問題解決相結合的歷程。

四、強調低權威意識的教師觀

進步主義反對傳統教育以教師為主的權威師生關係，一致譴責權威性的教師，主張教師應走下講臺與兒童為伍，與學生互動交流，而非高高在上。也認為教師的權威應該展現在他的專業學術和成熟經驗上，而非專斷獨尊式命令學生服從。

五、強調民主合作的學習觀

早期進步主義者過度強調「兒童為中心」的理想，導致過於重視學生的獨立自由，甚至教師對學生過於放任，不加任何管束，因此受到社會各界諸多批評及撻伐。爾後才修正路線，強調進步的教育必須建立在進步的社會中，主張在教育活動中應揭櫫民主合作的理念，無論是師生互動或課堂學習，均應秉持民主平等和合作的觀點從事相關的教育學習活動。

參、進步主義的教育啟發

一、強調學生自由民主，重視創造性活動及獨立思考

進步主義者認為 19 世紀末和 20 世紀初的美國，並未反映出民主理論中的自由與正義（Ozmon & Craver, 2008）。因而，進步主義

彈性派則關注尋求另一種以兒童為中心的教育，他們致力於營造一個自由的學習環境，並將學習環境擴大到社會脈絡的情境，除可促進個體可塑的生長外，並養成樂於與他人分享的習慣，滋養民主種子的發展，並在自由民主的氛圍中培養學生的創造性的智慧和獨立思考的能力。

二、學校課程以符合兒童興趣和需求為基礎

進步主義者承襲杜威的知識經驗來自個體與環境互動過程的知識觀，因此知識的建構將因兒童的個別差異而有所不同。是故，教育的取材應立基於兒童本身的經驗、興趣和需求，而非學校或教師的經驗，反對外在賦予固有且系統的僵化教材，而鼓勵教師與兒童共同設計課程。所謂共同設計課程意指課程的選擇並非放任依據學生願望，尤其是一時或隨興的興趣。在共同設計中，學生是參與者卻非完全決定者，仍可由知識成熟度和完整度較佳的教師給予提供方向和建議做最後的決定（葉志學，1993）。

三、教師是顧問非指導者，強調學習中的自我指導和自我活動

進步主義者認為，在教學活動中教師是學生的顧問而非指導者，重視學生的自學過程，教師僅站在顧問的角色。所以，在教學活動中，教師是一個情境布置者和問題提問者，並讓學生掌握自己的行動節奏，降低外在介入的支持和引導，以激發學生自我指導和自我活動的意識，並強調個別差異和積極主動體驗，讓學生能掌握學習的主動性和適性的發展。

四、在自由氛圍中引發興趣，激發努力誘因

進步主義吸納盧梭的自然主義觀點，認為人應在自然狀態中自然學習，社會環境文明反而會限制且汙染了孩子的學習，尤其是在兒童

時期（楊國賜，1988）。所以教育應從社會性的外在限制中予以釋放，在自由氛圍中引發學生興趣和努力的意志，而非僅是外在制約的權威獎懲和壓迫，以培養內在自發性的驅力。

五、重視多元廣泛的教材採用

進步主義主張知識來自經驗，強調以學生興趣為中心，在學生的生活經驗基礎上，提供多元的知識來源，包括學科、經驗和問題情境，並以問題情境為主，培養學生解決問題能力，適應環境不斷改變（葉學志，1993）。

六、教學重視科學的方法，培養解決問題的能力

進步主義者認為學習最好的方法，就是經由科學或反省的思考。科學的方法就是一種認知的形式，是一種經由經驗的觀察、測量、蒐集、驗證、實驗的過程以獲得知識；而反省思考係指直接導向發現一種解決問題或克服困難的方法，思考常源於在解決問題中遭遇困惑、疑難的情境時（楊國賜，1988）。他們認為學生並非一個知識的旁觀者，而應是一個主動參與及解決問題能力的建構者。

七、學校角色從教學機構擴展為社會化和改造的機構

進步主義的教育功能一方面在透過個體與環境互動，促使個人適應外在物質環境，另外一方面則使個人能適應及改造社會環境。所以在進步主義的教育觀點裡，學生並非僅是單純的知識獲得，更具適應及改造自然及社會環境，解決問題的角色功能。因而，學校也非單純的知識傳遞機構，而更富有社會化和社會改造的角色。

✍ 課堂回顧與反思活動 1

一、回顧上述課堂故事中，從小雯老師的教學活動過程分析其契合
　　進步主義的觀點內涵。

教學活動	觀點內涵

二、回顧上述進步主義的主張或啟發中，列出一個你質疑的主張觀
　　點，並說明其內涵及敘明你的理由或看法。

主張觀點	主張內涵	理由看法

☺第二節　人本主義

壹、人本主義發展背景與脈絡

人本主義（humanity）又稱人文主義、人道主義，是一種基於發展理性和關懷的哲學觀，強調博雅文藝的學習，亦即主張學生能受良好的文雅教育，使受教育者能充分發展其人性和美感潛能。

論及人本主義的興起與發展脈絡，可追溯至古希臘蘇格拉底、柏拉圖和亞里斯多德等先哲的思想爲其開端，至於對人文的關注及研究則從 14、15 世紀的文藝復興時期才開始，此時中世紀的文學藝術、宗教、道德、思想等文化模式陷入呆滯僵化，另外由於新城市及資本主義的興起，中產階級崛起，生活更重當下的今世現實，而非宗教取向的不可知的來世，導致人的思想與價值觀陷入衝突和迷失。因此，爲滿足當代人現世的生活，文學和藝術的復興成爲重心，其目的在擺脫中世紀的（medievalism）信奉神本的主張，即積極的脫離宗教與政府權威主義的束縛，以便能眞正追求智識及理性的結合，並充分的發揮。

文藝復興的旨趣與發展在追求以人爲本位的精神，即從早期神本的主張轉爲重視人本的訴求。亦即人除了理性的生活外，仍須有情意的生活。人必須有智識、理性、情意、美感的融合發展，才是完美和諧的人生。

一、受浪漫主義的影響

18、19 世紀浪漫主義盛行，標榜反對權威和古典的運動，崇尙順應人性，重視情感和情緒的表現。反對理性崇拜，強調主觀性、非理性和展現主體的自我表現。

浪漫主義在教育上，重視情緒、情感的發展應優於心智的發展；而在教育內容上也強調文學、藝術、詩歌、戲劇等人文學科的重要。相對於傳統教育哲學重視心智的擴充和發展，浪漫主義則偏重情緒和

情感，以及個人感受的教育價值（方永泉、徐宗林，2000）。

二、進步主義運動的後續影響

50 年代，進步主義雖遭受攻擊而日漸衰弱，但其以兒童為中心、重視兒童興趣及生活經驗為學習基礎，以及民主合作的觀點，則深深影響人本主義。

三、存在主義的影響

存在主義強調個人意義和價值的追求，因此相當重視個人的獨特性、價值和個性的發展，以及其標榜的自由選擇的自我決定觀，均深深影響人本主義的自由開放的哲學理念。

四、對心理分析學派和行為主義的反動

20 世紀中期，佛洛伊德（S. Freud, 1856-1939）的心理分析學派和巴夫洛夫的行為主義學派成為現代學說主流。1940 年代後半，心理學的領域產生了心理學第三勢力——人本心理學派，它反對並修正心理分析學派和行為主義學派將人性視為病態化、動物化、機械化的研究偏向。

人本心理學派主張學習情境由教師中心改為以學生為中心的教育，以及各種不同形式的開放教室，並允許學生自由選擇自己的學習課程，以完成其學習任務的自由學校。另又提倡摒棄傳統施予和接受的教學，轉為重視人性、個性的教學法，認為學生應經由自己親身體驗、領悟、發現，以瞭解其所學，才能產生切身的意義，才能獲得有意義、有效果的學習（林永喜，2000）。

整體而言，人本主義是一個聚焦於重視尊嚴、自由、自主、正直、公平、幸福感和學生潛能的哲學，它樂於促進個人自我的決定和

教育者必須充分信任和尊重學習者的學習選擇，它的終極目標就是在追求發展一個自我實現的（self-actualized）個體。

貳、人本主義教育主張與原則

人本主義主要代表人物有馬斯洛（Abraham Maslow）、羅傑斯（Carl Rogers）、羅洛‧梅（Rollo May）、格拉瑟（William Glasser）等人，他們深信人類（尤其兒童）天性是善良的，強調人類的正面本質和價值，而非問題行為。在教育主張上則重視學習者為主體，提供學生身心滿足的開放環境，以及培養兒童的自由意志和負責選擇，學習側重學生的內在動機、生活經驗、情緒情感教育和自我指導。

溫柏格（C. Weinberg）和雷德霍爾（P. Reidford）（1972）即指出，人本主義教育成功的四個學習元素：自由的環境、與自己相關的學習經驗、合作和不同面向（inside out）學習。亦即，人本主義認為學生應循著自我實現的路徑邁進，教師的角色則是協助學生情緒和智能成長的合作夥伴，成為獨立和自我指導的學習者。其教育主張分述如下（張凱元，2003）：

一、尊重人性

認為人本無善惡，惡僅是環境的產物，是一種外在短暫誘惑，而善是理性的本質。所以人本主義認為，人性的本性是善良的，人是唯一理性的動物，個體將能發揮理性、善性，排除惡性誘惑，成就正確的行為。因此，人本教育就應該從尊重人性開始。

二、人生而自由，也須負責

人本主義指出，人擁有行為上的基本自由，至少在思想上絕對不該受到限制。世上萬物的意義由此而生，每個個體具有與眾不同的判準，我們都應尊重他人獨具慧眼的認知和判斷。因此，人的行為應該

由自由談起，若行爲的基礎沒有自由，就不可能有某種行爲的啟動或發生，因而也就沒有所謂的責任問題。是故，人必須具有自由選擇和決定的機會，並爲自己的選擇決定做出負責。

三、每一個人都可以充分發展

人本主義者反對將人生物化和機械化，認爲每個人都是人才，具有不同的潛能，依循個體的認知結構發展引導學習，均能因材施教，適性發展，充分發展個體的潛能而自我實現。

四、學生是教育的主體

從尊重人性和人性本善，每個人都應得到充分發展，以達致自我實現的機會。羅傑斯（Rogers）就主張，爲促進每個人的自我實現，應該從以人爲本的當事人中心著眼，也就是在教育上應以學生爲中心的思考，尊重每個人的獨特發展和個別差異表現。

五、人人都須愛與意志的伴隨

人是自由的。一個健康的人是自由的、負責任的生存於世界之中。但隨著個體不斷追求自由的同時，卻會產生焦慮不安的壓力和困境。此種焦慮不安主要來自人與外在環境互動不良所致，解決焦慮的關鍵在解決「人—我」之間的關係緊張。所以，如何降低或減輕焦慮的壓力，羅洛・梅（Rollo May）認爲，只有借助愛與意志的實踐。

參、人本主義的教育啟發

人本主義注重對學習者的尊嚴、正直、福祉和公平的維護，尤其重視學習者的主動性和潛能開發，強調人類喜歡爲他們的生活做出自己的決定，因此教育者應信任學生的選擇是合理的。以下就針對人本主義的理論對教育的啟發臚列如下：

一、學習者應成為一個自主自發的人

人本主義主張每一個人都應該得到充分的發展，並展現其學習的主體。因此，教師應提供彈性開放的學習環境，尊重學生的興趣和選擇，培養學生成為一個自發自主的學習者。

二、強調激發學生內在的學習動機

傳統教育重視外鑠學習，經常強調獎懲、誘使、壓迫、強制等外在手段，造成學習過程痛苦高於愉快，學生的學習反而淪於被動和消極。人本主義則重視學習應強調內在動機，從傾聽學生的興趣和需求，規劃符合需求和發展的材料，以激發其內在學習動機。

三、以學生為中心的學習觀

人本主義承襲存在主義「存在先於本質」的主體觀，強調每個人都可以具有遵循自己的自由意志來創造命運的權利（張凱元，2003）。因此，在創造學生人生的學習過程，均應傾聽學生的心聲，尊重其需求和興趣，在學生為中心的基礎上，促進學生的自我實現。

四、重視自由、選擇和責任

人是自由的。人本主義強調個人自由意志的展現，並重視個人意義和價值的追求。因而，在教育及學習過程中為提供展現個人意志機會及滿足個人興趣追求，教師應予以充分放手，尊重學生對於課程的自由選擇和自我決定，激發其學習動機。雖然如此，教師也應適度引導學生為自己的選擇和行為後果負起責任，使其權責相符，成為一個成熟負責的人。

五、融合情意教育促成個人整全的發展

傳統哲學過於強調認知的學習，亦即以知識的取得和思考為唯一考量。人本主義者則認為此舉容易淪為知識的機械性和被動性，缺乏教育成就具有溫度且整全人格的本質。因此，人本主義者相當重視情意教育，讓知識、技能的學習與情感、情緒的教育得到一個整合的均衡，讓個人能適度掌握自己情緒、情感及表達，促進自我瞭解和接納，以及對他人的包容尊重，如此方能促成個人整全的發展。

六、揭櫫另類的學校制度形式

人本主義的自由開放理念正激化了一個另類教育的思考，提供了以下三種有異於傳統學校的形式選擇：

(一) 開放的教室

揭櫫打破傳統的僵化及呆板的教室講述教學，提倡應提供學生更彈性多變的時間、空間安排和學生主體考量的人性化教學。因此，在教學上主張採取開放的精神，無論是心理上或物理上，均應提供學生一個自由無威脅的學習環境，如提供各式的學習區或角落學習，共同合作學習，和非僵化的課程時間、內容，以及無圍牆的學校等訴求。

(二) 自由的學府

自由學府理念是一種對公共教育強調普遍性、格式化、標準化的反動。人本主義學者指出，公共教育已淪為一種「看護性」功能的學校教育，認為其採用的灌輸式教育方法促使學生心靈趨於封閉，以致無法發展個人的獨特性和人性。因此，他們主張設立自己的學校、建構自己的課程，以適應兒童的興趣和需求，目的在發展「自由的兒童」，促成其自我實現。此理念也是國內促成教育實驗風氣的先驅。

(三) 沒有失敗的學校

格拉瑟認為典型的學校是為失敗而設計的，而其偏重機械記憶和標準規範的教育措施更是學校失敗的主因。他指出，人類有兩種失敗：愛的失敗和自我價值的失敗，而傳統的學校教育顯然無法提供克服此兩種失敗的解方。因此，一個成功的學校應提供學生此兩種需求的滿足，人本主義的學校正鼓勵教育應能促進思維，並提供人人參與的人際發展和個性特色展現的自我價值教育。

✍ 課堂回顧與反思活動 2

一、請回顧上述人本主義的主張或啟發，選擇兩個你最認同的主張觀點，說明其內涵及舉出你個人相關的經驗。

主張觀點	主張內涵	個人經驗與實例

二、回顧前述課堂故事中，從小雯老師的教學活動過程分析其契合
　　人本主義的觀點內涵。

教學活動	觀點內涵

第三節　評述

　　基本上，進步主義與人本主義均受實用主義和存在主義的哲學思想影響，均重視以學習者為主體和強調自由學習環境營造的精神，拒斥傳統教育。但在工業化、都市化力求效率及表現的社會文化中，其理想仍不免被指有造成學習效能不佳、學生基本能力低下和過於尊重學生導致課堂紀律不佳的尖銳批評（Zilversmit, 1993）。其特色及限制分述如下：

壹、特色

一、開放的教育理念促成課堂生態、師生關係的轉變及另類教育的興起

　　進步主義強調兒童是學習主體，兒童的生活經驗和興趣是學習教材的主要來源，鼓勵利用科學和民主的方式進行教學和學習，並著重從行動中求知；而人本主義則肯定人性的價值、重視個人的潛能、獨立、自由與自尊（車文博，2001）。兩者的切入點雖有所不同，前者以內在運思的認知學習為經，後者則以人性價值的情意教育為緯，但兩者相近之處頗多，如重視兒童的主體自主性、從生活經驗為學習出發點和依循兒童特性適性引導發展及潛能開發，並重視人格的發展。其自主、尊重、正向的理念因而扭轉教師的傳統教學理念和策略，以及班級經營的方法，改變了課堂生活的氣氛，對兒童的需求有了更多的認識，師生關係更為民主親密，一方面大力的轉變了課堂教學和師生生態；另則更激化了學校制度的改變，各國教育有志之士或家長對於兒童為本及人性至上的教育理念也多所關注和推崇，激起了一股另類的教育改革風潮。

二、促成認知心理及人性價值的重視與提振

　　進步主義主要承接杜威知識論的知識建構觀點。因此，重視知識經驗學習過程中個體與外在環境的互動和適應重組歷程，強調兒童心理認知發展的程序，而非根據成人的假定。因此，重視知識建構的主動性、適應性和內在性。此為 1950-1960 年代興起的認知心理學提供了豐富的薪火，反對行為主義心理學強調的刺激反應連結的認知觀，促成對認知過程內在心理運作和思維過程的重視。

　　而受人本主義哲學的影響，在 1950 年代的美國，興起了人本主義心理學的思潮，主要代表人物有馬斯洛（Abraham Maslow）、羅

傑斯（Carl Rogers）、羅洛・梅（Rollo May）等。其核心精神均著重「以人為本」的思維，如馬斯洛的人性需求論、羅傑斯的當事人中心主義及羅洛・梅重視人的自由與焦慮關係的研究，在在彰顯以人為本及人性價值提升的主張，強調基本需求的滿足和成長需求的促進，以追求自我實現，並以真誠一致、同理心與無條件的積極關注，作為當事人中心的指引策略，以愛化解焦慮，促成人的自由。

　　由此，人本主義的心理學主要延續及貫徹人本主義哲學的理念，從人性本善、人生而自由、人格的整體性和自我充分發展的基本理念，確立了人與其他生物對人性價值和尊嚴意識的差異。

貳、限制

一、人本主義偏重哲學理念的描述，缺乏具體實踐策略

　　諸多教育學者批評（Conklin, 1984; Patterson, 1987; Willers, 1975），人本主義的講師從來沒有能夠用清晰、簡潔、無術語的語言陳述人本主義的原則。取而代之的是，他們一貫的模糊性使每個人都懷疑該理論在課堂上的應用方式。

二、學習責任的轉移知易行難

　　人本主義認為學習者對自己的學習負責的想法，實務上，似乎是許多學生無法真正負責任地完成的事情。由此，可能有人不禁要質疑，如此舉措雖一方面對學習者倡導學習責任的承擔，另方面是否反映出僅是對學生施加另一種教師的偏好？而教育者對這些挑戰的因應往往不如預期（Conklin, 1984）。

三、兩者均被視為削弱學生智性發展的教育理論

　　進步主義強調兒童中心的課程，精粹主義者即對此大加批判指責，認為此舉無異於雖滿足兒童一時的需求和興趣，但卻犧牲了一生受用的文化精粹和必要的基本知識，而忽略了兒童時期的可塑性和生長性特性，折損了該有的學業認知發展。

　　而人本主義偏重情感教育的主張被視為有反智的傾向，不利實現學術目標（Patterson, 1987）。總之，兩者對於智性發展的重視普遍被認為不及傳統教育的智性發展，經常被評為削弱國民基本學力的主因。

四、自由選擇的理念與實踐可能產生的悖論

　　進步主義主張提供兒童自由民主的學習環境，營造自由表達的學習氛圍，這是深受大眾認同的理念，但若在課程選擇上過於強調兒童自由選擇，依照兒童所表達的興趣或需求而決定，可能導致學校課程無法預先計畫和組織，以及忽略經典知識或未來發展需求，均無法切合整體深度發展的需求，造成實務執行上的困窘和偏失。

　　進步主義與人本主義所揭櫫的自由意涵經常遭受非議。Brockett（1998）即指出，人本主義強調個人主義和對自由的重視，導致自私行為，享樂主義和對社會問題的關注，這與人本主義的意圖可能形成矛盾；而楊國賜（1977）也認為，進步主義的自由與規範並非二元對立的，若為了彰顯自由，而犧牲了人生不可或缺的社會規範訓練，造成自由與自律的失衡，將是一種不切實際的教育作為。

素養考驗：課堂故事反思與解決

　　從本章課堂故事中，小雯老師雖具良好的教育理念進行教學及班級經營，但班上眞羽卻常常對於學習活動的參與顯得興趣缺缺，和其他幼兒的人際互動也顯得自我和疏離，小雯老師常爲此而感到傷神。以進步主義和人本主義的理念爲基礎，爲小雯老師擬一解決之道，並說明理由。

永恆主義與精粹主義
CHAPTER 11

本章大要

　　本章介紹由傳統哲學發展衍生的教育理論：永恆主義和精粹主義。兩者的興起主要來自對當時主導美國教育的進步主義的不滿與反動，認為進步主義教育過於偏重實用價值取向，造成反智主義、職業主義，以及文化隔絕的現象。前者重視教育的目標應在「以恆制變」，強調理性的心智，透過經典名著和文化經典的學習，追求永恆真理，並重視博雅教育，厚實人文學識，培養具人格、人性的全人；後者則強調保存及傳遞人類文化的精華，在促進社會秩序重整和進步的前提下，同時重視個人心智發展的訓練和學習紀律，秉持「回到基本」的理念，重視基本學科的學習，以及學生基本能力的培養。

　　本章分別從三個章節進行闡述，第一節介紹永恆主義的源流發展和基本主張內涵；第二節則介紹精粹主義的源流發展和基本主張內涵；第三節則提出評述。

---

§課堂故事§

以下為欣欣幼兒園的教師，備課時的專業對話：

珍珍老師：國民教育最重要的就是培養孩子的讀寫算基本知識和能力，為讓幼小課程整合銜接順暢，我們的課程規劃也應該從這個方向著手。

筱萍老師：我覺得幼兒年紀還小，太早強調讀寫算的課程，可能揠苗助長，適得其反。我認為還是從幼兒的生活經驗和興趣出發來規劃課程較合適。

欣霓老師：我覺得中華文化博大精深，有一些文化經典：如《唐詩》、《宋詞》或《三字經》、《弟子規》等，都可以把它們選入課程，讓幼兒從小就可以沉浸在人文的氣息中。

心妍老師：大家講的都有道理，但教育牽涉的範疇很廣，很難用單一的角度評斷。我覺得應以多元的角度來看待，提供更多元的課程內容，或許是我們應有的心態。

第一節　永恆主義

壹、永恆主義源流與發展

永恆主義興起於 1930 年經濟大恐慌年代，哲學思想淵源以古典實在論為主，受亞里斯多德及新湯瑪斯派（Neo-Thomist）的思想影響甚大，主要代表人物有赫欽斯（R. M. Hutchins, 1899-1977）、阿德勒（M. Adler, 1902-2001）、布魯姆（A. Bloom, 1930-1992）和馬瑞坦（J. Maritain, 1882-1973）等人。

　　赫欽斯的教育觀為亞里斯多德和湯瑪斯‧阿奎那一脈相傳下來的心智發展教育傳統，他認為人的理性是需要教育加以陶冶、啟發。他認為知識若過早分化或專門化，學生所習得知識將是片段零碎的知識，缺乏關聯型的整體認識。所以主張「教育要教真理」，因為長期傳承而未折損其價值的古典名著或現代經典等文化精華，即是永恆不變的真理。他和阿德勒即曾合作選擇並編輯四百餘冊重要經典著作，編輯而成共五十四冊「西方偉大著作」。

　　而阿德勒所領導的「派代亞計畫」（The Paideia Program）在1982-1984年間即是中小學教育改革的藍本，主張中小學生應接受十二年的義務教育。派代亞的意涵即為人文學科的意義，指出每個人均應具備人文學識。其教育的本質是通識的而非褊狹的、是博雅的而非職業的、重人文的而非重技術的。每位學生所接受的課程，都必須完全一致。學生應該修習的有英文、數學、科學、歷史、社會、外文、美術、手工、職業世界、體育等學科。而教師所採用的教學方法應以研討、探究與發現教學法為主，並鼓勵教師採取蘇格拉底所提的「產婆法」，耐心地引發學生的求知欲望，進而深入挖掘知識的寶藏（林寶山、單文經，2000）。

　　馬瑞坦則是法國著名的天主教哲學家與教育家，其相關教育論述對於當代的基督教教育哲學有重大的影響。在基本的哲學思想上，馬瑞坦是一位新湯瑪斯派信徒，其思想深受湯瑪斯‧阿奎那（St. Thomas Aquinas, 1225-1274）的影響，認為人可以藉由邏輯理性認識世界，強調內在精神的提升。在教育理念上，他主張教育就是博雅教育（liberal education，或稱自由教育），此種教育應該朝著智慧發展，以人性為中心，目標是在發展人們正確思考、享受真理與美的能力（方永泉，2000）。

　　由此可知，永恆主義與當時主導美國教育的進步主義的主張，兩者基本上是歧異的。永恆主義的興起即源自於對進步主義的不滿與反動，認為進步主義的教育實施傾向實用的價值取向，使得教育上普遍出現了反智主義、職業主義，以及文化隔絕的現象。

　　永恆主義者認為教育主要目的在致使「人成為一個人」（As a man），重在培養人的人性、人格，而非人力（方永泉，2000；葉學志，1993）。基此，永恆主義特別強調教育對內在心靈的提升而非針對職業技能精進的教育觀。因而，他們極力倡導古典學術復興，強調學生應學習偉大著作（The Great Books），指出在社會經濟和價值體系紛亂動盪的時代，更應有永恆不變的定海神針，以指引方向。他們主張透過對傳世的古典名著學習，以理解永恆不變的真理和價值，方能「以恆制變」的理解變動不居的社會。所以，他們反對進步主義「流變」（change）的概念，認為人性應是亙古如常，知識與道德價值亦是永恆絕對的，而非偶然暫時、流動變遷的。

　　是以，在永恆主義者眼中，教育的基本原則是不變、永恆的。他們認為教育的重點應該擺在人類的共同本質，教育的目標在於培養永恆理性的心智能力，這目標就如真理般的絕對而普遍。

　　永恆主義哲學理論早期偏重關注高等教育，至 1980 年代開始轉向兼顧中小學教育，讓整個學說形成一個全面的觀照。

貳、永恆主義的教育主張

　　由上可知永恆教育是一支提倡人文學科的復古保守哲學流派，重視亙古文化遺產和經典的教育，強調內在心靈的理性的提升，以培育一個深富人性的人為目標。其基本原則和主張分述如下：

一、教育在訓練心智，涵育成為「理性的仁者」

　　永恆主義認為人與動物最大的差異，在於其理性智慧的展現。因此，永恆主義者認為教育的根本目的就是發展人之所以為人的特徵，把人塑造成為人，培養人的智慧，發揚人性和理性。赫欽斯即指出教育的目的在培養人性或人格，而非人力。因此教育在發揮人性，認識人類共有的仁心，是一種運用頭腦，鼓勵人發揮仁心的教育（簡成熙譯，2018；鍾蔚起，1990）。

289

在永恆主義者核心觀念中，人性和價值都是永恆的、不變的，此基點是教育得以開展的基礎和終極目的。阿德勒即指出，人是理性動物，其本性是永恆不變的，無論在任何的文化時空都是永恆不變的，因此教育方案必須具有永恆不變的特點（陳友松，1982）。是以，教育成了他們逐行此一目標的手段和工具。基此，為涵養真、善、美的永恆人性，教育就必須發展和訓練人的心智，啟發理性，以拒絕功利、物慾的誘惑，避免對人性心靈的侵蝕與危害。最終目的即要培養和成就一個具有「理智思考」的理性人，達致個人能自由表達，也能自我約束相輔相成的理想境界。

所以，他們認為人性的永恆是來自於人的智性和理性的不變，超越時空、放諸四海而皆準。教育首要任務在培養學生的心智訓練，以開展思考，並發揮人性。亦即強調思考的開展，才能促進個人對於人與人之間、人與外在世界、現在和未來等複雜的問題進行理性思考，瞭解和洞悉事物的道理，發揮人類的高度力量，理解他人和生存的世界。由此可見，永恆主義的教育目的並非在事實知識的取得，而是在對生存世界的問題的理解和思考反省，獲得更高的理性智慧和人性智慧。

二、重視文化經典學習，以厚實心智和人文涵養

永恆主義強調永恆知識的學習，主張透過基本學科、文化經典、名著學習永恆的知識或永恆真理，以涵養永恆人性價值的彰顯。他們認為學習學科知識、文化經典和閱讀名著是遏制當前教育快餐文化、淺碟浮躁的良方，並從閱讀經典名著中獲得良好的心智訓練、陶冶個人文化素養和深刻理解當代社會及積極參與社會行動等優勢（解德渤，2013）。換言之，永恆主義者認為學科知識、經典和名著具思想智慧、超越時空、歷久彌新的永恆真理；除此，他們更屬理智訓練的永恆學科。所以藉由對經典文化知識的學習，是增進智慧、培養理性，以及提升文化修養和社會行動的有效策略，不僅具有對當前教育缺失的救贖功能，更能促進學生成為「思想理智者」和「人文修養

者」的雙重涵養。

三、重視培養博雅的全人教育

　　永恆主義者反對教育淪為職業養成所，他們認為教育不應為滿足直接需求和生活適應而教。亦即他們認為教育並非在訓練人力，成為職業預備或促成經濟繁榮和國家富強的人才，不應以培養「專才」為方向。他們主張應施予「博雅教育」，不是把學生訓練成科學家、數學家、音樂家或工程師等專門人才，而是在協助學生習得相關的基本知識，以培養學生理解社會的方法和理性批判的態度。赫欽斯即指出博雅教育之目的在協助學生發展才智，增進理解和恢弘心智，學習從事智識工作所需的智能及熟悉當代學術傳統，啟發新的境界（鍾蔚起，1990：65）。

　　是以，永恆主義重視博雅教育，透過文化經典和名著作為推展的手段，藉由這些偉大著作的學習滋潤心靈、情感交流，協助學生恢弘心智，擴展智能視野格局，追求真理和發展理性，促成廣泛探求知識，理解生存世界和真理的全貌，促進內在價值體系的建立，並培養能理性思考和批判能力的「通才」，此種教育目的重點是在培養人格，而非人力。

四、以多樣性教學適應差異，啟發思考

　　永恆主義在學習方面極為重視主動探索知識和啟發思考的學習精神。上述阿德勒提及鼓勵教師採取產婆法方式循循善誘學生求知欲望和思考，透過師生之間、學生同儕之間的問答、討論、對話來啟發學生探索問題、分析問題和解決問題，一方面激發學生主動思考，另方面也可喚起學生想像和創造力的潛能。

　　對於教學方式的採用，永恆主義傾向運用多樣化的選擇，以適應學生的差異。如赫欽斯鼓勵教師採取各種變化的教學方法促進學生的

學習及思考；阿德勒則鼓勵不同情境提供相對應的不同方法，如針對事實知識以教導式或講述式為主；技能學習則以訓練、練習為主；而在理解擴展上則應重視啟發式的教學方法（張娜，2014）。亦即針對不同屬性的知識類型宜施予不同的教學策略，以讓其學習及思考得到最大化的發揮。

五、強調終身學習

　　永恆主義者主張在學習社會，每個人都應該終身學習。赫欽斯即在其大作《學習社會》（*The Learning Society*）一書中指出，「人停止學習，無異於死亡，……，一個人在年輕時不可能就使他的能力發展到極致，且他不得不持續的利用他的能力。我並非建議一個人一生都需要上學，而是建議他一生都應該學習」（引自趙紅亞，2007：70）。因為在現實社會中，我們無論在工作持續學習成長上或閒暇之餘善用時間繼續學習，這足以讓每個人均有機會和時間創造終身學習的行動。

　　除此，赫欽斯也認為將此終身學習理念和機會擴展到各種對象層面，亦即不分男女、年齡、種族、階級，都均有創造終身學習的自由和空間，這是學習社會中每個人的基本權利，人人都有平等的機會去創造、尋求和選擇，並培養終身學習的態度和行為習慣。

⊠ 課堂回顧與反思活動 1

　　關於永恆主義發展、淵源及主張的敘述，你初步的印象是：

一、印象最深的三個詞或關鍵字：

　　　＿＿＿＿＿＿＿＿　、　＿＿＿＿＿＿＿＿　、　＿＿＿＿＿＿＿＿

二、腦中浮現的兩個疑問：

　（一）＿＿＿＿＿＿＿＿＿＿＿＿＿＿＿＿＿＿＿＿＿＿＿＿＿＿＿＿＿＿

　（二）＿＿＿＿＿＿＿＿＿＿＿＿＿＿＿＿＿＿＿＿＿＿＿＿＿＿＿＿＿＿

三、就你個人的理解提出一個明喻或隱喻：

　　　永恆主義是＿＿＿＿＿＿＿＿＿＿＿＿＿＿＿＿＿＿＿＿＿＿＿＿＿＿

　　　或永恆主義像＿＿＿＿＿＿＿＿＿＿＿＿＿＿＿＿＿＿＿＿＿＿＿＿＿

第二節　精粹主義

壹、精粹主義源流與發展

　　精粹主義（essentialism）亦興起於 1930 年代，哲學理論根植於觀念論和實在論，與永恆主義有相同的反對目標，就是進步主義。

　　1890-1930 年代的美國教育為進步主義所主導，尤其他們強調「兒童中心」、「活動課程」等新教育理念及舉措深受大眾歡迎，然

293

而在經歷經濟大恐慌和二次世界大戰，尤其 1957 年蘇俄發射史波尼克號（Sputnik）人類首枚人造衛星後，美國舉國震撼，咸認國力下降且被蘇俄超前，並歸咎於教育過於「鬆軟」所致，以爲進步主義忽略社會文化遺產和個人心智訓練，以致學校教育成效不彰。因而，反對聲浪日起，進步主義的勢力即逐漸式微。至此，精粹主義主張「回到基本」（back to the basics）的「能力本位」（competency-based）教育主張受到關注，進而成爲美國教育主流哲學理論。

精粹主義主要代表人物有巴格萊（W. C. Bagley, 1874-1946）、布立格（T. H. Briggs, 1887-1971）、霍恩（H. H. Horne, 1874-1946）、貝斯特（A. Bestor, 1908-1994）等人，他們指出當前教育的失敗癥結在於偏離了傳統的文化道路，過於鬆散且偏重生活適應，以至於學生的學術表現落後於其他歐洲各國。是以，他們主張提倡社會文化精華的再現，重拾傳統，因爲傳統文化是歷經長時間的淬鍊而保留至今，是精粹且永恆的文化知識。

精粹主義重視文化價值精華的傳承，並強調以學術的紀律強化學生心智的訓練，讓學習更有系統性和紀律性。巴格萊即認爲，教育應在有效的民主基礎下，同時兼顧自由與紀律（Milson etc., 2010）。由此，精粹主義強調保存及傳遞人類文化的精華是爲教育的首要之務，並在重拾文化精華傳承，以促進社會秩序重整和進步的前提下，同時強調個人心智發展的訓練。因此，他們秉持「回到基本」的理念，重視基本學科的學習，以及學生基本能力的培養。

貳、精粹主義教育主張與內涵

精粹主義深信教育的作用在傳遞及保存人類珍貴的社會文化遺產，以及培養學生的智識能力，以面對和適應社會實際需求。亦即教育寶貴的任務即在傳習文化共同信仰於下一代，此理念承襲自觀念論的哲學理念，認爲此些共同信仰即是永恆不變的眞理。所以，教育的主要工作即在傳遞學習永恆眞理知識，培養人們的基本學養，以適應

生活。其主要教育主張如下（方德隆譯，2004；白亦方，2000；高廣孚，1992；簡成熙譯，2018；Howick, 1971）：

一、關注社會文化的傳遞，以促進社會進步

精粹主義者認為教育的目的乃在為學習者提供適應現存社會的準備工作，且社會進步是漸進的，是在溫和而緩慢的手段中逐步改善。因此，雖然社會變遷是瞬息萬變的，但教育羅盤卻非常固定，許多教育價值和內容有其追求的必要，是經過時間精練流傳的。這些文化精粹是學生必須經驗和學習的學科知識。而這些學科知識的價值超越時空限制，雖無法立即滿足生活立即需求，但卻是適應社會、解決問題和促進社會秩序進步不可或缺的要件。

二、重視基本學科的學習

精粹主義者主張學校教育應編定固定課程，其主要的工作在教授基本知識，教材內容以傳統文化精粹為主，重視基本學科和經典：在小學階段為閱讀、寫字、計算能力的培養，中學階段則著重五門學科，即英文、數學、科學、歷史、外語。

精粹主義者批判進步主義過於寬鬆、無系統和片段化的學習，導致學生基本學科知識的低落。他們重視基本學科的學習，國小階段以培養基本能力為主的讀寫算（3R）基本能力，國中則擴充至數理與文史、外文等學科，強調國民階段教育是其最重視的一環，主要以培養基本能力的工具學科為主，為未來生活做準備。

在精粹主義的課程觀中，學生是一個被動的角色，他們反對依據學生的興趣來選擇或制定課程，因為基本上學生被視為一個非成熟的個體，他們無法判斷及決定何者是該學習或最好的學習知識與價值信念。因此，興趣與課程發展的關係不大，學生的需求則不會被考量到課程決定上。

三、強調勤勉努力的學習和紀律意志的重視

精粹主義批判進步主義過於強調學生興趣及活動課程的學習，導致在快樂學習中而欠缺了系統性及順序性，也忽略學習是困難的工作，需要紀律來配合。因而他們主張，學習應包括自願勤勉和非自願的勤勉，強調學習過程中的自我紀律和努力意志，認為努力應重於興趣，努力之後所得的成就動機才是持久的動機。

但努力重於興趣的觀點並非否定興趣的必要。精粹主義教育過程基本上是以教師為中心，因教師比學生更精熟的掌握了學科內容及邏輯，妥善安排教材讓學生學習更能事半功倍，但並非意味著就不重視學生興趣的考量，僅是未如進步主義那般強力推崇而已，因若教師忽略學生興趣需求，將可能導致教學效果的事倍功半。

四、重視反覆練習的教學方法

精粹主義認為大多數的基本學科仍得靠直接與正式的方法才能學得好，重視心智訓練的方法，如講解、理解、記憶、練習、推理等直接教學方法。他們認為學生的心靈就好比海綿，提供他們相同的教材是必要的，至於吸收多少則端視學生的能力。值得一提的是，精粹主義並不反對進步主義解決問題的方法，他們認同進步主義的解決問題方式是有助於學習。

不過，他們在教學方法上仍以強調依照教材邏輯順序連續性的提供及反覆練習為主，而為了讓學習內容能更為熟練，教師的訓練和督促是必要的手段。因此，嚴格的訓練、大量的作業和客觀標準設定的評量都是必須的。

五、教師是教室權威的來源

基本上，精粹主義的教師角色是「教師中心」的。他們認為教師是教育過程中的核心，教師的工作在建立教室的氣氛、選擇並詮釋傳

授學習材料，以使學生在接受教師指導後能實現潛能。因而，教師不僅是學科專家、學習楷模，更是教室的主導人物，教師在教學過程中是主動的，必須熟悉教材及呈現的邏輯順序，非陪伴者或嚮導，而是指導者。所以，教師應受到尊重且是教室中最具權威的人。

✍ 課堂回顧與反思活動 2

　　請回顧上述精粹主義的教育主張，回答以下問題：

一、你認為精粹主義的核心概念是＿＿＿＿＿＿＿＿＿＿＿＿＿＿＿＿

二、其他相關的主張概念是＿＿＿＿＿＿＿＿＿＿＿＿＿＿＿＿＿＿

三、就你前兩題的理解認知，以心智圖梳理一下精粹主義核心概念與其他概念的關係圖：（空格不夠可自加）

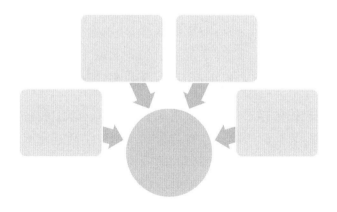

☺第三節　評述

壹、兩者的評述

　　永恆主義和精粹主義均興起於 1930 年代，美國民眾普遍質疑學生基本學力低落的時空環境下。前者強調藉由文化經典和名著以追求理性智慧，後者則重視基本學科知識和紀律的學習，以提升學生的基本知能。因此，在當時時空下有如教育救贖的兩道曙光，但仍不乏被質疑批評之處，以下即作簡略說明：

一、過於強調經典名著、基本學科學習，忽略時代新鉅著和社會議題的整合

　　永恆主義和精粹主義強調教材內容的重要，前者重視經典名著的閱讀，後者則注重基本學科知識的學習。雖然兩者所強調知識內容具有其恆常性和共同性的真理價值，但隨著時代變遷劇烈，社會問題複雜，古典的知識內容確有其傳習和啟發價值，但要培育出因應巨變社會，甚至投入社會改革的學生，仍嫌力有未逮。另者，當代確有不少新穎論述、洞視見解不亞以往，亦有其可取之處，而要培育新時代學生，此些新鉅著和洞見論述則是在教育上可吸納、萃取的教材來源。

二、重視智性發展，忽視個人生活經驗和生活應用

　　永恆主義和精粹主義均相當重視心智訓練，以啟發智性發展，但如此主張將容易偏於一隅。教育若無顧及學生生活經驗或興趣需求，不但忽略了感覺經驗對知識學習的價值與重要性，更影響教師教學的成效，甚至事倍功半。其次，過度強調智性的要求，也可能淪為空有想法、理論，而無行動的空談窘境，導致生活應用實踐的貧乏，這均非教育的本質。

三、強調學習紀律，忽略興趣需求

　　永恆主義和精粹主義在教學上較偏重於外在形式訓練，主要以教材爲中心或教師爲中心，而非學生中心或納入學生興趣需求及經驗的考量，忽略了學生學習自發性的激發。精粹主義強調的學習紀律確有某種程度促進學習的效益，但若過度強調則容易淪爲強制性、機械性和形式化的要求，對學生學習心理而言，反而產生反效果。反之，僅偏重經驗興趣的學習可能因缺乏學習紀律而淪爲鬆散和無效，因而學習紀律的重視與興趣經驗的兼顧，有其在學習上的必要性。

貳、兩者的比較

　　永恆主義與精粹主義理論均源自傳統哲學的觀點，均具復古保守的性質，其理論關注雖有近似之處，但也有諸多不同之處，如以下分析（張娜，2014；簡成熙譯，2018：135）：

一、相同處

(一) 教育關注取向上
1. 均屬保守的教育理論勢力
受傳統哲學觀念論和實在論影響深遠，反對進步主義。
2. 注重主智教育
教育目的強調永恆智性、精神和倫理的培養重於技術實用性。

(二) 課程教學上
1. 重視社會文化遺產的學習
教育重點著重於傳遞及吸收社會文化遺產所孕育的文化經典和基本學科內容。

2. 重視課程結構的連續性

強調小學的 3R 教學，到中學各學門系統學習，以致到大學的博雅教育，逐級發展。

3. 強調學習紀律與努力

均注重學習過程的紀律和努力，反對立即性的興趣滿足等淺碟化教育手段。

二、相異處

(一) 教育關注取向上

1. 主智程度上的差異

兩者雖均是重視個人智性發展，但永恆主義堅持追求終極真理；相對之下，精粹主義則較重視學生對外在環境（自然的、社會的）的適應。

2. 對吸納進步主義觀點的差異

永恆主義強烈反對進步主義教育主張；精粹主義則採較開放態度吸收了進步主義的「流變」概念，認為可以從流變中學得精華經驗以解決問題。而巴格萊也未完全否定進步主義的「活動課程」，由此可見兩理論對於進步主義的反對程度仍有差異。

3. 對文化遺產的差異

永恆主義認為文化遺產是教材來源的唯一；而精粹主義僅將其視為教材來源之一。

4. 教育層級關注上的差異

永恆主義重視高等教育，尤其博雅教育的實施，重視理性智慧的培養；精粹主義則關注於中小學教育階段，特別強調讀寫算的基本能力（3R、基本學科知識）的訓練。

(二) 課程教學上

1. 課程取材上

永恆主義教材關注以「經典名著」為主；精粹主義則以學術性的「基本學科知識」為主。

2. 教學方法上

永恆主義在教學方法上採取較開明的方式，多採「啟發式教學」方法，透過問答、思辨培養理性，以及閱讀經典名著重視仿效，並鼓勵教師針對不同學生、情境、學科採取不同的多樣模式，適應個別差異，因材施教；而精粹主義則以「教師中心」的講述法為主，強調形式訓練和反覆練習，重視心智能力的強化。

3. 教學評量上

永恆主義主張因應教學過程的問答思辨，採取非標準化的評量標準，並重視過程重於結果；而精粹主義則以標準化的考試為主，尤其客觀的紙筆測驗。

☑ 課堂回顧與反思活動 3

　　請回顧永恆主義與精粹主義的淵源發展和教育主張，回答以下問題：

一、你印象最深刻的觀點是＿＿＿＿＿＿＿＿＿＿＿＿＿＿＿＿＿＿＿＿＿＿＿＿＿

二、這個觀點在你的生活或教學上有哪些經驗嗎？舉個例子來說說看！

三、請梳理摘要上述永恆主義和精粹主義教育主張的異同於下表：

	取向	永恆主義	精粹主義
相同處	教育關注	1. 同屬傳統教育理論勢力，反對進步主義的軟性教育。 2. 3.	
	課程教學	1. 重視社會文化遺產的學習。 2. 3.	
相異處	教育關注	1. 強調智性發展以追求終極真理。 2. 反對進步主義流變主張。 3.	1. 強調智性發展目的偏向適應環境。 2. 3.
	課程教學	1. 取材以經典名著為主。 2. 3.	1. 取材以基本學科為主。 2. 3.

素養考驗：課堂故事反思與解決

　　請就本章課堂故事的對話來判斷：

一、（　　）珍珍老師的教育理念應該較接近何種教育哲學觀點？並說明理由。

　　　　　(A)實用主義（pragmatism）

　　　　　(B)永恆主義（perennialism）

　　　　　(C)精粹主義（essentialism）

　　　　　(D)後現代主義（postmodernism）

因為：_____

參考答案：(C)

二、（　　）欣霓老師的理論似乎較偏向永恆主義的哲學觀點，試問下列何者會較符應她的教學做法（複選）？為什麼？

　　　　　(A)重視幼兒博雅教育的通才學習

　　　　　(B)課程選擇應以幼兒經驗為中心

　　　　　(C)重視幼兒自由選擇，並尊重其選擇

　　　　　(D)強調多樣教學方法，重視幼兒的啟發

因為：_____

參考答案：(A)、(D)

三、上述課堂故事的老師似乎都有自己不同的教學理念，就你個人的理念，試著選擇兩位老師的說法進行評論其優勢和限制？

_____

_____

_____

社會重建主義與批判教育學

CHAPTER 12

本章大要

　　本章介紹深受現代哲學與社會哲學學派影響的兩支教育理論：社會重建主義和批判教育學，前者主要受到實驗主義和進步主義的影響；後者則受到批判理論、後現代主義思潮的啟發。社會重建主義重視社會取向發展，以改造、重建社會為主要目的，教育即是反思、建構理想社會的主要手段及工具。批判教育學則強調教育應有增能（empowerment）功能，提升師生的覺醒和反省能力，揭露學校教育在知識與文化結構上所潛藏的權力宰制與社會不公的察覺，以具社會批判和轉化實踐的行動力。

　　本章分別從三個章節進行闡述，第一節介紹社會重建主義的源流脈絡、思想要旨與教育啟發；第二節則介紹批判教育學的源流發展、思想要旨與教育啟發；第三節則對兩者提出相關的評論。

---

§課堂故事§

　　妍潔老師正對著中大班的孩子講著「白雪公主與七矮人」的繪本故事，說著身穿破爛衣服的白雪公主正和七矮人做家事。

妍潔老師問：「白雪公主怎麼會跟七矮人一起做家事？」

小珍：「女生本來就應該做家事的啊！」

大雄：「因為家事是要大家一起做的。」

妍潔老師：「但是她是公主耶！」

小珍：「對吼！公主怎麼可以跟七矮人一起做家事。」

中平：「因為她喜歡七矮人，所以會跟他們一起做家事。」

大雄：「因為家事大家都有責任做啊！而且一起做也會比較快。」

第一節　社會重建主義

壹、社會重建主義源流與發展

　　社會重建主義（social reconstructionism）是一種以教育導引社會改革的重要論述，是美國教育哲學和社會哲學的重要派別。1930年代美國面臨一次大戰戰後及經濟大恐慌的社會失序、物質過剩分配不均，以及精神文化遲滯的種種問題，社會文化秩序亟待重整。因此，社會重建主義的興起根源於對社會文化重整的期待，他們認為美國的社會文化正處在一個充滿混淆及矛盾的十字路口，教育應被視為重建新的文化模式和改造社會的正面力量，學校即應負起更新、重建社會的積極責任。因而，社會重建主義者期望教育者應跳脫維持社會現狀的安逸角色，而承擔更艱鉅的社會改造角色。是以，教育應是社會變革的槓桿，學校應該引導社會變革，教師必須領導而非跟隨，師

307

生均應成爲社會文化重建的能動者（agent）角色。

社會重建主義哲學理論的發展深受實驗主義、進步主義的影響，但卻與前兩者有不同的關注點。前兩者關注兒童個人取向發展，後者則重視社會秩序發展。社會重建主義先驅人物美國哲學家康茲（G. S. Counts, 1889-1974），即批評進步主義過於強調個人價值而忽略社會價值，導致學校教育功能不彰，無法協助社會秩序重建和文明進步。他認爲因應工業時代來臨，人才培養應以集體主義爲先。他的教育思想則較傾向社會的實驗主義，重視教育的社會功能、目的及社會秩序重建。另一倡導人物則是美國哲學家魯格（H. O. Rugg, 1886-1960），他指出進步主義過於強調兒童中心而未考量對社會需求和實際問題，因而他強調教育應採取社會中心，將社會問題納入教科書，使社會重建理念與社會實際做結合，並能進一步改造社會；社會重建主義另一重要代表人物則要推布拉彌德（T. Brameld, 1904-1987），他將社會重建主義視爲一種「危機哲學」，他認爲人類正處在一條通往毀滅和救贖的十字路口，人類必須重新建立起生存的清楚目標。他的社會重建主張強調社會關懷和社會文化的改造與重建，爲社會重建主義注入新活力，並喚起世人對社會重建的重視。由於重建主義強調社會文化的重建，需要教育扮演一個重要而積極的角色，認爲教育是一個整體文化經驗的活動歷程，傳遞整個社會經驗。所以，重建主義冀望經由教育形成社會共識，經由民主的方式，和緩地達成社會進步的目的（李涵鈺、陳麗華，2005；徐宗林，2000；徐宗林、黃玉清，2000；鍾鴻銘，2006）。

社會重建主義者認爲社會經驗發展是比個人經驗發展更爲可貴。因此，轉變實驗主義、進步主義重視個人發展取向，朝向社會發展取向，以改造、重建社會爲主要目的，而教育即建構理想社會的主要手段及工具。

貳、社會重建主義的思想要旨

上述談及，無論是康茲（Counts）、魯格（Rugg）或布拉彌德（Brameld）等社會重建主義者，均強調社會秩序重建及改造的願景。因而，他們的思想要旨或主張大致強調社會文化的重整工程。其主要的思想要旨如下：

一、批判兒童中心的偏狹

社會重建主義者認為社會需要持續的重建與變革，而教育即是創造變革的主要手段，他們相信教育不應該是僅限於象牙塔內的事，而是一種改變世界的方法。但當時社會在進步主義思潮下的教育卻充斥著個人經驗的價值，相對忽略了社會經驗價值的彰顯。康茲即批評「兒童中心教育」的內涵過於狹隘。他認為，兒童中心教育重視培育完善的兒童，反映的是中產階級的價值觀，而非普羅大眾的價值觀（鍾鴻銘，2006）。因而，將此簡化為單一理念套用在普羅大眾兒童的身上是過於理想化且不妥適，因為在各階級未獲得或實現自身的解放前，此一概念並非一體適用，且可能形成某一特定階級的霸權觀念，無法與其他階級的學習者產生有機的教育關係。

對此，魯格也有相似的觀點。他批評進步主義過於重視兒童中心而忽略社會生活，因而致力於將社會中心取向的相關社會議題納入教科書中，使學校課程具有社會重建和改造的功能。

總之，社會重建主義者並非全然否定兒童中心的教育觀，但他們認為這是偏狹而非完整的教育，因為兒童中心的教育過於偏重兒童本性的發展，而忽略引導社會文化和共同生活的社會性目的，失去了教育的完整性。社會重建主義揭櫫師生關係應是一個互為主體的關係，亦即是一個相互平等而互動共享的主體關係，強調兒童中心或教師中心均偏之一隅。是以，社會重建主義的最大宗旨在締造兼具個人發展和社會發展的社會文明。

二、結合學校和社區，成為社會轉化力量

　　社會重建主義者反對過度強調個人自由。相對的，他們鼓勵學習者也需明瞭自己在社會中的定位，方能促成自身完整的發展，和清晰自己安身立命的底蘊定位。

　　康茲與魯格就十分反對傳統課程中所呈現零碎分立的知識，且與社會文化處於孤立隔離的狀態。魯格就將所編的教科書以統整的方式，針對社會問題作為探討內容，並且協助學生以這些社會問題為核心，進行主題式的批判探究，以及開放式的討論，以喚起師生對社會重建的觀念及改造力量（李涵鈺、陳麗華，2006）。

　　另一方面，在課程納入社會文化和生活議題，讓生活情境問題與學校教育合為一體之時，社區的扎根也是社會重建的重要環節。社會重建主義者認為學校負有透過民主過程來轉化社區的任務，學校是社區發展的催化劑。康茲指出，一位理想的教師不僅是一位技師和教學技藝熟練者，更是一位在社區生活中能擔負責任的公民（Counts, 1938）；魯格也提議透過學校應該服務學習（service learning）的實踐，讓學生的經驗與社區生活產生連結；布拉彌德更提及學校是社區的中心（Bussler, 1997），讓學校資源和社區文化資源互為交流活用，作為負起社區文化重建、轉化的重要機轉。

　　所以，社會重建主義者主張學校教育應承擔起更積極的責任，教師應積極導引學生，以批判的態度與方法進行社會問題探究，以及參與社會活動和解決問題，並引進社區文化相關資源融入課程教學，激發學生對社區文化認同及社會問題關注，以及建立社會重建的知識技能和實踐能力。此舉除促成社區、社會與學校教育緊密連結外，並能培養學校師生成為日後社會重建的改革者和能動者。

三、強調民主及世界公民社群的合作意識

美國教育重建重要學者布斯勒（Bussler, 1997）表示，當代教育應該提出教室管理的新模式。他認為精粹主義者的教室是以教師為中心，進步教育運動是以學生為中心，社會重建主義者則揭櫫社會民主，認為民主的教室是師生共為主體，共同決策的歷程。他進一步宣稱非暴力是民主的前提，也是社會重建主義行動決定和實踐的基礎，教育是發展民主信仰與忠誠的歷程。

康茲也主張重建「民主倫理」的根基，以適應工業時代的來臨。因為相對於農業時代以個人主義為基調，工業時代則是以集體主義為特徵，集體主義在強調追求總體福利的同時，鼓勵團體的合作（鍾鴻銘，2012）。

由此可知，社會重建主義者大力彰顯社會民主在重建過程中扮演的重要角色，也只有在民主平等的精神理念下，人類共同合作，致力社會改革才可能成為可能。基此，社會重建主義者極為重視人類問題的解決及國際關係的連結。美國教育重建學會就大力鼓吹尊重人的尊嚴與差異，並主張超越狹隘的意識形態與國族主義，從全球視野、地球村的關懷來看待人類（Bussler, 1997）。陳麗華（2005）也指陳，社會重建主義兼具全球視野和未來主義的觀點，強調教育的社會化歷程要兼顧兩者：同時立足於在地與全球的層次，珍惜自己文化的傳統，並能超越地域束縛，以開闊長遠的眼光來思考和溝通問題，體認世界的共同利益，共築世界公民社群。

參、社會重建主義的教育啟發

社會重建主義強調變革的需要，進而導引出一個更良好的世界文化和文明社會是其核心的宗旨。以下僅從上述的思想要旨中，闡述其對教育的啟發：

一、培養關注社會變革的公共人

社會重建主義者不認同教育僅是側重個人本位精神，造就心理思維的沉思者。他們希望終結心理的象牙塔宰制，並藉由民主方式及社會重建精神，使個人和社會都能變得更好，培養出社會文明的營造者、改造者。

他們認為學校或個體都無法與社會分離，因而致力於整合統一而非分裂的教育，讓每個人都能完整發展，並以自己的方式投入社會改造，使每個人都成為社會變革的主體（Ozmon & Craver, 2008）。由此，康茲即主張教育應多培育「公共人」（public men）。而所謂「公共人」即是「深度關懷國家的未來且將公共利益置於私人利益之上的人」（鍾鴻銘，2012：100）。換言之，在強調社會變革與重整的社會中，關注社會利益高於個人利益意識的「公共人」，才能熱情參與和投入社會秩序重建，並對重建工程貢獻己力，彰顯其對社會重建的主動性和主體角色。

基此，在社會重建主義理念的課堂上的教師與學生，均是重整社會文化秩序的主體。一方面強調教師即研究者，教師即課程設計者等主體角色，認為教師宜從傳統知識傳遞者角色轉換成改造導引者角色，重視自我文化察覺與省思，並主動導入社會議題，比如環保、氣候惡化或社會爭議事件等，以激發學生民主討論、察覺批判，培養社會關懷意識；另方面學生亦應從知識接受者角色轉換為社會參與者、改造行動者的積極角色，兼顧知識與社會文化經驗的學習，並對社會脈動保持關懷，以民主參與的素養成為社會改造的公共人。

二、推展在地文化扎根，培養全球多元文化觀

社會重建主義重視教育的脈絡化，就如上述對在地文化經驗的重視和課程融入。因而對於學校長期學科知識主導的課程與教育，應有一番不同視野的省思，擺脫學校僵化而狹窄的課程觀，引入脈絡文化的課程，豐富並開展多元課程的面貌，也拓展師生思維視野的格局。

布拉彌德即主張應以文化觀點作為社會重建主義的基礎，他認為文化的各個領域都會觸及到教育，教育是文化變革的主要動力。所以，他試圖以文化來整合建立一個哲學體系（李涵鈺、陳麗華，2006）。

　　綜言之，在地文化是社會脈絡的一環，是從事社會重建的根基。學校教育及課程宜從在地文化扎根，追求在地認同與自我認同；同時並能隨時掌握社會問題與時代趨勢，擴展學校社會關懷視野，甚至從全球的、地緣的、種族的、性別的，甚至階級的各個面向的社會文化元素整合納入課程，以民主、批判性的思維探索各個文化精神內涵，培養學生的全球觀、多元文化觀及相互尊重包容的氣度格局。

三、引入社區資源，構築親師合作夥伴關係

　　社會重建主義對於履踐社會重整改造的理念中，「社群」占有極其重要的角色。無論範圍大至全球性社群，或小至社區社群，均是其作為實踐社會重建的重要元素。因而，在社會重建主義者觀念中，學校已不能關起門來辦教育，而是一個開放、動態且整合的教育機制，亦即學校與社會是互補整合關係，具有社會連結性。

　　因而對於社區相關資源，無論是物力的、人力的、文化的等資源，均應吸納整合並加以運用。尤其在社區或家長人力一環，學校教育應持社會重建夥伴理念，廣為引入，注入活水。一方面在民主開放理念下，釋放社區及家長該有的權力、權利和義務，強調多元決策及教育參與；另方面亦應積極善用社區及家長各項專業人力，構築合作的夥伴關係（partnerships），提升教育品質，共同為美好的社會進化而努力。

✍ 課堂回顧與反思活動 1

一、以心智圖方式呈現你最有印象的三個社會重建主義主張和內涵
　　特點：

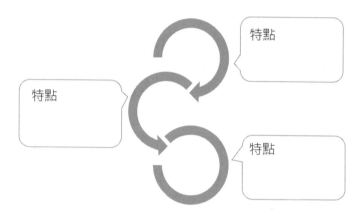

二、你認同「引入社區資源，構築親師合作夥伴關係」的主張嗎？
　　請列舉其優點和缺點各一項，並敘說理由。

第二節　批判教育學

批判教育學（critical pedagogy，或譯批判教學論）是一種深具批判取向的教育哲學理論，試圖將社會弱勢、被隱匿的他者（others）能被彰顯重視，以翻轉傳統主流聲音的獨占和不公。他們視學校教育爲一種文化政治的場域，因此，在批判教育學的觀點中，教育應具增能（empowerment）功能，提升師生的覺醒和反省能力，以揭露學校教育在知識與文化結構上所潛藏的權力宰制與社會不公的察覺及轉化，最後終能具有實踐社會走向公正的行動力。由此而言，批判教育學不僅強調彰顯他者，更重視批判反省及社會實踐。以下就其源流發展、思想要旨，以及對教育的啟示分別闡述說明。

壹、批判教育學源流與發展

批判教育學主要興起於 1970 年代的美洲大陸，但他們與歐洲大陸的哲學並非毫無關係。批判教育學的創立先驅公推巴西學者弗雷勒（Paulo Freire, 1921-1997），他致力於巴西的農民（成人）教育，協助農民脫離文盲及提升識讀和批判能力，以察覺社會、經濟結構的不公平，意圖從意識覺醒並轉化行動、改造社會。

批判教育學理論發展淵源可追溯受到杜威學說，以及歐陸的批判理論、後現代主義、後結構主義、女性主義，甚至拉丁美洲的解放神學等思想的影響（方永泉，2006；黃柏叡、廖貞智譯，2005）。其主要流派大致可歸類爲拉丁美洲系統和北美洲系統，前者以弗雷勒爲代表，致力於提倡民眾意識覺醒（consciousness awaken）的解放教育（liberal education）。他在 1970 年代所出版的鉅著《受壓迫者教育學》（*Pedagogy of the Oppressed*）和他的其他言論學說，也對北美系統的批判教育學產生影響；後者則以美國學者吉諾斯（H. Giroux, 1943-）、麥克拉倫（P. McLaren, 1948-）、艾波（M. Apple, 1942-），以及奧地利哲學家伊利奇（I. Illich, 1926-2002）等人爲主，

重點則放在多元文化、課程意識形態與反對教育學校化等議題的探討。

　　批判教育學是個力求平等理想的學說，發展脈絡深受杜威的實用主義和民主觀、批判理論的社會實踐論、弗雷勒的解放教育學，以及女性主義的多元文化觀的影響。批判教育學者認爲在現代性的資本主義社會中，強調的是科技理性與新自由主義的市場化策略，追求可預測和可控制的有效掌控社會和學校教育，在此種社會效能（social efficiency）至上的精神下，學校越來越像是工業化和科層化工廠運作模式的生產基地，也越來越容易形成一個隱含社會階級、種族，甚至性別不平等的文化政治場域，隱藏著難以察覺的權力意識形態。McLaren 就指出：「在越來越廣泛的社會秩序中，應用了大眾市場策略，使庸俗化的公民觀念——以市場和資本主義的消費者倫理爲基礎——在學校教育中成爲主流。在這裡，學生被製造成『符號』，並藉此鞏固大多帶有父權、白種人色彩的真理。……很多主流文化的運作形式，透過這些運作，社會秩序的文化記憶遭到主流文化的掠食，把社會實踐轉變成傳統的規律和儀式。」（彭秉權譯，1999：109）

　　由此觀之，批判教育學旨在識破科技理性和新自由主義市場的消費意識形態所隱含的霸權運作，在這樣的主流霸權運作下，大眾成了墨守成規的一群，學校也擺脫不了政治、經濟結構的染指與束縛，亦即學校教育的運作隱含政治、經濟與權力的運作鑿痕。McLaren 就指出，批判教育學所關注的即是學校教育所關聯政治、經濟與文化的問題，諸如政治、經濟與教育的關係、教科書或文本所潛含的意識形態，以及學生主體性建構等問題。更精確的說法是：批判教育學核心目標在爲社會弱勢增能（empowerment），進而轉化（transform）既存社會中的不平等和不正義（彭秉權譯，1999：112）。

　　綜言之，批判教育學將學校視爲受政治、文化禁錮的穩定和僵化的體制，因爲傳統上大眾和教師均視學校教育是中立的場域，而對其中可能隱含的政治、社會、歷史、文化的宰制權力卻疏於察覺。是以，批判教育學的意旨就在喚醒大眾及學校師生審視傳統以爲學校教

育的虛假假設，察覺學校教育中在階級、種族、性別、知識上所隱含的權力傾斜和不公平。

貳、批判教育學基本主張與內涵

　　上述批判教育學的觀點讓我們更能從階級、種族、性別和權力的角度來審視我們的學校教育。尤其面對傳統教育在新保守主義和自由主義者的論點的掩飾下，力圖將學校教育中立化，以利將學校教育中蘊含的政治、文化權力問題消除淡化。因此，批判教育學者試圖打破將學校當作是民主溫床的通俗信念。他們從破解學校的課程、知識，以及政策如何和企業市場與經濟效率掛勾開始，揭露當前這種社會秩序及隱含權力阻斷公平機會的實現（彭秉權譯，1999）。以下分從幾個層面來闡述其理論特徵與主張。

一、揭露教育是一種文化政治的形式

　　批判教育學者一致的基本立場是認為學校教育非中立的，而是政治性的，甚至成為社會再製的機制。批判教育學質疑傳統教育將教育視為價值中立，事實上是一個掩飾國家機器對教育控制的事實，正因為強調價值中立因而教育往往被限制在技術和工具層面的傳遞。但從批判教育學的觀點來看，教育不但不可能是價值中立的，而是政治性的（辛治洋，2006）。McLaren（1994）就指稱學校的運作主要在複製菁英階級的價值觀和特權，引介某種形式的社會生活，讓學生為某種特定形式的社會生活做準備，並將此社會生活合法化。Apple 即指出，學校教育的官方知識（official knowledge）倡導共同的文化、目標指向學力的提升，卻忽略了社會中的差異和不平等，形成一種文化的宰制政治（林昱貞，2003）。

　　Giroux 在其《教師是知識分子：邁向批判教育學的學習》（*Teacher as Intellectuals: Toward a Critical Pedagogy of Learning*）大作中亦指出，學校教育不僅是既定社會的教學技術精熟與工具性

知識的傳遞，它也是文化與政治的場所，並以強調適應和競爭方式再現，是一個再製資本主義和合理化主流統治團體意識形態強而有力的工具（陳儒晰，2006）。

綜言之，教育並非如外界所認為，是一個價值中立的理性場域。在批判教育學的觀點中，它是一個具有文化、政治和權力的競技場，無論就學校運作、課程選擇、教學運用、評量標準或教室管理，都可能存在各種文化政治和權力運作的關係。此種教育文化政治的潛在權力在教學與學習活動中是屢見不鮮的，不但形成社會再製的隱形篩網和工具，更致使學校及師生失去了自主性和能動性（agency），而淪為被宰制和受分配的被動角色。

Giroux（1983）進一步指出，學校必須被視為一個矛盾的社會場域，存在著掙扎、和解，它們對抗文化政治剝奪的努力不能被完全的否定。換言之，學校具有雙重特性，學校教育被視為一種文化政治學，在文化政治宰制下，學校教育僅是一個被掌控者或被分配者的角色；但相對的，學校教育亦具有抗拒宰制而尋求自主的機轉，具有解放的潛能，揭露學校教育中的文化政治權力的支配，並朝向批判與解放的行動而努力。

二、解構主流知識與文本控制，彰顯自由精神

上述指出教育與政治密不可分的關係，並洞視知識的政治性本質。而其知識政治本質的背後，其實蘊含的就是知識霸權（hegemony）的宰制。

McLaren 指出，大眾獲得的知識絕對不是客觀中立的，相對的，知識是一種社會性建構，深受權力關係的影響。亦即知識是經過一群特定人士或團體的協議或默許的產物，而這些人或團體均屬於特定社會關係（如特定階級、種族或性別等），且深受隱含的特定歷史、文化、生活脈絡、習性的價值觀和信仰的影響，極具權力的關係（彭秉權譯，1999）。

　　質言之，這樣的知識機制來自於優勢團體或階級所認定的文化知識，並透過教育、媒體、宗教或考試制度，促成一種社會共識的同意（consent），形成一種社會認同的主流文化知識，從而得以掌控附屬團體或階級的知識取得管道，而附屬團體或階級也在不知不覺中參與了這個壓迫自我的過程，優勢團體或階級從此順理成章的取得文化知識領導的霸權地位。

　　這樣的霸權知識在 Apple 的觀點中即是所謂的「官方知識」，Apple（1993）指出，社會上有權力的人認為某些特定團體或階級的知識為正統的知識，該知識就被認定是最重要的，它就被訂為官方知識。官方知識通常瀰漫著鼓吹壓迫、不公平的意識形態，並透過國定課程、國家考試取得合法化的地位。由此可知，某種特定語言或知識成為正統官方語言或知識後，將獲取獨尊的霸權地位，形成一個主流與附屬的知識二元對立，自然形成一個無形的邊界（border），緊接而來的是所有語言知識的運作制度、規則和標準，將趨於一致單一和普遍化，所蘊藏的不公平和不正義的知識權力將更難察覺，隱形的壓迫和束縛亦更形堅固。

　　基此，Freire 就主張教師作為文化工作者，不應是社會既有意識形態和知識的承載者和灌輸者；教育應涉及解放和正義，教師必須是一個跨越邊界者（border-crosser），對自我生存其中的文化和意識形態保持一種反思批判的距離和展開跨越邊界（border crossing）的行動（王慧蘭，2005；Giroux, 1992）。邊界暗喻著權力擁有、世界觀和自我認同的分野，邊界的跨越即是解構、多元對話和邁向真正民主的過程。它是一種來自對傳統教育實踐保守性格的反動，教育應與文化、社會、歷史和政治深切關聯，而不只是培養順民的灌輸、謀生技術的傳授和資本主義生產體系與價值的再製。因而，Giroux（1992）提出「對抗文本」（counter text）、「對抗記憶」（counter memory）、「差異政治」（politics of difference）等三個策略作為對抗傳統教育和官方知識的核心策略。「對抗文本」強調讓學習者覺察文本建構的政治性，如何透過多向解讀與改寫，解構主流文本，以重新塑造

解放主體；「對抗記憶」關注對歷史記憶的重新詮釋和建構，而非僅遵循傳統或特定的主流詮釋；「差異政治」則重視讓學習者覺察差異的論述和建構，並進一步洞視及理解差異。

總之，Giroux 跨越邊界的知識組織即在對抗、解封知識霸權的限制和邊界，鼓勵多元知識形態和文本的列入。除了破解既定知識權力結構外，更能涵蓋多元聲音的涉入，提供主流和從屬文化知識的相互包容、平等並存的空間，並擴展邊緣弱勢「他者」（others）聲音的多元參與。而此種知識邊界跨越的多元觀也意味著知識獨占的瓦解，以及傳播者權威性的消失。就如 Freire 所提，教師是文化工作者一般，教師在學校教育中必須身負解放與批判的角色和意識，亦即官方知識已非唯一的傳習文本，教師知識的傳授也非唯一的來源，教師的權威性也同時受到嚴峻的挑戰，進而多元文化的論述方能獲得平等和發展的機會與空間。批判教育學者認為，教師身為文化工作者，扮演解放的角色，在主流知識文本的跨越、解構上是重要的實踐角色，並具提供他者發聲及知識權力重新分配的轉化力量。

三、教師是轉化型知識分子，展現能動者角色

為了達成教育的解放目的，Giroux 期待教師帶領學生一起質疑、對抗「真理政權」（regimes of truth），其重要的關鍵就是要協助教師成為一位轉化型知識分子（transformative intellectuals），致力於承擔社會轉化的實踐工作（林昱貞，2003：12-13）。

在批判教育學者眼中，教師不該僅是被賦予「傳遞知識」的角色，Giroux 更賦予教師應成為「轉化型知識分子」的期待，Freire 也認為教師應扮演「批判的文化工作者」的積極角色。不論是轉化型知識分子或是批判的文化工作者，均蘊含教師具有啟迪自己與學生察覺、揭露社會不公義及隱藏宰制的意識形態的質疑批判意識，並提升師生轉化實踐，改造社會的能力。

Giroux 指出，批判教育學主要任務，在挑戰學校是民主與平等

的社會秩序的重要發展機制的主流假設。而要實現此種挑戰，Giroux
堅持教師必定要解放知識與經驗，促進學生社會幻想和公民勇氣，幫
助學生形塑自我認同，或進行社會經驗與文化意義的再生產（McLar-
en, 1988；陳儒晰，2006）。換言之，要瓦解學校顛撲不破的價值
中立和民主平等假象，師生必先解放自己，從自我認同、自我覺醒
（self-awaken）開始，提升自我的批判意識，察覺學校教育事物中隱
含的不公義、不平等和意識形態，進一步加以挑戰、批判及轉化，最
後終能達成自我增能（self-empowerment）和社會轉化的理想。

　　因此，Giroux 認為身為一位轉化型知識分子的教師，必須掌握
五個前提：(1) 將教學當作一種解放性實踐；(2) 將學校創造成一個民
主的公共領域；(3) 尋回一個可以分享進步觀點的社群；(4) 強化共同
的公共論述，以連結平等、社會正義的民主律令；(5) 學校教育應作
為社會和自我增能的機構（McLaren, 1988; 1994）。

　　是以，教師應有謙虛而坦誠、批判的面對自己可能也是社會再製
共犯結構的覺醒，將學校轉化成一個民主奮鬥的場域，覺知自己在教
學上可能複製社會不平等的行為及意識形態，並在教學實踐上提供學
生在知能上與道德上察覺與抗拒壓迫的能力。

四、開展主體意識與文化識能的解放教育

　　批判教育學者強調教師應是深具批判意識的知識分子，宜對課堂
上或社會上隱含的不公義和不平等，引發師生的意識覺醒和批判轉化
行動。教師和學生均應被視為覺醒的主體，他們是自己意義的創造
者，可以對於現實進行批判的省察。

　　Freire 致力主張教師作為文化工作者，不應是社會既有意識形態
和知識的承載者和灌輸者；教育不應只是知識的儲存（banking）過
程，更應涉及解放和正義（王慧蘭，2005）。Apple（1993）也認為
個體及學校事實上具有相當的自主性，教師和學生不會完全內化學校
所傳遞的訊息，人的主體意識具有改變社會結構的可能性。因此，批

321

判教育學係將解放的希望放在學校教育主體——教師和學生身上，一則是期待教師能成為轉化型知識分子或文化工作者，從教師的角度研究教育成為批判性實踐的可能。另一條理路從學校教育和青少年次文化之間的緊張關係出發，希望從學生反抗文化中找到解放的出路（林昱貞，2002）。

由此可知，教師與學生並非僅是文化知識或意識形態的宿命順民，而是深具主體意識覺醒的批判者和實踐者，他們認為學校教育及師生仍具有自主性的反抗和解放的可能。而此種主體性反抗和解放的基礎與前提，則建立在學校教育中師生的「意識覺醒」上。Freire就明白宣示，教育是通往永恆解放（permanent liberation）之路。所以，教育應該涵蓋兩個階段：第一階段是透過教育促進民眾「覺醒」（awake），讓他們覺察到自己遭受的壓迫；第二階段則是要透過「實踐」（praxis）來改善壓迫的狀態，前階段是後階段的基礎。因此，教育成了一個持續不斷從事解放性文化行動的過程（方永泉譯，2003：43-44）。

Freire 進一步用「意識化」（conscientization）概念來闡述這個解放之路。他指出，「意識化」是批判意識（critical conscious-ness）滋長和發展的過程，意味著意識的發展具有改造現實的潛在力量，亦即意識化的結果是行動萌發的契機。因此，解放首要之務即在於主體意識的啟明，讓個體察覺及瞭解問題和障礙在哪裡（宋文里，1995）。依此而言，教育上的意識化即在問題陳顯（problem-posing），而非問題解決（problem-solving），因問題陳顯的意識將轉引成轉化的行動。而Freire就指出「意識化」的實現力量，則依賴「文化識能教育」（The education of cultural literacy）。

文化識能教育是 Freire 在 1960 年代對巴西農民實施成人教育的核心工作，強調「對話式教學」，以提升農民識字及對社會文化現實進行對話批判，促成農民意識覺醒為主要目的。Freire 認為，傳統課堂的師生關係隱含著矛盾和衝突，透過「對話」（dialogue）關係，傳統師生分明的對立關係不再存在，相對的顯現一種解放的新關

係：「作爲老師的學生」、「作爲學生的老師」。老師不再是唯一
施教者角色，而在與學生對話的關係中也可能成爲一個受教者，亦即
在對話關係中，交談的雙方是處在同一水平地位完成溝通，雙方的
關係是以共情（empathy）的瞭解來維持的，也就處在一個平等、同
理、移情、共鳴的交談情境中進行對話（方永泉譯，2003；宋文里，
1995）。

　　換句話說，在文化識能教育的對話關係中，師生均具有雙重性的
角色和任務。教師不僅具有施教者角色，也可以是受教者角色；相對
的，學生亦可兼具受教者和施教者角色。教師不再是權威的發號施令
者，學生也不再僅是聽令承受者，兩者是處在一個對話、共情情境中
的平等關係。所以，在 Freire 的觀點中，文化識能教育既是鬆解師生
關係界線處境（limit-situations），也是提升文化覺醒批判與自由實
踐的解放教育（liberal education）。

　　因此，Freire 主張解放教育是一種對傳統教育的制度、內容和方
式等要素的鬆解與顛覆。他認爲傳統教育中充斥著「囤積式教育」
（banking education），是一種壓迫式、非人性、無信心的教育方
式。教師一味權威、指導式講述教學，學生僅是沉默服從、消極適應
的客體，知識的獲取和形成，僅是由他人架構而非自主建構形成。
爲擺脫和解放這種教育宰制，Freire 提倡一種充滿信心、希望、主體
和平等的「問題陳顯式教育」（problem-posing education，又稱提問
式教學或對話式教學），他鼓勵課堂上的師生應勇於彰顯主體和營
造開放對話的學習情境，透過對話激發師生自我增能（self-empower-
ment），扭轉培養傳統適應型受壓迫者的客體個人，而成就整合型解
放者的主體個人。

五、去學校化社會的學習網絡

　　奧地利批判教育學者伊利奇（Ivan Illich）承繼了美國教育學者
古德曼（P. Goodman, 1911-1972）「去學校化」（deschooling）觀點，

在 1970 年代提出了「去學校化社會」（deschooling society）論點。
伊利奇認為學校系統的制度化邏輯是滲透、繁衍其他社會制度的主
因，使得不僅是教育，甚至社會也被學校化，從而出現「學校化社
會」（schooled society）現象。他認為學校化社會的出現將顯現大眾
對制度化的廣泛依賴外，也導致對自然環境的無能、無力獨立維生和
心理的無能等問題，形成「現代化的貧困」（modernized poverty）
（吳康寧譯，1994；譚光鼎，2000）。

　　由此觀之，學校化社會的形成來自大眾對現代社會制度的認同與
過分依賴，並深信透過制度化可以獲得生活、教育、社會福利、法律
保障等方面上的支持與發展，但結果卻適得其反，大眾反而受制於僵
化制度，喪失了自我生存的自主性，產生「學校教育才是正規學習」
的迷失，致使大眾窄化了學習意義本質和範疇，過度依附學校教育，
以致個人潛能的開發受阻，對社會、自然環境的關懷亦予以疏離，所
謂「現代化的貧困」更形深化。

　　伊利奇指出，普及教育是一般人深信且認為絕對必要的信念，並
認為在普及教育的制度下能得到平等的教育。但他卻提醒，平等的學
校教育不僅暫無可能實現且是荒謬的，因為規劃制度的技術官僚可依
其個人認知隨意改變標準對貧困加以界定。一般而言，窮人在社會中
總處於較不利的地位，即使學校品質處於同一水準，窮人子女也難以
在學習成就上趕上富人子女，因為他們缺少中上階級家庭子女的教育
機會，比如語言交談的豐富度、藏書、才藝學習等文化或經濟資源。
伊利奇指稱，窮人不可能透過義務教育而取得社會平等正義，學校卻
借助課程來分配社會角色，接受課程中的價值觀及角色扮演，學校
課程中隱含一種「套裝價值」（packaging values）的「潛在課程」
（hidden curriculum）。這種課程將致使窮人對學校教育功能深信不
疑而失去自主性，導致可能遭受到雙重的剝奪：公共教育資源用之於
特定少數人及受到越來越多的社會控制（吳康寧譯，1994：8-18）。

　　伊利奇此番指控相當程度批判了學校教育假教育機會均等之名，
行社會控制和社會再製之實。因此，他認為我們必須打破學校在教育

中合法性的壟斷地位，並以「去學校化社會」的激進主張作為徹底解放現有教育結構的變革方向。所謂去學校化主要在揚棄工具理性、科層體制和文憑主義下所隱藏於學校系統的價值制度化，亦即拆解一種價值權威化、獨占化、單一化或標準化的學校制度。他從人文主義的立場，反對及批判學校憑藉對文憑的控制，形成非人性化、疏離感，以及主體意識受到壓抑的學校教育，此種強制性、壟斷性和例行性的學校教育對學生的學習是有害無益的。因此，他反對將大量的公共資源投注在學校系統上，以扭轉過度依賴學校教育的現況，創造教育關係的新途徑。

基此，伊利奇提出四個「學習網路」（learning web）主張作為滿足個人接受教育的途徑（吳康寧譯，1994；譚光鼎，2000）：

(一) 教育用品諮詢服務網

教育用品是學習者基本資源，不應僅由學校所操控和壟斷，宜盡可能廣泛設立可搜尋、取得學習資料或從事學習的場所或空間，如圖書資訊館、實驗室、博物館、實習工廠等。提供學生無論何時何地或任何領域經驗知識資料，都方便使用。

(二) 技能交換網

對於雖無合格證照或文憑，但卻足堪擔任學生技能示範者，應允許其根據自己的專業技能給予分享示範技能的空間，並允許學生前往學習，擴充學生學習的技術模仿和交流機會，而非僅由具有證書文憑教師獨占。

(三) 夥伴配對網

這是一種交流網路和共學的途徑。允許學生透過相關網路管道，尋找合意的學習夥伴，共同合作參與學習活動。

(四) 教育人才諮詢服務網

是一種教育人才庫建立的概念。允許根據教育及學生需求，分類建立各類人才名單、專長、條件，建立有經驗的師長和前輩的資訊服務網，提供學習者或家長更充分的師資選擇及學習。大致可分成教育管理者、教育顧問、教育指導者等類型。

總之，伊利奇的「去學校化社會」觀點主要強調減少對正規學校教育的依賴，並彰顯學習者自我動機導向的學習動力的重要性，指出學生的學習活動應該是隨時隨地的且範疇廣泛的，而非被動且局限於學校教育場域或課程。亦即期望能擴大學生的自由選擇空間，降低學習的強制性、例行性和形式性的學習活動，讓學習擁有更多的非正規化（nonnormalized）、彈性化的寬廣空間，促使學生更具自發、好奇、熱情的學習。

參、批判教育學的教育啟示

教育理論總會隨著時空轉變和時代需求發展出不同的教育典範或理念。尼采就曾提出「精神三變」的理念闡述教育學發展的不同典範，分別是：象徵「駱駝」的教育學著重傳統文化的附和、傳承及再製；象徵「獅子」的教育學則彰顯批判和否定文化的立場；而象徵「孩童」的教育學則盡情的發揮自由與創作的文化生命（馮朝霖，2004）。本章批判教育學的哲學內涵正與尼采的獅子圖像的批判精神契合，也朝向孩童圖像的解放、自由創作的行動，對於傳統教育的駱駝圖像重視傳承、複製精神可謂產生了極大的震撼和顛覆。以下即對批判教育學對教育的啟示做一闡述說明：

一、發展師生的批判意識

批判教育學揭露學校教育活動或課程中隱含諸多意識形態及優勢階級利益。因而，新教育應注重師生批判意識的開展。教師首先必先

體認學生是具有意識的個體，引導學生意識到自身是自由的，並透過提問與對話的教學，無論對師生互動、課堂活動或課程內容與教學手段，應檢視、質疑潛藏的優勢霸權與不平等，以敏銳的察覺及理性思維，建立師生反省與行動結合的批判意識。

二、賦予教師改革能動的角色

批判教育學揭露學校是一個社會再製的機制，為避免學校教育文化政治形式的非中立性淪為隱形壓迫，形成一個隱而不顯的社會再製篩網，學校除重視培養師生的批判意識外，更應賦予教師改革的角色。

這種改革角色的落實，首先必須應重視教師的賦權增能（empowerment），教師不能僅停留於知識傳播者技術性工作角色認知，而是對學校知識與價值的選擇、生產、創造及實踐均能透過反思批判，建構有意義的自主省思探索的能動作用，履踐 Freire 提升文化識能的文化工作者或 Giroux 的轉化型知識分子的實踐角色，讓教師成為一個富有批判性語言和可能性語言，反省批判與行動實踐結合的能動者。

三、發展跨越邊界的多元文化課程

從上述論述可知，學校課程具有優勢團體或階級特定知識文化，形成一種主流霸權的知識結構，為破解此種知識權力結構的束縛，Giroux 的邊界理論觀點可提供吾人進行學校課程改革的依循。

因而，批判教育學觀點提供學校教育與課程選擇是一種跨越既有課程結構邊界的覺醒和發聲，除既有主流知識範疇外，對於種族、階級、地緣、性別等各面向知識文化都是課程選擇和編製範疇，重視他者的發聲機會，轉化主流知識權力的獨占，發展跨越主流的多元文本，建立多元文化的課程實踐觀，促進學生展現對多元文化的關懷、包容與對差異的欣賞。

327

四、塑造學校是民主公共領域

Giroux（1983）即指出，學校教育和批判教育學的目的應相連結，並發展新的公共領域議題。在批判教育學者眼中，學校即是一個公共領域，允許知識價值建構、生產過程中的質疑與批判，強調透過民主方式展現平等開放的精神，是實踐解放的場域。因此，無論是在學校活動中師生的參與、課堂上的師生互動或校內外各項議題的參與討論，師生均應顯現出其主體性。在開放自主的狀態下，以對話溝通方式，參與及表達對各項議題的意見。亦即學校應容許師生在民主公共領域中發聲，彰顯多元參與和多元決策的解放理想。

五、拓展與開放多元學習網絡

在當今資訊科技發達的時代，Illich「去學校化社會」觀點內涵的啟發更形彰顯及履踐空間。因而，教育體制應開展更開放的多元空間，除傳統學校教育外，因應家長、學生各種不同需求，提供非學校形態教育、另類特許教育、教育憑證、助學獎助措施等，以提供更多元的教育選擇。

而學校除跨越主流發展多元課程之外，在學習網絡管道上亦應持多元開放的精神，致力數位整合，提供學生更多元的學習材料與網絡進行學習，諸如：網路資源、教學媒體應用、無所不在的行動學習途徑，以及遠距教學或虛擬實境的運用提供等；並系統性的引進及整合社會、社區人力資源的應用；鼓勵教師社群和學生同儕社群的合作學習，促成合作增能及培養自學和互學的習慣，為師生搭建更多元更豐富的學習網絡通道。

✍ 課堂回顧與反思活動 2

　　關於批判教育學的教育主張：

一、你最認同的主張思想是什麼？ _____

　　理由是： _____

　　　　　 _____

　　　　　 _____

二、對於伊利奇「去學校化社會」的主張，你認為對當今教育最具
　　啟發的觀點是什麼？可能的限制又是什麼？

第三節　評述

壹、聚焦社會結構及個人主體探討，朝向解放變革與能動實踐

從上述無論對社會重建主義或批判教育學的理論闡述，大致可發現兩者存在著三個共同的理論性格：批判反思性、社會結構變革性和主體能動性，它們是促成社會結構轉化變革及個體主體覺醒實踐的主要特性內涵。

一、在批判反思性上

社會重建主義立基於社會文化發展失序與遲滯的省思，並批判實用主義和進步主義過於強調兒童價值而忽略社會價值的偏頗；另方面也認為在學校教育中應重視及導引師生對社會問題的批判反思，探究及分析社會問題的癥結及重建之道，進行社會改造；而批判教育學則強調對學校教育中科技理性的批判、追求教育與課程的解放和跨越，以及課程知識所隱含的意識形態所導致的社會不平等加以察覺與反思，致力於學習活動和知識權力中蘊含的不平等的揭露與批判。

二、在社會結構變革性上

兩者皆強調學校教育的能動改造作用。認為教育是改變社會秩序或解放既有優勢權力的社會結構變革主體，透過教育的批判及增能的行動，促成社會的轉化與變革。

三、在主體能動性上

均認為師生是社會批判轉化和重建的主體，透過教育賦予師生賦權增能的能動性，無論是擔負社會變革的主體，或是成為批判的文化

工作者及轉化型的知識分子，都負有社會批判覺醒及社會轉化變革的能動實踐者責任。

貳、遭受理論過於浪漫躁進，缺乏實踐脈絡化，難有具體成效顯現之譏

　　社會重建主義雖對社會改革展現強烈的企圖，但卻被譏爲過於躁進和烏托邦。Ozmon 和 Craver（2003）指出，社會重建主義的躁進導致教育目標和方法上出現大量的空談和爭議，存在著過於浪漫的想法而少有眞正的影響。Stanley 也指出，社會重建主義者從批判性的視角來建構教育的圖像，但沒有摒除實用主義的思想，只是將焦點更關注在批判的蘊含，試圖調和自由主義的價值觀點、實用主義的探究，和烏托邦思想所激發的社會關懷導向（莊明貞，2001）。分析以上批評指控，主要在於社會重建主義雖然深受杜威實用主義的影響，但卻缺乏實用主義的嚴謹性、可行性及顯見的具體成效。而其充滿烏托邦理想的浪漫主張和影響力，也遠遠比不上實用主義被大眾或教育者接受的程度。

　　至於對批判教育學的評論，有些學者即認爲，批判教育理論在教育的實踐上，大有理論與實踐分離的現象。顏素霞（2002）和林昱貞（2002）均指稱，批判教育學理論在臺灣教育的實踐，因側重移植局部的批判技巧，而非全面學校情境脈絡，如此去脈絡化的批判語言，容易導致另一眞理政權的出現，最後導致理論與實踐失衡的虛無圖像。

　　總之，社會重建主義與批判教育學理論彰顯對現代科技理性的反動，以及對社會、教育權力結構的批判，他們雖然提出了致力於社會、教育變革及轉化實踐的創造性主張，但若理論與實踐無法落實脈絡化或嚴謹的具體目標及方法，將如批評者所言淪爲烏托邦的虛無圖像。

素養考驗：課堂故事反思與解決

從本章課堂故事的師生對話中，你有什麼發現？

一、（　）故事中大雄的回答中，顯現他已經具有什麼樣的認知覺察？

(A)性別平等　(B)公平概念　(C)年齡歧視　(D)勇氣的概念

證據是：_____

參考答案：(A)

二、（　）這個故事對話中，隱含了哪些意識形態？（複選）

(A)階級意識　(B)公平意識　(C)正義意識　(D)性別意識

證據是：_____

參考答案：(A)(D)

三、就本章課堂故事中，對於小珍等尚未察覺隱藏不平等的意識形態的同學，妍潔老師可採取哪些教學策略或活動來協助他們察覺異樣？並說明其背後的理念根據。

教師哲學圖像的建構
CHAPTER 13

本章大要

　　信念決定行動。每個人均有其原初的教育哲學，這是任一教育行動的根基。但這些哲學如何更進一步的獲得澄清和精練，使其有一明朗化的圖像，這即是學習教育哲學的本質與目的。

　　本章進一步闡述每位教育者勢必經過自己哲學信念信奉和選擇修正的過程，但如何不致窄化偏誤？除相信理論與實踐具有相互校正的歷程之外，在建構個人清晰的教師哲學路上，亦應秉持兼容並蓄、檢視批判及持續發展修正的精神，為自己建置一個彈性且具動能的教育哲學圖像。

§課堂故事§

　　在一個溫暖的午後，幾位幼兒園教師在課程與教學社群研討會上，正各自分享著他們的教育理念和想法。

小君老師：我認為每個幼兒都是獨一無二的，都有他們自己獨特之處。我的責任就是為他們在身體上、心理上、情緒上和人際上，創造一個溫暖、安全的學習氛圍，讓他們的潛能都能得到適切的發展。

明芬老師：我的理念是讓學生擁有失敗的選擇，因為失敗錯誤是學習的寶貴養分。教育通常不是線性的，應該配合幼兒的生活經驗和發展，採取適合的教學手段，尤其在幼兒階段──強調觀察、探索、感覺、實作才會發生有意義的學習。

小宇老師：查爾斯・狄更斯在《雙城記》開頭就寫到：「這是最好的時代，也是最壞的時代」，面對外在環境遽變的社會，到處充滿挑戰，我們有必要讓學生學習到社會的變遷、適應和因應，甚至改變社會。

惠貞老師：我覺得社會的變遷真的很快速，在這樣複雜而多變的社會中，我會更重視培養學生獨立思考和理性判斷的能力。因為唯有如此，學生才能在紛雜的社會中看清方向，掌握未來。

振輝老師：我認為從小給幼兒一個文化的薰陶和生活秩序的建立是很重要的，尤其是早期流傳下來的文化經典，如《三字經》、《唐詩》、《宋詞》或有一些中外的古典名著，都是我們提供給孩子的文化養分素材。而生活秩序的培養可以給孩子養成紀律和負責的習慣，對未來的發展是相當重要的。

第一節　教師哲學的明朗化歷程

壹、行動植基於內在的哲學理念

我們一直認為哲學是一個空泛抽象的課題，會如此思考主因來自我們經常將它視為一門必修的「學科」或考試的「學科」。殊不知我們生活的每一個行動的背後，均擁有其哲學理念。身為教育者勢必帶著自己獨一無二的教育哲學到教室來。舉凡從每一天幼兒學習的開始：如何開門、開燈、放置書包、物品，或學生課堂坐姿、與人交談、聽講、活動參與的引導與規範，或餐飲安排、使用指導、午睡休息、到與幼兒家長的互動，甚至開學前的課堂布置、學習角落規劃、學習器材採購布置，每位教師均有著不同的考量，顯現在不同的教育作為上，這些差異就是來自教師本身的哲學理念的差異。

再如，上揭的課堂故事中多位幼教老師的教育理念或做法，無論是認為學生是獨一無二的個體，兼顧身心靈和情緒上的引導開發；或是容許學生有失敗的機會，並以觀察、探索方式讓他去嘗試；或重視學生獨立思考和理性判斷的培養；或對文化學習及秩序紀律的重視，顯現教師們不同的關注角度和重視層面，這些關注的理念和價值觀蘊含的是豐富的教育哲學思維。而這些個殊的哲學思維將影響著各自的教學作為和行動，就如督促、要求學生的方法標準、領域學科知識的重視取向、取材偏向、教學選擇等行動抉擇。這正符應了夏米思（Samuel Shermis）所言：「所有的教育課題，最終都是哲學性的」（簡成熙譯，2018：186）。

但這些教育哲思似乎都不在教育者教育行動時即能清晰掌握，反而大多僅是潛意識（subliminal）反射呈現。因為在未經過嚴謹的教育專業課程和哲學思考淬鍊之前，大多的教育行動僅來自個人既有的經驗印象及粗淺的想法，亦即僅是漫不經心地運用自己既有的哲學作為行動指引和問題解決的嘗試，以致無法切入教育問題核心，做出系統且妥適的解決和行動。蘇格拉底即言：「未經審問明辨的生活是

不值得一過的。」（歐陽教，1995）；奈特（Knight）（簡成熙譯，
2018）也指出：身為教育者必須有一個「慎思明辨」和「全盤考量」
的教師哲學圖像，而教育哲學有助於協助教師釐清和搭建清晰的教師
哲學圖像，其四個理由分別是：

　　一、幫助你瞭解最基本的教育問題何在？

　　二、從對這些問題的各種回應之道中，更能理智的評估其利弊得
失。

　　三、協助你澄清、探索生活及教育的目標。

　　四、引導你發展一個內在一致性的觀點與外在世界脈絡下的教育
方案。

貳、從漫不經心的潛意識到明朗化的慎思熟慮

　　由上述，教師雖然早就具有各自的生活哲學和教育哲學，但大多
均是隱藏於潛意識中，如此理念是隱晦不明的，是混沌模糊的。因
此，Knight 的觀點讓我們清楚了教育哲學學習的積極功能及意義：
一方面協助教育者瞭解及掌握教育的基本問題，另方面更可幫助教育
者澄清自我的理念觀點，並進一步發展一個內在一致性的觀點圖像，
以建構教育脈絡下的適切教育哲學和行動。

　　秉此，教育哲學不但協助吾人梳理和釐清既有觀點理念，並協
助個人將其潛藏於下意識中的隱晦而偶發的理念明朗化（crystalliz-
ing），透過慎思熟慮的過程令其更清晰化，才不至於在教育行動的過
程中彷如一個「摸石頭過河的卒子」，只能邊試探邊走、邊教邊學，
無法呈現一個整體而清晰的教育思考。經過慎思熟慮後的教育行動，
更能顯現清晰而整體的方向感和價值感。亦即所有的教育實踐行動均
發自於慎思明辨後的哲學理念架構，才能確立自己的教育藍圖，藍圖
中的目標、步驟、行動、結果預期才能有具體的方向和明確的節奏，
且可適度的評估及調整。如此一來方能讓自己的教育行動均有所本，
對於教育愛和有效的教育等教育理想方能發揮到極致。

🙂第二節　建構個人的教育哲學圖像

壹、信奉與選擇

在本書我們探討了諸多的哲學流派和相關基本主張。有些學派主張是處於對立面，有些則是採取折衷調和的立場；亦有些是呈現現代思潮與後現代思潮的衝突與反思；當然，亦有些學派傾向於個人發展的探討，有些則偏重於社會問題的省思。這些莫衷一是甚至立場各異的哲學主張，必須透過學習和深度思考。每個人勢必有其各自的偏好和選擇，並無絕對的對錯標準，只有是否符應個人信仰及教育情境當下的適切與否。

就如本章課堂故事中五位老師的對話。有老師從人類本質上來觀照，重視個體的獨特性和差異，或關注在快速變遷的社會中的適應與改造；有的老師則從知識論層面來表達學生學習管道或方法採用和選擇的看法；亦有老師從教育目的層面揭櫫培養獨立思考及理性判斷的重要。從這些對話中我們可以發現，每位老師都有自己教育作為的切入點和想法，這些理念或從理性取徑思考，或從人本意義取徑出發，或從多元、批判取徑切入，雖有差異不同，但這都是他們個人教育哲學的信仰和選擇，這些都是教師對實體、真理、價值的基本看法。在本書各學派論述中，我們也可發現每個哲學流派主張啟發、演繹著不同的教育目的、課程教學和教師角色，牽引著不同的教育方向、方法和師生關係，引領著我們教育的實際行動。

是以，每位教師均可建立自己的教育哲學體系，而此體系將決定或影響自己教育實踐的方向和作為，並可從實踐獲得淬鍊和修正。

貳、理論導入實踐

教育哲學雖是教師個人實踐教育理想的羅盤，但一般教師總認為哲學理念過於空泛，不如教育心理學或課程教學等實踐理論有具體指引的效果，無法提供教學實施的實質助益等迷思。但就如 Dewey 所指出：「哲學是教育的普通原理，教育是哲學的實驗室」般，哲學理

論與教育實踐是相互指引、校正、相輔相成的關係。具體而言，我們更從不同哲學基礎探討中得出教育理論與教育實踐的關係，大致可形成四種關係，分別爲教育理論引導教育實踐、教育實踐開展教育理論、教育理論反省改變教育實踐，以及教育實踐取代教育理論等，而與之相對應的哲學學派則是實證主義、現象─詮釋學、批判理論及後現代主義（游振鵬，2004）。

　　布魯貝克（J. S. Brubacher）就指出，若干哲學或理論或能被用來引導教育問題的解答。他堅信，教育哲學的研究將有助於教育者建構更適切的理論基礎，建造更適切的教育。Dewey 也認爲，教育理論是教育實際相關的普遍化與抽象化，大部分的人都認爲抽象在實際事物中是無用的，但他認爲，抽象可以當作一個有用的目的，作爲「實際活動反映中一個不可或缺的特質」（Ozmon & Craver, 2008）。是以，哲學理論與實踐是建立在彼此的身上，前者幫助了教師反思、釐清和組織教育實務，藉以指引教育實踐；後者則從教育實踐中梳理、歸納和組織了觀念，藉以精練、修正哲學理論。

　　由此可見，哲學理論之於教育實踐富有積極的意義功能和互動性，無論是在教育目的、課程選擇、教學方法採用、教師角色與師生關係經營的指引、思辨上，足以發揮極大作用，就如我們要如何「讓學生專心坐在位置上聽講或參與團討活動」、「如何進行合作學習」、「採取哪種引導方式」如此簡單的教育作爲決定，背後都有其不同的哲學理論選擇。在這層意義上，哲學理論變成具實際性的。而另方面教師也應將個人教育哲學導入教育實踐中，除發揮指引功能外，並在實踐中進一步擴展、反省、修正和深化理論，讓個人的教育哲學更加精練及脈絡化（contextualization），適用於不同的教育情境實踐中，成爲一種有內在靈魂的實踐。

參、建構個人的教育哲學

　　本章一開始即指明每位教師均具既有的教育哲學，只是心中的哲學是暫時的、隱晦不明的。這些隱晦的哲學大多涉及倫理學的、價值

判斷的，他無法像科學那麼清晰的斷定真假，甚至容易產生困惑。因此，教師宜精練和建立自身的教育哲學。當然，教師可以擇善固執，專一某一哲學流派主張，但若能兼容並蓄，吸納各流派適合主張，則不致落入獨斷的死胡同（簡成熙，2004）。畢竟，教育或教學有很多問題往往不是單一哲學理論足以克服解決的，但哲學的學習讓我們知道如何去分析問題的本質和癥結，並從多元的理論角度去思考解決之道。

Ozmon 和 Craver（2008）也指出，教師應利用哲學觀念和思考模式來建構自覺的引導實踐活動，但這並不意味著教師應不加思索和批判的全盤接受，而是憑藉哲學分析和批判的洞見，對現存的社會及教育現況加以檢驗、反省。

秉此，教師建構個人教育哲學宜秉持三個基本精神：

一是兼容並蓄。世上沒有任何單一的哲學理論足以解答任何的社會或教育問題，也無法適用於任何時空情境的教育狀況。比如，我們或許不欣賞傳統哲學的某些主張觀點，但這些觀點確實也提供了補強現代哲學某些主張的限制及不足，反之亦然。是以，秉持兼容並蓄的態度，將使我們個人建構的教育哲學視野更具廣度和深度。

二是批判反省。在本書的各章評述中可發現，任何一個學派主張均有其特色，同時有其限制與缺陷。因此，教師毋須一味接受任一哲學學派主張，而宜持批判檢視的精神，針對各種主張觀點進行必要的檢視與反省，尤其導入教育現場進行實際的實踐，更可檢視其在不同教育情境中的適用性或進行適切的修正調整，令其成為脈絡化的新哲學主張，成為新的教育動能和活水，將使個人的教育哲學更具周延性和能動性。

三是持續發展。任何的哲學理論將隨時代的轉變和社會的變遷而作必要的轉變或修正，教師個人的教育哲學藍圖亦然。教師的生涯是一長期的發展狀態，面臨時代思潮、社會環境、教育環境和學生特質的不同，所謂一招半式無法闖蕩江湖，勢必隨時代、情境不同進行持續滾動調整，尤其在理論脈絡化之後，將可更精確地檢視理論的適用性，進行修正，如此動態檢視和修正的行動，正是持續發展自身教育

哲學圖像的必要作為。

　　最後，就讓我們根據上述的精神就當代教育理論的理念，進行下列個人教育哲學建構的活動，審慎仔細為自己建立一個具兼容並蓄、批判反省、持續發展的教師哲學圖像，並從中審視、分析個人的內在信念價值體系，以及在課堂上分享與討論。

☑ 課堂活動與討論

範例

教師哲學圖像
*讓我們從自己的教育理念中，找出自己哲學的取向，並完成「教師哲學圖像溫度計」。

姓名：＿＿＿＿＿

整體評估（教師哲學圖像）	批判教育學	重建主義	永恆主義	精粹主義	人本主義	進步主義	哲學理論
我覺得自己是一位（　　　）的教師，因為（　　　）					一、重視個人的自主和自我實現 二、重視個人價值和意義的追求	一、以兒童為本位 二、教育重視兒童的興趣和需求	認同或不認同的哲學理念（一到三項）

個人哲學溫度計　　3　2　1　0　-1　-2　-3

341

建構個人教師哲學作業單

教師哲學圖像　　姓名：_____

*讓我們從自己的教育理念中，找出自己哲學的取向，並完成「教師哲學圖像溫度計」。

整體評估（教師哲學圖像）	批判教育學	重建主義	永恆主義	精粹主義	人本主義	進步主義	哲學理論
我覺得自己是一位（　　）的教師，因為（　　　）							認同或不認同的哲學理念（一到三項）
							3
							2
							1
							0
							−1
							−2
							−3

個人哲學溫度計

參 考 書 目

一、中文部分

丁曉軍（2017）。分析哲學之本眞辨析──兼論分析哲學的起源及其與
　　歐陸哲學之爭。**學術論壇**，**40**(5)，頁 155-159。

于曉菁（2011）。後哲學文化視野下的「小寫」式音樂教育。**藝術百家**，
　　2，頁 225-231。

方永泉（2006）。批判取向教育哲學的發展、議題及展望。輯於李錦旭、
　　王慧蘭主編《**批判教育學──臺灣的探索**》，頁 23-58。心理。

方永泉（譯）（2003）。**受壓迫者教育學**（P. Freire 著）。巨流。

方德隆（譯）（2004）。課程基礎理論（Allan Ornstein 與 Francis
　　Hunkins 著）。高等教育。

王元明（1998）。**行動與效果：美國實用主義研究**。中國社會科學出版
　　社。

王慧蘭（2005）。批判教育學：權力抗爭、文本政治和教育實踐。**臺灣
　　教育社會學研究**，**5**(2)，頁 85-112。

伍振鷟（2015）。**教育哲學**（2nd）。五南。

伍振鷟（1993）。道德問題與教育。輯於**教育哲學**，頁 89-106。景文。

朱元鴻等（譯）（1994）。**後現代理論：批判的質疑**（S. Best & D.
　　Kellner 著）。巨流。

朱啟華（1999）。盧梭、康德、洪保德教育思想中能力開展的概念。**教
　　育研究集刊**，**43**，頁 65-76。

朱啟華（2008）。論康德的教育學說及其性格。**臺中教育大學學報**，
　　22(1)，頁 1-14。

江合建（2001）。杜威藝術經驗理念之實踐。**教育研究集刊**，**47**，頁 16-
　　35。

江怡（2017）。論分析哲學運動的歷史特徵與現實意義。**蘇州大學學報
　　（哲學社會科學版）**，**38**，頁 1-10。

但昭偉（2000）。唯我論。輯於國家教育研究院《**教育大辭典**》。

https://terms.naer.edu.tw/detail/1309210/

吳志宏譯（1994）。**教育的目的**（Alfred North Whitehead 著）。桂冠。

吳俊升（1993）。**教育哲學大綱（增訂版）**。臺灣商務。

吳根明（譯）（1988）。**批判理論與教育**（R. Gibson 著）。師大書苑。

吳靖國（2000）。**教育理論**。師大書苑。

吳麗君（2013）。架設理論與實務對話的橋樑：對小學老師的邀請。**國民教育**，**53**(4)，頁 2-14。

宋文里（1995）。「批判教育學」的問題陳顯。**通識教育季刊**，**2**(4)，頁 1-15。

李天命（1993）。**存在主義概論**。台灣學生書局。

李玉馨（2010）。「進步」的揭示與開創：論杜威學說與美國進步主義教育各派別之差異。**教育科學期刊**，**9**(2)，頁 53-76。

李石岑（1986）。**西洋哲學史**（3th）。三民。

李志成（2017）。海德格生存論的死亡探問。**空大人文學報**，**26**，頁 51-92。

李奉儒（2003）。從教育改革的批判談教師作為實踐教育的正義的能動者。**臺灣教育社會學研究**，**3**(3)，頁 113-150。

李奉儒、張淑媚（2000）。存有。輯於國家教育研究院《**教育大辭書**》。取自 https://terms.naer.edu.tw/detail/1304765/

李芳森（2011）。Richard Rorty 教育蘊義之研究。**彰化師大教育學報**，**19**，頁 59-89。

李長偉（2019）。康德的實踐性教育：強制與自由的悖論。**教育學報**，**15**(4)，頁 1-25。

李涵鈺、陳麗華（2005）。社會重建主義及其對課程研究的影響初探。**課程與教學**，**8**(4)，頁 35-56。

李超宗（1989）。法蘭克福學派的批判理論。**復興崗學報**，**40**，頁 391-410。

李維倫譯（2004）。**現象學十四講**（原著：Robert Sokolowski）。心靈工坊文化。

李樹英、王萍（2009）。教育現象學的兩個基本問題。**華東師範大學學報（教育科學版）**，**27**(3)，頁 40-45。

汪文聖（1995）。**胡塞爾與海德格**。遠流。

沈清松（1990）。**現代哲學論衡**。黎明。

沈清松（1993）。從現代到後現代。**哲學雜誌，4**，頁 4-25。

沈清松（1995）。為後現代探尋出路。輯於蔡錚雲著：**從現象學到後現代**。唐山。

車文博（2001）。**人本主義心理學**。東華書局。

辛治洋（2006）。批判教育學解讀。**比較教育研究，194**，頁 6-11。

周明泉（2016）。論現代性社會的理性病理：早期法蘭克福學派社會批判理論的觀點。**哲學與文化，43(4)**，頁 33-58。

林火旺（2004）。**倫理學**。五南。

林永喜（1994）。**三大學派教育哲學思想概論**。文景。

林永喜（2000）。洞穴寓言。**教育大辭典**。國家教育研究院。取自 https://terms.naer.edu.tw/detail/1307556/

林玉体（1995）。**西洋教育思想史**。三民。

林秀珍（1997）。心靈饗宴——西洋思想家的教育智慧。**教育研究集刊，39**，頁 113-135。

林秀珍（2007）。**經驗與教育探微——杜威（J. Dewey）教育哲學之詮釋**。師大書苑。

林昱貞（2002）。批判教育學在臺灣：發展與困境。**教育研究集刊，48(4)**，頁 109-155。

林淩（2015）。理性與啟蒙：論康德的教育思想體系建構。**基礎教育，12(1)**，頁 5-20。

林逢祺（1999）。美學與教育。輯於歐陽教主編**教育哲學**，頁 62-98。麗文文化。

林逢棋（2000）。教育的語言。輯於國家教育研究院《**教育大辭書**》。取自 https://terms.naer.edu.tw/detail/1310045/

林逢祺、洪仁進（2013）（主編）。**教育哲學：隱喻篇**。學富文化。

俞懿嫻（2000）。現象學的存而不論。輯於國家教育研究院《**教育大辭書**》。取自 https://terms.naer.edu.tw/detail/1310598/

俞懿嫻（2006）。懷德海哲學與後現代教育。**當代教育研究，14(2)**，頁 147-174。

俞懿嫻（2010）。杜威論懷德海哲學。**哲學與文化，37**(2)，頁 43-67。

施偉隆（2009）。從現象學的觀點對質性研究的省思。**新竹教育大學人文社會學報，2**(1)，頁 127-152。

洪如玉、陳惠青（2016）。解構哲學之探討及其對審美教育學之啟示。**教育科學研究期刊，61**(1)，頁 115-137。

洪漢鼎（2008）。**重回到現象學的原點：現象學十四講**。世新大學。

胡夢鯨（2000）。哈伯瑪斯。輯於國家教育研究院《**教育大辭典**》。https://terms.naer.edu.tw/detail/1307275/

孫有蓉（譯）（2017）。**論美，論愛：柏拉圖《費德羅篇》譯註**（Plato 著）。商周。

徐宗林（1992）。**西洋教育思想史**。文景。

徐宗林（2000）。康茲。輯於國家教育研究院《**教育大辭典**》。http://term.naer.edu.tw/detail/1309598/

徐宗林（2000）。康德。**教育大辭典**。國家教育研究院。取自 http://terms.naer.edu.tw/detail/1309599/

徐宗林、黃玉清（2000）。布拉彌德。輯於國家教育研究院《**教育大辭典**》。http://terms.naer.edu.tw/detail/1303856/

郝曉東、徐未芳（2016）。教育節奏論視角下實習支教內涵發展探析。**忻州師範學院學報，32**(2)，頁 78-82。

馬康莊、陳信木（譯）（1995）。**社會學理論**（G. Ritzer 著）。巨流。

高宣揚（1986）。**存在主義概說**。藝城印刷（出版者不詳）。

高宣揚（1994）。**實用主義與語用論**。遠流。

高宣揚（1998）。**當代社會學理論**。五南。

高強華（2000）。**設計教學法**。取自 http://terms.naer.edu.tw/detail/1310817/

高義展（1997）。後現代主義教育哲學對學校教育的啟示。**初等教育學報，10**，頁 273-297。

高廣孚（1989）。**教育哲學**。五南。

高廣孚（1992）。**西洋教育思想**。五南。

康永久（2009）。道德教育與道德規範 —— 對康德與涂爾幹道德理論的反思。**教育學報，5**(6)，頁 3-9。

張文軍（1998）。**後現代教育**。揚智。

張光甫（2003）。**教育哲學：中西哲學的觀點**。雙葉書廊。

張汝倫（1997）。現象學方法的多重含義。**哲學雜誌**，**20**，頁 90-115。

張作箴（1990）。洛克認識論。**教育學刊**，**9**，頁 1-23。

張芬芬（2000）。批判理論。輯於**國家教育研究院**《**教育大辭典**》。
　　https://terms.naer.edu.tw/detail/1305737/

張娜（2014）。要素主義和永恆主義教學觀之摭論。**課程教育研究**，**7**
　　（上），頁 37-38。

張國賢（2019）。解構主義。輯於王一奇編《**華文哲學百科**》。取自
　　http://mephilosophy.ccu.edu.tw/entry.php?entry_name=%E8%A7%A
　　3%E6%A7%8B%E4%B8%BB%E7%BE%A9#_ftn3

張凱元（2003）。**人本主義教育的理念與實踐**。心理。

張煌錕（2000）。後現代主義。輯於國家教育研究院《**教育大辭典**》。
　　取自 https://webcache.googleusercontent.com/search?q=cache:NYN
　　f1rZHjbkJ:https://terms.naer.edu.tw/detail/1307390/%3Findex%3D3
　　+&cd=10&hl=zh-TW&ct=clnk&gl=tw

張曉均（2006）。**隱喻的身體：梅洛－龐帝身體現象學研究**。杭州：中
　　國美術學會出版社。

曹衛東、付德根（2006）（譯）。**後形而上學思想**（J. Habermas 著）。
　　譯林。

梁福鎮（2020）。Egon Schütz 普通教育學之探究。**教育研究集刊**，
　　66(2)，頁 37-68。

畢恆達（1996）。詮釋學與質性研究，輯於胡幼慧主編：**質性研究**，頁
　　27-45。巨流。

郭博文（1990）。**經驗與理性：美國哲學析論**。聯經。

郭實渝（1996）。後現代主義的教育哲學。輯於邱兆偉主編《**教育哲
　　學**》，頁 237-75。師大書苑。

陳友松（1982）。**當代西方教育哲學**。北京。

陳迺臣（2001）。**教育哲學**。心理。

陳新忠、金笑陽（2018）。教育哲學的百年演進及發展趨向。**徐州工程
　　學院學報（社會科學版）**，**33**(5)，頁 82-87。

陳碧祥（2000）。詮釋學。輯於國家教育研究院《教育大辭書》。取自 https://terms.naer.edu.tw/detail/1312557/

陳儒晰（2006）。教師是知識分子：邁向批判教育學的學習。**課程研究，1**(2)，頁 125-130。

陳曉林（1987）。**學術巨人與理性困境：韋伯、巴柏、哈伯瑪斯。**時報文化。

陳麗俐（2000）。批判理論對教師文化轉化的省思。**學校行政雙月刊，31**，頁 81-96。

陳麗華（2005）。**課程本土化與全球化的辯證——以社會重建主義課程的實踐為例。**發表於吳鳳技術學院幼兒保育系主辦「全球化與本土化——臺灣幼兒教保課程模式在地化建構學術研討會」（1-17頁）。

勞思光（1998）。**存在主義哲學新編。**中文大學出版社。

單中惠（1997）。當代歐美十大教育思潮評述（三）。**河南教育學院學報（哲學社會科學版），2**，頁 45-68。

單文經譯（1986）。**道德發展的哲學**（Kohlberg, L. 著）。黎明文化。

彭正梅（1999）。批判理論與教育。**外國教育資料，1**，頁 8-14。

彭秉權（譯）（1999）。批判教育學（Peter McLaren 著）。**通識教育季刊，6**(2)，頁 109-155。

曾艷兵（1996）。**東方後現代。**桂林：廣西師範大學出版社。

游振鵬（2004）。教育理論與教育實踐的關係及其合理性發展。**國民教育研究學報，12**，頁 1-18。

程運、賈馥茗、楊深坑（2000）。教育。**教育大辭典。**取自 https://terms.naer.edu.tw/detail/1309767/

馮朝霖（2004）。駱駝、獅子與孩童——尼采精神三變說與批判教育學及另類教育學的起源。**教育研究月刊，121**，頁 5-13。

黃光國（2018）。**內聖與外王：儒家思想的完成與開展。**心理。

黃宗顯（1999）。**學校行政對話研究：組織中影響力行為的微觀探討。**五南。

黃柏叡、廖貞智（譯）（2005）。**批判教育學：來自真實世界的記錄**（Joan Wink 著）。巨流。

黃瑞祺（2001）。**現代與後現代（二版）。**巨流。

黃瑞祺（2007）。**批判社會學（修訂三版）**。三民。

黃錦坤（2015）。觀念分析學派。輯於伍振鷟等合著《**教育哲學**》，頁197-206。五南。

楊洲松（2000）。形式訓練。**教育大辭典**。國家教育研究院。取自 http://terms.naer.edu.tw/detail/1305647/

楊洲松（2000）。邏輯實證論。輯於國家教育研究院《**教育大辭書**》。取自 https://terms.naer.edu.tw/detail/1315692/

楊洲松（2005）。後現代思潮對教育哲學的衝擊。**教育資料與研究雙月刊**，**66**，頁 77-90。

楊國賜（1977）。**現代教育思潮**。黎明文化。

楊國賜（1988）。**進步主義教育哲學體系與應用**。水牛出版社。

楊深坑（1998）。**理論、詮釋與實踐：教育學方法論論文集**（甲輯）。師大書苑。

楊深坑（2002）。**科學理論與教育學發展**。心理。

楊絢雲譯（1992）。**教學方法原理**（W. H. Kilpatrick 著）。揚智。

溫明麗（1996）。批判理論的教育哲學。輯於邱兆偉主編**教育哲學**，頁114-121。師大師苑。

溫明麗（1999）。知識論與教育。輯於歐陽教主編**教育哲學**，頁 62-98。麗文文化。

葉乃靜（2012）。現象學。輯於國家教育研究院《**圖書館學與資訊科學大辭典**》。取自 https://terms.naer.edu.tw/detail/1678708/?index=9

葉乃靜（2012）。認識論。**圖書館學與資訊科學大辭典**。取自 https://terms.naer.edu.tw/detail/1679328/?index=9

葉學志（1993）。**教育哲學**（5th）。三民。

解德渤（2013）。西南大學名著選讀與永恆主義教育理念。**復旦教育論壇**，**11**（4），頁 28-32。

詹棟樑（1999）。**教育哲學**。五南。

詹棟樑（2002）。**後現代主義教育思潮**。渤海堂文化。

詹棟樑（2010）。觀念主義的教育哲學。輯於邱兆偉主編**教育哲學**（增訂二版），頁 33-54。師大書苑。

鄔昆如（1975）。**存在主義之透視**。黎明文化。

趙紅亞（2007）。赫欽斯成人教育通識教育思想及實踐。**高等函授學報（哲學社會科學版）**，**20**（1），頁 69-72。

趙曉維（2000）。互為主體性。輯於國家教育研究院《**教育大辭書**》。取自 https://terms.naer.edu.tw/detail/1302590/

劉昌元（1993）。**西方美學導論**。聯經。

劉創馥（2014）。黑格爾的絕對知識與歷史理性。**哲學分析**，**5**，頁 34-50。

劉貴傑（2000）。自發性。**教育大辭典**。國家教育研究院。取自 https://terms.naer.edu.tw/detail/1305135/

劉貴傑（2000）。歷程。**教育大辭典**。國家教育研究院。取自 http://terms.naer.edu.tw/detail/1314601/

劉睿（2019）。自由與強制的有機統一──康德論未成年人規則意識培養。**教育學報**，**15**(1)，頁 1-16。

歐陽教（1995）。**教育哲學導論**。文景。

歐陽教（1988）。觀念分析學派的教育思潮。輯於中國教育學會主編《**現代教育思潮**》，頁 1-50。師大書苑。

歐陽教（1999）。哲學與教育的關係。輯於歐陽教主編**教育哲學**，頁 1-21。麗文文化。

蔡見德（1995）。**西方哲學的發展軌跡**。揚智文化。

蔡偉鼎（2019）。詮釋學，輯於《**華文哲學百科**》。取自 http://mephilosophy.ccu.edu.tw/entry.php?entry_name= 詮釋學

蔡錚雲（2005）。**現象學導論**（原著：Dermot Moran）。桂冠。

鄧麗芝（2014）。法蘭克福學派文化批判理論簡述。**淮北技術學院學報**，**13**(4)，頁 31-32。

鄭重信（1974）。黑格爾的精神現象學。**師大學報**，**19**，頁 1-36。

賴俊雄（2007）。傅柯的《規訓與懲罰》。**文化研究**，**3**，頁 1-6。

鍾鴻銘（2006）。H. Rugg 教科書爭議事件。**教育研究集刊**，**52**(3)，頁 103-139。

鍾鴻銘（2012）。教育與社會改革：George S. Counts 社會重建論的實踐意涵。**臺灣教育社會學研究**，**12**(1)，頁 75-118。

韓景春（2010）。實用主義的教育哲學。輯於邱兆偉主編**教育哲學**（增

訂二版），頁 81-120。師大書苑。

瞿世英（2011）。**西洋教育史**。福州：福建教育出版社。

簡成熙（1996）。**理性・分析・教育人**。師大書苑。

簡成熙（2010）。分析哲學的教育哲學。輯於邱兆偉主編《**教育哲學**》（增訂二版），頁 169-204。

簡成熙（2011）。革命與再革命的教育分析哲學：兼論郭實渝教授的貢獻。**市北教育學刊**，**40**，頁 19-54。

簡成熙（2019）。彼得斯對教育內在性目的之論證及其相關評析。**教育學術月刊**，**1**，頁 3-17。

簡成熙譯（2018）。**教育哲學導論**（4th）（G. R. Knight 著）。五南。

顏峰、胡文根（2013）。馬克思主義是經濟決定論的嗎？—— 從特里・伊格爾頓的《馬克思為什麼是對的》談起。**中南大學學報（社會科學版）**，**19**(6)，頁 10-15。

顏珮茹（2006）。學校全球教育內涵建構。輯於陳麗華主編《**社會重建課程的理念與實踐：覺醒、增能與行動**》，頁 551-605。五南。

顏素霞（2002）。批判教育學應用及挑戰 —— 以職前教師反省思考歸因分析為例。**屏東師院學報**，**16**，頁 1-28。

羅小鳳（2006）。擬像：超真實的後現代性話語。**湖南科技學院學報**，**27**(3)，頁 55-57。

關文運譯（2009）。**人類理解論**（J. Locke 著）。商務印書館。

蘇永明（2010）。唯實主義的教育哲學。輯於邱兆偉主編教育哲學（增訂二版），頁 55-80。師大書苑。

蘇永明（2015）。**當代教育思潮**。學富文化。

龔卓軍（2003）。**傳授生活經驗：現象學觀點下的哲學通識教育**。發表於 2003.12.27 台灣哲學學會 2003 年度學術研討會暨年會。

二、英文部分

Apple, M. W. (1993). *Official knowledge: Democratic education in a conservative age*. New York: Routlege.

Barbara J. Thayer-Bacon & Charles S. Bacon (2006). *Philosophy applied to education: Nurturing a democratic community in the classroom*. Pearson College Div.

Baudrillard, J. (1994). *Simulacra and simulation* (Glaser, S. F. trans.). Ann Arbor: University of Michigan Press.

Bussler, D. (1997). Some basic tenets of educational reconstruction. In Darrol Bussler etc., *Introducing educational reconstruction: The philosophy and practice of transforming society through education* (pp. 49-120). California: Caddo Gap Press.

Carr, W. (1995). *For education: Towards critical educational inquiry*. Buckingham: Open University Press.

Counts, G. S. (1938). *The prospects of American democracy*. New York: John Day.

Cremin, L. A. (1961). *The transformation of the school: Progressivism in American education*. New York: Alfred A. Knopf.

Dewey J. (1958). *Experience and nature*. N.Y.: Dover.

Dewey, J. (1933). *How we think: A restatement of the relation of reflective thinking to the educative process*. Boston: Houghton Mifflin.

Dewey, J. (1934). *Art as experience* (*paperback*). NY: Perigee Books.

Dewey, J., & Tufts, J. H. (1908). *Ethics*. University of California Libraries.

Foucault, M. (1979). *Discipline and punish: The birth of the prison*. Trans. Alan Sheridan. New York: Vintage Books.

Giddens, A. (1989). A reply to my critics. In D. Held & J. H. Tuner (Eds.). *Social theory of modern societies: Anthony Giddens and his critics*. Cambridge: Stanford University.

Giroux, H. (1983). *Theory, resistance, and education: A pedagogy for the opposition*. South Hadley, MA: Bergin & Garvey.

Giroux, H. A. (1992). *Border crossings*. New York: Routledge.

Habermas, J. (1972). *Knowledge and human interest.* Boston: Beacon Press.

Horkheimer, M. (1982). *Critical theory: Selected essays*. Herder & Herder.

Howick, W. H. (1971). *Philosophies of western education*. Danville, Ill., Order From Interstate Printers & Publishers.

Kellner, D. (1991). Introduction to the second edition. In H. Marcuse: *One-dimensional Man: Studies in the Ideology of Advanced Industrial Society* (2rd). pp. xi. Routledge.

Knight, G. R. (1982). *Issues and alternatives in education philosophy*. Michigan: Andrews University Press.

Kohlberg, L. (1964). Moral development of moral character and moral ideology. In M. L. Hoffman (ed.). *Review of Child Development Research, Vol. 1*, New York, Russell Sage Foundation, pp. 383-431.

Lyotard, Jean-François (1984). *The postmodern condition: A report on knowledge*. MN: University of Minnesota Press.

Marcuse, H. (1991). *One-dimensional man: Studies in ideology of advanced industrial society* (2rd). Routledge.

Mayer, A. E. (1949). *The development of education in the Twentieth Century*. New York: Prentice-Hall.

McLaren, P. (1988). Foreword: Critical theory and the meaning of hope. In H. A. Giroux, *Teachers as intellectuals* (pp. ix-xxi). Granby, MA: Bergin & Garvey.

McLaren, P. (1994). *Life in schools: An introduction to critical pedagogy in the foundations of education* (*2nd*). New York: Longman.

Milias M. H. (ed.) (1986). *Possibility of the aesthetic experience*. Dordrecht: Martinus Nijhoff.

Mill, J. S. (1998). *Utilirianism*. Oxford: Oxford University Press.

Milson, A., Bohan, C. H., Glanzer, P., & Null, J. W. (Eds.) (2010). *American educational thought: Essays from 1640-1940*. Charlotte, NC: Information Age Publishing Inc.

Morris, Van Cleve (1990). *Existentialism in education: What it means*. Waveland Pr Inc.

Ozmon, H. A., & Craver, S. M. (2008). *Philosophical foundations of education* (*8th*). New Jersey: Pearson Education Ltd.

Peng Chen & Carsten Schmidtke (2017). Humanistic Elements in the Educational Practice at a United States Sub-Baccalaureate Technical College. In *International Journal for Research in Vocational Education and Training (IJRVET), Vol. 4*, Issue 2, August 2017, 117-145.

Pinar, W., & Grumet, M. R. (1976). *Toward a poor curriculum*. Iowa: Kendall & Hunt.

Pratte, R. (1992). *Philosophy of education: Two traditions*. Springfield, IL: Charles C. Thomas.

Scheffler, I. (1960). *The language of education*. Springfield, Ill.: Thomas.

Sokolowski, R. (2000). *Introduction to phenomenology*. Cambridge University Press.

Soltis, J. F. (1978). *An introduction to the analysis of education concept* (*2nd*). Addison-Wesley.

Weinberg, C., & Reidford, P. (1972). Humanistic educational psychology. In C. Weinberg (Ed.). *Humanistic foundations of education* (pp. 101-132). Englewood Cliffs, NJ: Prentice-Hall.

Whitehead, A. N. (1957). *Process and reality*. New York: Macmillan.

Winch, C., & Gingell, J. (2008). *Philosophy of education: The key concepts* (*2nd*). Routledge: N.Y.

國家圖書館出版品預行編目資料

教育哲學：課室的理論與實踐／郭木山著.
　－－初版.－－臺北市：五南圖書出版股份
有限公司, 2022.09
　　面；　公分
　ISBN 978-626-343-142-3（平裝）

1.CST: 教育哲學

520.11　　　　　　　　111011947

1I5M

教育哲學──課室的理論與實踐

總 主 編 ― 盧美貴

作　　者 ― 郭木山

發 行 人 ― 楊榮川

總 經 理 ― 楊士清

總 編 輯 ― 楊秀麗

副總編輯 ― 黃文瓊

責任編輯 ― 陳俐君、李敏華

封面設計 ― 王麗娟

出 版 者 ― 五南圖書出版股份有限公司

地　　址：106臺北市大安區和平東路二段339號4樓

電　　話：(02)2705-5066　　傳　　真：(02)2706-6100

網　　址：https://www.wunan.com.tw

電子郵件：wunan@wunan.com.tw

劃撥帳號：01068953

戶　　名：五南圖書出版股份有限公司

法律顧問　林勝安律師事務所　林勝安律師

出版日期　2022年9月初版一刷

定　　價　新臺幣490元

經典永恆・名著常在

五十週年的獻禮——經典名著文庫

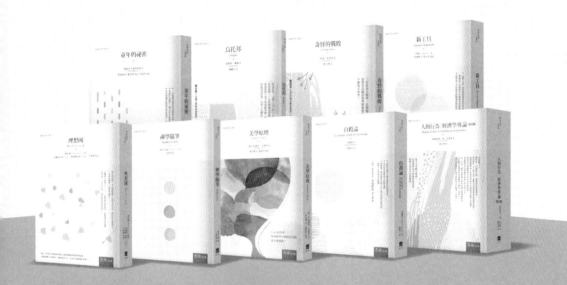

五南，五十年了，半個世紀，人生旅程的一大半，走過來了。

思索著，邁向百年的未來歷程，能為知識界、文化學術界作些什麼？

在速食文化的生態下，有什麼值得讓人雋永品味的？

歷代經典・當今名著，經過時間的洗禮，千錘百鍊，流傳至今，光芒耀人；

不僅使我們能領悟前人的智慧，同時也增深加廣我們思考的深度與視野。

我們決心投入巨資，有計畫的系統梳選，成立「經典名著文庫」，

希望收入古今中外思想性的、充滿睿智與獨見的經典、名著。

這是一項理想性的、永續性的巨大出版工程。

不在意讀者的眾寡，只考慮它的學術價值，力求完整展現先哲思想的軌跡；

為知識界開啟一片智慧之窗，營造一座百花綻放的世界文明公園，

任君遨遊、取菁吸蜜、嘉惠學子！